〈つながる・はたらく・おさめる〉の教育学

社会変動と教育目標

教育目標・評価学会 編

日本標準

はじめに

　教育目標・評価学会は，教育評価の研究が，どのような教育目標を構想し具体化するのかという研究と結びついて進められなければならないという理念に基づき，およそ30年前に設立され，「学力が子ども・成人の人間的な発達の基礎になるとの立場に立ち，教育目標・評価の研究の促進と交流をはかることを目的」としている（本学会ホームページ）。

　本書は，本学会の設立30周年を記念して出版されるものである。学会設立20周年時には『「評価の時代」を読み解く――教育目標・評価研究の課題と展望』(2010) と題し，当時の教育目標・評価研究諸領域の成果と課題をまとめて出版した。今回は，高度情報化，少子高齢化さらにグローバル化という大きな社会変動に着目した。人々の「望ましい生 well-being」のあり方が深い地点で問われている今日の状況が，これまでの教育目標の研究に大きな課題を投げかけていると考えたからである。この課題に向き合うために，〈つながる〉〈はたらく〉〈おさめる〉という3つのカテゴリーを設定してアプローチした。この3つのカテゴリーが設定された学問的含意に関しては序章で論じるが，それに基づいて教育目標研究の課題の把握と展望が示される。その際，各部において，教育目標の構想に関する教育原論的考察，教育史研究からの示唆，諸外国の事例研究に基づく考察，注目すべき現代の教育実践の事例研究に基づく提案が，バランスよく位置づくことに留意した。

　執筆には数年を費やしてきたが，その最終局面で，新型コロナウイルス感染症のパンデミックに襲われた。本書のテーマからすれば，2020年以降の世界の状況も考慮にいれるべきだが，すでに本書での執筆の内容は定まっており，直接これを対象にできなかった。しかし，本書全体として，新型コロナウイルス感染症の危機によってあぶりだされている人々の「望ましい生」を取り巻く状況を射程に収めており，その意味で，パンデミック下での教育目標研究の課題にも対応しているといえるだろう。

〈つながる・はたらく・おさめる〉の教育学の問題構制

木村 元・長谷川 裕・石井 英真

1. 本書の立脚点とめざすもの

(1) 人類史的転換期と問われる「何を教えるか」

　公教育で何を教えるか。日本社会が少子高齢化，多文化（「多民」）社会化，高度情報化などの人類史的ともいえる社会変動に直面するなかで，改めてこの問題が表面化してきているといえよう。現代の大きな社会問題である地域格差や貧困の拡大なども，これらと連動しながら現れている。そのなかで，何を教えるかだけでなく，その前提である教育のあり方自体が問われているところに特徴がある。こうした動向は，日本だけの状況ではなく，広く先進諸国と共通のものである。グローバル化と高度情報化にともなう多様性と複雑性を増した社会に適合するための新しい能力観である「コンピテンス」への注目とそれに基づく世界の教育改革の潮流とは，こうした動向への教育における対応としてみることができる。

　人類史的な社会変動への対応は日本の重要な国策課題としても位置づけられている。2016 年 1 月に内閣府から発表された科学技術政策のひとつで第 5 期科学技術基本計画（2016〜21 年）のなかに盛り込まれた Society 5.0 は，その代表的なものであろう。Society 5.0 は，狩猟社会（Society 1.0），農耕社会（Society 2.0），工業社会（Society 3.0），情報社会（Society 4.0）を経た，高度な情報社会に対応する「サイバー空間（仮想空間）とフィジカル空間（現実空間）とを高度に融合させたシステム」による，「人間中心の社会（Society）」とされており，そこにおいて，グローバル化されていく社会の経済発展とともに，少子高齢化や地域格差などの社会変動に基づく社会的課題の解決を図るとしている。

　Society 5.0 への動きは，教育にもドラスティックな変化を求めている。ICT

への対応による「教育の情報化」というこれまでの枠組みを超えて，学校教育のあり方自体にまで広げた対応を示す文部科学省の構想にその現れをみることができる。経済産業省の「未来の教室」ヴィジョン（「未来の教室」と EdTech 研究会）は，この構想を膨らませているもののひとつであるが，学校における一斉一律の授業スタイルからの脱却のみならず，教科や学年という枠組みの問い直しや，個別の最適化をめざした教育の効率的実現などが模索されている。文部科学省の議論はこれほど極端なものではないが，「Society 5.0 に向けた人材育成」や「Society 5.0 に向けた学校 ver.3.0」には，「教育ビッグデータ」の活用を前提とした「個別最適化された学び」を幹と位置づけるなど，「未来の教室」ヴィジョンに呼応するような動きが読み取れる。こうした一連の政策の展望は，「人間中心の社会」を標榜しながらも，その実，「生産性革命の実現と拡大」（内閣府2018）のもと，グローバル経済の担い手の養成という経済価値を強く想定したものになっている。そこには，グローバル競争の激化を背景に産業構造が大きく変化することを見越し，イノベーションの創出を通じた産業技術の強化を課題とする経済界からの強い要請が存在する。

　これに対して本書では，今日的な経済や政治の課題に立脚するのみならず，人間の基本的営為のレベルでその営為自体のあり方を問い直し課題を設定しようとした。たとえば，社会変動への対応の層を，産業構造の変化や雇用ニーズに対応した人材育成といった狭い意味での就労問題に限らず，働くとはどういうことかという視点でとらえる。また，グローバル化の進行のなかで，これまでの日本社会の同質性を前提とした関係の基盤が揺らいでいる状況があることについて，わかり合えないかもしれないが決めねばならないという，他者や複数性を正面に据えた公共性を想定した社会や政治の困難さや課題についても視野におさめる。さらに，これらの土台にあたる，個人の尊重や承認と社会との関係が前提となる人間関係の形成と維持について再考する。このような問題意識に立って，「自立」の再定義や複数性を有した公共社会など，自明とされてきたこれまでの前提自体の検討も含みながら，問題を構制したのである。そのために，人々が社会のなかで生きるために欠かせない基本的営為の検討のためのカテゴリーとして，後述する〈つながる〉〈はたらく〉〈おさめる〉を設けた。

　本書は，これらの課題を掘りおこしながら，日本で「資質・能力」と置き換

えられたコンピテンスの検討も視野に入れ，これからの社会において何を教えるのかという問いに基づく新しい時代の教育目標の内容と課題について展望しようとするものである。

（2）人類史的な変動の諸相

　人間の基本的な営為を大きく変容させることにつながる社会変動である高度情報化社会，少子高齢化，グローバル化について，教育のあり方にどのようにかかわるかも含めて，改めてその影響や意味について触れておきたい。

　人工知能（AI）に代表される情報処理技術の飛躍的向上にともなって伸展するのが**高度情報化社会**である。

　2015年，オックスフォード大学のオズボーン（Osborne, M. A.）と野村総合研究所が示した，日本の労働人口の49%が10〜20年の間にAIやロボットに代替されるとの推計は大きな話題となった[1]。その真偽はおき，AIは，雇用や労働だけでなく，そもそも人間とは何かという根源的な問いを生じさせる。テクノロジーが発展し，人間の身体，精神の両面において外部拡張の領域が飛躍的に大きくなることによって，人間の範囲が自明でなくなることはその典型的な例である。人工海馬チップを脳内に埋め込んでこれをインターネットと結合し，検索エンジンを駆使することで無限に記憶を広げることが可能となるとき，どこまでが人間かの境界がまったく曖昧になるかもしれない。教育の目的が個々の能力の開花とよりよさを求めるものであるとするならば，人工知能やエンハンスメントは，ビックデータを基に個人に即した最適化が「教育」よりも効率的に達成できることになる。たとえば，子どもの学習における「つまずき」の回復指導は専門職としての教師の代表的な働きかけだが，「つまずき」を統計的に把握し，適切な課題を調整しながら課すという学習アプリはすでに実装段階にある。深層学習も含む機械学習の進展により，人間の書いた作文を理解したり自然な文章をつくるAIの自然言語処理力はすでにかなりの程度に達していることなどからもうかがえるように，教科学習のうち知識・理解のある種のものはごく近い将来にAIによって代替される可能性がある。これらは一例であるが，今後ますます教師の仕事とは何かが問われていくことが予想される。

　少子高齢化は，人口増加を前提としてきた近代の構造に大きな修正を加える

ことになろう。

　日本においては，1920 年代に都市新中間層によって少産行動が生じ，以降
1940 年代末までは一人の女性が生涯に産む子どもの数（合計特殊出生率）は大
体 4，5 人であった。しかし 1950 年代には 2 人台に半減し，その後も減少を
続け，2005 年には合計特殊出生率は 1.26 人と最低となった。そして 2008 年
前後には人口自体が減少に転じ，今日は，今後人口減少が急激に進んでいく転
換点にある。

　近代に入って，そもそも雇用，福祉，社会インフラ，そして教育の政策も，
人口増加を前提につくられてきた。人口の減少は，国家社会の持続可能性にか
かわり，教育についてみるならば，子どもの数の減少は学校の統廃合を進行さ
せ，学校数や教員の定数など物的人的な規模の縮小を生じさせている。さらに，
社会政策全体のなかに占める子育てや教育などの子どもに関連する部門の位置
づけが低下し，社会経済的格差の助長をはじめとする社会のさまざまな問題と
連動していくことが予想される（倉石 2015，木村 2017）。

　「人生 100 年時代」[2] が言われるなかで，子ども期・青年期が延長され，一方
で老年期も併せて拡張するにともなって，世代間の関係が変化してきている。
今後は，子ども期・青年期にまなび，成人期にはたらき，老年期に余暇をたの
しむという，これまでの世代ごとに分けられていた人々のライフコースが現状
と齟齬をきたしていくとおもわれる。その結果，守備範囲が子ども・青年期中
心であった一条校中心の制度的枠組みを明確にした学校体系の再検討が進めら
れ，その意味づけにも修正が加えられていくことが予想される。

　それにともなう学校の対象の拡大によって，新たな学びの形態も生まれてい
る。そのひとつがオンラインの活用である。デジタル社会やネット社会のなか
でのオンライン授業は，2020 年以降のコロナ禍の経験を経て，今後大きく拡
大していくことは確実であり，新しいテクノロジーの開発が進むなかで，学校
自体も含めて学校と社会の境界を柔軟に捉えるような学校体系のあり方が模索
され，両者の関係が新しい展開を遂げていくであろう。

　グローバル化は，これまでの日本社会の共同性に基づく枠組みの変化を促し
ている。

　1980 年代からのニューカマーの増加は，外国人労働者の受け入れ問題を生

みだした。日本で働く外国人は 2018 年段階で 128 万人と，5 年で 2 倍となった。背景には少子高齢化と人口減少があり，生産年齢人口は 20 年前よりも 1 千万人減った。そのなかで外国人労働者の問題は定住外国人問題となり，さらに外国にルーツをもつ子ども，青年問題へと論点が移行してきている。外国人の受け入れの基盤整備が課題となっているが，2019 年導入の在留資格「特定技能」によって外国人労働者の受け入れを単純労働の分野にも拡大するなど，国家政策としては，「移民政策と位置づけられていない移民政策」が進められている。そのなかで，日本社会は多文化・多言語からなる「多民社会」へと移行しつつある。世界の動向を見ると，20 世紀前半までは公的領域では特定の文化が支配的な文化とされ，それ以外は私的な領域で容認されていたものが，グローバル化による多文化社会が進行し，国家や社会の内部において存在する多様な文化のあり方についても平等に尊重していこうとする動きが大きな影響を与えるようになってきている。EU では，「外国人」から「移民」へと社会的・制度的認識が変更され，「移民問題」は「移民背景をもつ人々の統合問題」として位置づけられている（OECD 2018）。

　「多民社会」への日本の対応の遅れは，たとえば，日本語指導が必要な大量の児童生徒の存在を生じさせている。日本語教育推進法が作られ関係の会議が設置されているが，十分とはいえない。対応が進まないのは，日本が共同性の感覚の強い多数派の社会であり，「多民社会」が内包する問題が緊張感をもって展開することが予想されるからである。こうした葛藤も含めて，何を教えることが公教育の課題となるかが本格的に問われる必要がある。

(3) 本書のコンセプト

　本書では，新しい時代の産業を担う人材育成に収斂されるような経済的価値を相対化する視野をもちながら，公教育の教育目標の課題を浮かび上がらせるために，人々の生活世界の現状を押さえ，その地点から課題に迫るためのコンセプトを設定した。本書が着目したカテゴリー（コンセプト）は，〈つながる〉〈はたらく〉〈おさめる〉という生活世界の基底にある営為である。人間が社会を生きるに当たって欠かせない営為の意味をさぐりながら，その歴史的な現れを押さえ，時代ごとの課題と今後の展望を拓こうとするものである。

今日では，「はたらく」とは，対価が賃金で換算される労働と同じものとみるのが一般的といえる。しかし，「定常型社会」（広井 2001）が示すように，〈はたらく〉ことは，それにとどまらない社会のあり方と深くかかわって存在してきた。政治哲学者のアレント（Arendt, H. 1994）は，製作活動の「仕事work」，公的空間での「活動action」，生命を保持する「必要」に応じての営為である「労働labour」とを区別しながら位置づけたが，それらの歴史的な価値は時代によって異なっており，「労働」に偏した近代の労働社会を相対化して捉えている。本書においても，〈はたらく〉を本質的な人間の営為として置き直し，賃金をより多く得るための効率性を指標とせず，また「学ぶ」ことと「はたらく」こととの境界を柔軟にとらえて，今の労働のあり方を押さえる。

　社会を築くという意味での〈おさめる〉も，時代に応じて内容を変えてきた。近代の社会は人々を主人公とする社会として構想され，国家が統括者として登場し公権力を独占する形で位置づいてきた。そこでは，個人の国家への帰属意識に基づいて国家の公共性が成立し，国民国家がそれを担ってきた（日本学術会議 2010）。しかし，現在においては，公共性は国家が独占するものではなく，時として国家が公共性に対立すると指摘されることも少なくない（齋藤 2000）。〈おさめる〉というカテゴリーへの注目は，個人にも政府にも帰すことができない公共性という領域をどのように捉えるかという課題がベースにある。本書では，〈おさめる〉という立脚点から近代の社会が直面する問題への対応を描き出しながら，今後の課題を指摘する。

　〈つながる〉は社会のなかでの人と人との関係のあり方を示すものであり，〈はたらく〉〈おさめる〉のいわば土台にあたる部分である。時代や地域などによって生活世界での人々のつながり方は異なる。日本の社会は，近世以降のムラ共同体を原型とし，企業社会にも貫かれた共同性の意識に支えられてきたが，少子高齢化，グローバル化，高度情報化は，そこでの共同や集団のあり方の再考を促している。グローバル化の波は必然的に多様性の容認と異質との共存を強く要請する。少子高齢化は，これまで伝統的な家族や共同体のなかに埋め込まれて機能していたケアの存在の意味を，社会的承認の次元で大きく浮かび上がらせていくであろう。また，AI化を含む高度情報化は，個別最適化を強力に推進していくであろうが，そのなかで改めて人間のリアルな連帯の意味が自覚

化されることになっていくと考えられる。いわば，新しい人々のつながりの質が問い直されるのであり，そのなかで他者と適切にかかわる力の養成が大きな課題とされていくとおもわれるが，この点についても視野に入れて考えたい。

　2020年を迎えて世界の状況を一変させたコロナ禍は，はたらくことの意味，公共を成立させる条件，他者とのかかわりの適切性といった諸課題を増幅させて，よりリアルな課題として提起することになる。本書ではこうした課題を共有しながら展開する。

（木村 元）

【註】

1) 野村総合研究所ニュースリリース（2015年12月2日）
   https://www.nri.com/-/media/Corporate/jp/Files/PDF/news/newsrelease/cc/2015/151202_1.pdf（2021年7月2日閲覧）
2) グラットン/スコット（2016）参照。首相官邸に「人生100年時代を見据えた経済社会システムを創り上げるための政策のグランドデザインを検討」する会議として「人生100年時代構想会議」が設置され，2018年に「全世代型社会保障への転換」を示した「人づくり革命　基本構想」がとりまとめられている。

【引用・参考文献】

アレント, H., 志水速雄（訳）（1994）『人間の条件』ちくま学芸文庫.

OECD編, 木下江美ほか（訳）（2018）『移民の子どもと世代間社会移動 —— 連鎖する社会的不利の克服に向けて』明石書店.

木村元（2017）「少子高齢化社会と教育の課題」本田由紀・中村高康編『教育社会学のフロンティア1』岩波書店.

倉石一郎（2015）「生活・生存保障と教育をむすぶもの/へだてるもの —— 教育福祉のチャレンジ」『教育学研究』82（4），571-582.

グラットン, L. / スコット, A., 池村千秋（訳）（2016）『LIFE SHIFT（ライフ・シフト）100年時代の人生戦略』東洋経済新報社.

齋藤純一（2000）『公共性（思考のフロンティア）』岩波書店.

内閣府（2018）「経済財政運営と改革の基本方針2018 —— 少子高齢化の克服による持続的な成長経路の実現」.

日本学術会議（2010）「日本学術会議 日本の展望委員会 個人と国家分科会提言」（日本の展望委員会[個人と国家分科会]「現代における《私》と《公》，《個人》と《国家》—— 新たな公共性の創出」）.

広井良典（2001）『定常型社会 —— 新しい「豊かさ」の構想』岩波書店.

2. 社会理論から見る問題構制の意味

(1) なぜ〈つながる・はたらく・おさめる〉か

序章1でも示されたように，本書のコンセプトは，〈つながる・はたらく・おさめる〉という観点から社会・教育とそれらの変動をとらえ，それを踏まえて教育目標の現在と今後について考えることである。序章2の課題は，この〈つながる・はたらく・おさめる〉という観点を設定する意味について社会理論的な説明を試みることである。序章2では，主にドイツの社会哲学者であるハーバーマス（Habermas, J.）が提起した〈生活世界とシステム〉図式を援用して（必ずしもハーバーマスの見解に忠実に依拠しているわけではない）社会とその変動をとらえながら，上の課題に取り組みたい[1]。

(2) 生活世界

①生活世界と〈つながる・はたらく・おさめる〉

「生活世界」とは，人々の日常生活の世界である。それとして自立性をもちひとつのまとまりを帯びた，まさしく「世界」を成し，そこにかかわる一定範囲の人々の間で「それはこういう世界だ」という意味づけやイメージが共有されることで構成される間主観的な世界であり，その人々にとって自明のものとして生きられている世界である（ハーバーマス 1981=1987：24-27）。

生活世界は，それが上記のように間主観的な世界であるのでいうまでもないが，人々によって共同的に営まれる世界である。そこでは，人と人との関係が形成され維持され変容させられる。その過程のことを，〈つながる〉と呼ぶ。

生活世界では，たいていの場合何らかの〈つながる〉をともないながら多様な活動が展開するが，そのなかの重要なもののひとつが〈はたらく〉である。それは，人々が生きるのに必要な物質的条件を確保するための狩猟・採集や農耕などから始まったが，今日ではもっと広範にさまざまな活動（たとえば，多数の者の〈はたらく〉を管理・調整する活動など）が，〈はたらく〉活動を構成している。

生活世界はまた，人々が，共に直面する問題に対して人的・物的資源をど

ように振り向けるかを決定しつつ取り組む，あるいは互いの間に生じた対立・葛藤を統御する，さらにそれらの暫定的結果として，一方では何らかの協同関係を，他方では何らかの支配－被支配の関係を（しばしば両者を重ね合わせつつ）つくり上げる舞台でもある。本稿ではそれらの諸過程を〈おさめる〉と呼ぶ。

②コミュニケーション的行為

ハーバーマスは，生活世界の成り立ちにとって，人々相互の間の「コミュニケーション的行為」が重要であることを強調する。ハーバーマスのいうコミュニケーション的行為とは，置かれている状況をどう解釈し，それを維持したり作り替えたりするためになすべき目標をどう設定するかに関して，人々の間で意思疎通し「了解」（ハーバーマス 1981=1986：23-25）をつくり上げ，その了解したところを実行していく相互行為である。生活世界は，人々がコミュニケーション的行為を取り交わす際の暗黙の前提となっているとともに，コミュニケーション的行為によって再生産されるのだという。

③コミュニケーション合理性，生活世界の合理化

生活世界は，前述のように，通常は人々によって自明なものとして了解されている。しかしコミュニケーション的行為は，その了解に疑念を差し挟みこの世界の諸側面を問い直し更新していく共同的な営みたりうる可能性（＝「コミュニケーション合理性」）を帯びている。ハーバーマスは，コミュニケーション的行為のこの性質を重要視する。

コミュニケーション的行為がもつ合理性によって，既存の生活世界は，自明視・前提視されて再生産されるままに置かれるのではなく，振り返りそれに基づいて意識的に改変する対象となる。そうした再帰的な検討がより頻繁になされるようになりゆく社会発展の過程を，ハーバーマスは「生活世界の合理化」と呼ぶ。それは，近代化の過程と軌を一にしているものである（ハーバーマス 1981=1987：53-54. cf. 永井 1997：151-156, 水上 1999：89-95）。

④生活世界の多面性，そのなかで人はどのように生きているか

前述のように，ハーバーマスは生活世界をとらえるにあたって，何よりもそこで展開するコミュニケーション的行為とそれがもつコミュニケーション合理性を重要視する。それらが重要なものであることは間違いないが，しかしもっぱらそこを強調することで，生活世界の多面性を見落とすことにならないだろ

うか。ここでは，その点を考えていきたい。

(a)承認，ケア，親密性——〈つながる〉の諸相

ハーバーマスは，あらゆることがらを共同的に検討し了解を形成することを良きこととしてとらえ，そうしたコミュニケーション合理性が十全に開花することを社会の発展として考える。本書のいう〈つながる〉についても，コミュケーション合理性に基づくそれを良きものと考えているといってよいだろう。

コミュニケーション合理性が大切なことであるのは，間違いあるまい。が，一般の人々にとって生きるうえで，そのことこそが何より切実なことがらとして感じられているのだろうか。逆にいえば，了解が達成できない状況に置かれた時に，人々は最も強く社会的な不満を感じるものなのだろうか。——ハーバーマスと同じくフランクフルト学派に属しハーバーマスの理論を継承している点も少なくない社会哲学者のホネット (Honneth, A.) はこのように問い，他者から「承認」されることのほうがより切実であるはずだと回答する (ホネット 2000=2005：103-108)。承認，それは「自分の価値をきちんと肯定的に評価され，存在を受け入れられる」(藤野 2016：61) ということである。

あるいは，人々にとって，各人の心身の諸レベルのニーズに対してその個別具体性に応じたやりかたで応えられながらその生存・存在が保障・尊重されることも，合理的なコミュニケーションを行うこと以上に切実なことなのではないか。それはつまり，「ケア」されるということである。

さらに，了解や承認やケアをともなう場合も少なくないが，しかしそれらに還元できない，自分にとってことに近しい者との間のパーソナルな親愛感情に基づく結びつきである「親密な関係性」(ギデンズ 1992=1995) も，人々が他の者たちとの間のまさに〈つながる〉ことを感じる重要な経験であるといってよいだろう[2]。

なお，これらケアや親密性は，ホネットの承認論 (ホネット 1992=2003, 2000=2005) では，3類型あるとされる承認のうちの1つの類型「愛」がなされる典型的な経験として位置づけられている。

このように〈つながる〉は，了解を志向するコミュニケーション的行為だけでなく，少なくとも，承認やケアや親密性にかかわる相互行為 (それらをめぐる葛藤もともないながら展開する) をも含むものとして考えたほうがよいだろう。

(b)道具的行為と〈はたらく〉

ハーバーマスは，人間は一定の成果を達成しようとして行う「成果志向型」の「道具的行為」（ハーバーマス 1981=1986：21-22）も行うが，どういう成果を得ようとするかは人々の間の意思疎通による了解に基づくゆえ，了解のほうがより基底的であると考える（cf. ハーバーマス 1981=1987：29, 1981=1986：22, 永井1997：151）。そう考えて，〈はたらく〉の道具的行為の側面にあまり着目せず，〈はたらく〉を生活世界の基本要素としては位置づけない。そうしたハーバーマスの考えをどう評価するかをめぐってはさまざまな論争が行われてきた。が，ここでは，道具的行為や〈はたらく〉のその側面も，先にも触れたように人間の生存・生活の物質的条件を確保するというきわめて重要なものであるゆえ，人間が生活世界で行う基底的な営みであると考えることにする。

なお，とくに近代以降，〈はたらく〉は職業労働という形を取って遂行されるものに重きが置かれ，それにともない，集合的な生存・生活の物質的条件の確保という意味合いは人々にとって後景に退き，むしろ当人やその家族にとってのそれらの確保つまり生計の維持のためという意味合いが前景化するようになった。

(c)分配し，消費する

〈はたらく〉活動を通じてつくり出された財は消費され，そのことによって人々の生存・生活が可能になる。したがって消費も，生活世界を構成する重要な一側面である。

なお，〈はたらく〉活動は何らかの形で共同的に行われ，その所産としての財も本質的に共同的な性格を帯びているが，その共同的な財は，消費に供される前に，何らかの規則に基づいて分配がされなければならない。この分配をどう行うかということも，生活世界における重要なことがらである。近代以降の社会では，各人が職業労働の報酬を貨幣を得るという形で各個人・各個別家族単位の分配が行われ，集合的な生存・生活条件の維持は個人・家族・事業所が納める租税によって賄うというのが，分配の主要形態となっている。

(d)〈おさめる〉

生活世界は，人々相互が調和的にかかわり合う場であるばかりではない。人々の間に対立・葛藤が生じ，その解消（自分に有利になるように，自分が優位に立

てるようにと企図しつつ）を指向して闘争が繰り広げられ，その（暫定的）結果としての何らかの支配－被支配の関係性が形成され，差別や排除も行われる場である。上に挙げた(a)～(c)いずれにおいても，それぞれに即した形で対立・葛藤，闘争，支配－被支配，差別・排除がともなうことが少なくない。

　生活世界における〈つながる〉過程は，そうした対立・葛藤，闘争，支配－被支配，差別・排除の過程をともないつつ，人々が生活世界を〈おさめる〉営みでもある。政治なるものは，そのように根本的に生活世界にその根拠を置くものである。それは，既存の秩序を，共同的にその正当性を問いながら作り直す営みであると同時に，既存の協同関係や支配－被支配関係を強化したり新たなそれを打ち立てたりするものでもある[3]。

　以上，ハーバーマスが強調する了解志向のコミュニケーションには還元できない，生活世界の諸側面をみてきた。人々にとって，自らが生きている舞台として意識されるのは，生活世界である。それは，述べてきたような，しかしそれだけではまだ汲み尽くせない多面性を帯びているが，各要素が独立してあるというのではなく，各人にとって，また一定範囲の複数の人々の間で間主観的に，自明視されたあるまとまりを帯びた，まさにひとつの世界として感得されているといってよいだろう。

　また，述べてきたような生活世界の営みにはつねに，人々にとって自らの「存在証明」という意味合いがともなっている。存在証明とは，「「私」が生きているということを，しかも価値のある存在として生きている，ということを証明しようとする行為」である（石川 1999：50）。誰に向けて証明するかといえば，それは他者に対してであると同時に，自分自身に対して，ということになるだろう。存在証明は，人間にとってきわめて切実なことがらである[4]。生活世界とは，上記のような営みのなかで他者と共同する（ポジティブな形でもネガティブな形でも）舞台であるとともに，自らの存在証明を行う舞台でもあるのである。

（3）システムの分出とシステムによる生活世界の植民地化
①システムの分出，〈教育〉の誕生
生活世界の合理化が進展するなかでその一環として，生活世界の諸課題各々

12

を専門的に取り扱う組織・制度が生成し，それを中心に「システム」が分出した（ハーバーマス 1981=1987：54）。

そのうちのひとつに当たるものとして，「教育過程の教育学化」が進み，教育を行うシステムが構成されるようになった（ハーバーマス 1981=1987：55）。それは，「形成」の過程にも多かれ少なかれ随伴している「教える行為」をいっそう再帰的に遂行するべく，集中化・組織化したものが登場した，すなわち，近代的な特殊な「人づくり」である〈教育〉（以下，この表記）が誕生したことを意味する（cf. 中内 1998）[5]。

②経済システムと行政システム，システムによる生活世界の植民地化，システムの生活世界への依存

生活世界の諸課題を取り扱うシステムが分出すると，そのシステムを専門的に担う者たちやそこにおいて生成される専門的知識が権威性を帯び，当該課題にかかわる人々の判断は，それらに大きく規定されゆだねられ従属することも多くなった[6]。とはいえ，それらの権威性は，専門家や専門的知識が当該課題に関して有している妥当性への信頼に依拠するものであり，その信頼が揺らげば，人々の間の意思疎通に基づく新たな了解の形成が試みられる場合も少なくない（cf. ハーバーマス 1981=1987：104-105，永井 2000：121）。

このように生活世界からシステムが分出し，社会的世界が二元化しても，人々は依然として生活世界を生きている。つまり，人々はその諸活動を自分たちの生活世界におけるできごととして意識しているというのが，通常のことである。だが，システムが分出するとは，生活世界を生きる人々の営みが，ある場合にはその当人自身も意識しつつ，別の場合には意識に上ることなく，それらの「機能的連関」としてのシステムを成り立たせるとともに，逆にそのシステムによって生活世界の営みが方向づけられるようになることを意味する（ハーバーマス 1981=1987：59）。

そうした方向づけの力は，とりわけ資本主義的市場経済システムと近代的国家・行政システムにおいて強大である。ハーバーマスの〈生活世界とシステム〉図式におけるシステムとは，主にこれらの2大システムのことを指している。

両システムはそれぞれの「メディア」として「貨幣」，「権力」をもち，それらが人々の行為を動機づけ方向づける「コントロール・メディア」（ハーバーマス

1981=1987）として機能する。すなわちそれらは，貨幣を獲得できるか損失するか，権力に裁可され利益を得られるか却下され利益を失うかという観点を人々に強迫し，そうしたサンクションの可能性を顧慮する観点によって動機づけられ行為するように人々を方向づけるのである（cf. ハーバーマス 1981=1987：104-105）。貨幣・権力によって動機づけられることは，ほんとうはそこに特定の価値方向性が前提とされているのだが，そのことが意識されずに，価値中立的な所与の条件にすぎないものとして意識されながら，である。

　これら 2 つのシステムのメディアの強大な威力の影響が及ぶことによって，人々は，生活世界において意思決定を行う際にも，前述の貨幣および権力にかかわるサンクションを，意識的かそうでないかのいかんにかかわらず，優先度の高い要件として顧慮するようになる。このように経済・行政の 2 システムとそのメディアに生活世界の営みが従属させられる事態を，ハーバーマスは「システムによる生活世界の植民地化」と呼んでいる。

　システムの規定力はそのように強力だが，その一方で生活世界の営みなくして，システムは存在し得ない（cf. ハーバーマス 1981=1987：67）。

　経済システムについては，とくに生活世界の営みである〈はたらく〉が主として職業労働として遂行されることによって財が生産され流通し，そのシステムが成り立っている点に注目すべきである。もちろん最終的に財が購入され消費されなければ経済システムは成り立たず，したがって生活世界における消費行動もこのシステムにとって不可欠の存立条件である。が，経済システムにおいては，「消費社会」において典型的に表れるように，生産と流通が消費をコントロールしようとするドライブがつねに作用し，そのことによってこのシステムは変化し高度化してきたとみることができる。その意味で，生産・流通を成り立たせる〈はたらく〉が，このシステムにとって決定的に重要であるといえる。

　また行政システムについては，生活世界のあらゆる面と言ってよいほど広範にその作用が及ぶが，とくに，集合的決定を行ったり対立・葛藤を統御し秩序の維持・形成を図ったりする〈おさめる〉営みがなされることを土台として，そこに一定の規準を提供することによってこのシステムは存立しているといえ

る。

　このように両システムはそれぞれ，生活世界のとりわけ〈はたらく〉〈おさめる〉に依拠して存立しているといえる。だから，それら2つの営みのあり方を見直し作り替えようとすることは，強大なシステムを改変していくための起点となり得るのではないだろうか。

③〈教育〉におけるシステムによる生活世界の植民地化

　近現代社会の人間形成では，生活世界の合理化が進むなかで〈教育〉のシステムとしてなされるものが，その全体において重要な位置を占めるようになった。だが，この生活世界レベルのシステムである〈教育〉にも，より強大なシステムである経済と行政による作用が及んでくる。それにより，おおよそ次のような例で示される事態が生じることになる。すなわち，〈教育〉のシステムの組織である学校で行われる営みは，人々にとって生活世界レベルの人間形成の合理化された営みであるはずだが，実際にはその営みに関して互いの間の意思疎通を通じて了解をつくり上げながら進められることなく，行政システムの権力によるサンクションを顧慮することでたとえば学力テストの得点向上が，あるいは経済システムにおける貨幣の利得にとって有利な地位を将来的に占められるようになるために高い学歴・学校歴の獲得が，第一義的に追求されることになる。つまり，システムによって，生活世界レベルの人間形成をめぐるコミュニケーション的行為が侵害され，その世界が植民地化されたということを意味する。

（4）社会変動のなかにある現在

①現在の社会の変動をどう捉えるか

　「先進」諸国ではとくに第二次大戦後の20～30年ほどの期間，経済・行政の2つのシステムの作動によって，その時期の高い経済成長がもたらされそれに支えられながら，人々の生活世界が植民地化されつつも，相対的に安定的な「大衆社会統合」（後藤2001）が達成された。大衆社会統合は，業績主義的な社会的地位・報酬の差異的配分が人々に是認されたことが，その支えのひとつとなっている。その点で学校制度を中心とした〈教育〉システムに多くの人々が包摂され，業績主義的なキャリア形成のルートが開かれたことの意味は大きい。

だが，1970年代になると（日本では遅れて1990年代以降），従前の経済成長は困難となり人々の生活基盤が不安定化し，統合に揺らぎが生じるようになる。それは，いったんは消失に向かうかに見えた人々の間の格差が再び顕在化し貧困状況に置かれる人々の割合が増加する事態として，また人々の間の暴力を含む対立・葛藤が噴出する事態としても現れている。

　こうした事態の推移の背景にあるものとして，上記のような経済状況の変化と絡み合いながら進行する「個人化」の昂進という趨勢にも着目する必要がある。個人化とは，近現代社会の基本的な趨勢のひとつである。それは，ベック（Beck, U.）の議論（ベック 1986=1998）によって注目が集まるようになったもので，社会のなかでの人々の存在の仕方として「個人」であるということの意味がさまざまな形で増大していく変容のプロセスである。

　個人化は，大きく分けて二段階で進展してきたとみることができる。第一段階は，前近代から近代への移行によって，人々が，地縁・血縁などの紐帯によって結ばれた共同体のなかに埋め込まれて生活していた状態から脱し個人として生きるようになる，この変容の初発の段階から始まって，さらにその後の「産業社会」時代を通じて，労働市場・教育・消費・社会保障等に関して人々の「生活情況の制度化と標準化」（ベック 1986=1998：142）が進み，それらに依拠しつつも人々が自分の「人生設計と生き方」（同：139）を自分自身で背負うようになっていくまでの，長期にわたる段階である。この段階においては，人々は，確かに個人化された生を送るようになるが，しかし人々の眼前には，上記のような「制度化と標準化」に基づく標準的なライフコースが生きるうえで準拠すべき自明の規準として存在していたし，またそのライフコースをたどるうえで所属すべき家族・職場・地域等の集団がいまだ強固に存在していた。

　第二段階は，第一段階において生きる規準となっていたライフコースやそれを支えていた制度群が揺らぎを来たし，またそれらとセットになって存在してきた諸集団の枠も緩んでいく，現在進行中の段階である。人々にとってそれら諸集団に所属しつつ標準的なライフコースをたどっていくことは，もはや現実的可能性のある自明の規準と見なし難くなった。生き方の強固なモデルが失われたなかで，人々はいっそう再帰的に自分の生の道筋を探ることを余儀なくさせられていく。そのような，いわば個人化の純化が進むのが，第二段階である。

先に「個人化」の昂進と述べたのは，この第二段階の個人化のことである。

　このように現実的可能性を感じさせる生き方のモデルが揺らぎ，それを自前で描き出そうにも，前述のような経済状況の不安定化により，それを安んじて遂行できる条件が多くの人にとって以前にも増して充たしがたいものとなるなか，人々の間には「存在論的不安」[7] が広まる。また，「生は受けるに値しないという感覚」としての「無意味感」（ギデンズ 1991=2005:9）が広く顕在化する[8]。さらに，社会全体が「包摂型社会」から「排除型社会」へと変容する過程が進行するなかで，自他の相対比較によって抱く「相対的剥奪感」が昂進し，それが人々の間の差別・排除・暴力を生んでいる（ヤング 1999=2007）。

　今日，日本で進行している社会の変動の基本性格も，前述のような近代社会の短い相対的安定期——ベックの言葉では「第一の近代」（ベック 2011）の最終盤——が終わり，「第二の近代」に突入したこととしてみてよいだろう[9]。そのなかで，述べてきたような諸問題が噴出し，それらに対処しつつ今後どこに向けて進むべきか複数の選択肢がせめぎ合う状況が目下存在しているとみることができるだろう。

② 〈教育〉システムの揺らぎ

　学校制度は，おおよそ「第一の近代」の時期には，絶えざる排除を行いそれにともなって生徒たちによる反抗に直面しつつも，相対的には安定を維持できてきたと言ってよいだろう。しかしながら今日では，上記の社会変動と連動して，学校制度は，その秩序の揺らぎや正統性への疑念が顕在化するようになった。とくに日本では，なるべく高い社会的地位・報酬の獲得をねらって参入する教育達成をめぐる競争として始まったはずのものが，序列それ自体の意味ばかりが肥大化する「自己運動」的競争（久冨 1993）の性格を 1970 年代からすでに強く帯びるものへと転化していたが，そうした性格の競争の無意味性への気づき，そこへのコミットメントの減退がいっそう顕在化するようになっていった。

(5) 社会と〈教育〉が向かうべきところと〈つながる・はたらく・おさめる〉
①社会と〈教育〉はどこに向かうべきか

本章 2 (4) ①で触れた今後の進み方に関する複数の選択肢のなか，「新自由

主義」と呼ばれる思想・政策に基づくそれがとくに強い力をもって推し進められている現実がある。だがほんとうに選択すべきは，近代社会の生活世界の合理化がもたらした人権理念を拡張・深化させ[10]，その理念に基づいて貧困をなくし格差や暴力を統御し，すべての人にまっとうな生が保障されることをめざす道だろう。

　それを支える物質的条件としては，「第一の近代」の基調であった経済成長主義は，もはや採用できないしすべきでもない。ある種の「定常型社会」（広井 2001）への移行に依拠すべきであろうし，富の量的拡大に強く依存せずにすべての人々の生活基盤の安定化が図れるように分配の仕方の大幅な改編が追求されるべきであろう。

　そうした方向に向けて社会を変えていくためには，依然として強大な2つのシステムの統御が必要だが，そのためにも並行して，2システムにとっての生活世界レベルの支柱である〈はたらく〉〈おさめる〉と，それらにおいても表れる生活世界の人と人との関係の動態である〈つながる〉の，その方向での組み替えが追求される必要もある。

　〈教育〉もまた，そうした社会の変革の展望のもと構想されるべきであろう。

　② 〈つながる・はたらく・おさめる〉の設定の意味

　最後に，ここまでの議論を踏まえて，冒頭で設定した本節の課題——〈つながる・はたらく・おさめる〉という観点を設定することの意味についての社会理論的な説明——への回答の要点を明示し，本節を閉じたい。

　人が生きる舞台である生活世界は，人と人との関係が形成され維持され変容させられることによって成り立っている。その過程が〈つながる〉である。また，生活世界の物質的条件をつくり出すのが〈はたらく〉であり，人と人との関係の調整を行うのが〈おさめる〉である（それら2つにも〈つながる〉がともなっている）。生活世界がこれら3要素だけで汲み尽くせるわけではないが，いずれも生活世界にとって肝要なものであるということは言えるだろう。

　さらに次のようなことも言える。近代以降の生活世界は，そこから分出した諸システムのうちとくに経済システムと行政システムの強い規定力を受けている。しかしその一方で，生活世界の営みなくして，システムは存在し得ない。これら両システムはそれぞれ，生活世界の〈はたらく〉〈おさめる〉に依拠して

存立している。ゆえに，システムの改変の起点に，〈はたらく〉〈おさめる〉の見直し・作り替えはなり得る。

　以上のように〈つながる〉〈はたらく〉〈おさめる〉はいずれも，社会の存立・改変にとって非常に重要なものである。したがってそこに注目して社会を捉えることは，本稿冒頭で述べたように本書のコンセプトとなっている，社会・教育およびそれらの変動を捉え，それを踏まえて教育目標の現在と今後について考えるうえでも有効な着眼であるといえるだろう。

（長谷川 裕）

【註】

1) 主に，ハーバーマスの主著のひとつである『コミュニケイション的行為の理論』（ハーバーマス 1981＝1985, 1986, 1987）を参照した。なお，ハーバーマスの所説を丹念に解説した永井彰・水上英徳の一連の研究を参考にした。「引用・参考文献」に挙がっているのは，そのうちの主要な一部である。

2) ただし，親密な関係性が他の諸関係から独立した固有の関係として人々に経験されるようになるのは，主要には近代になって以降のことである。

3) ハーバーマスも，ここでいう〈おさめる〉に相当するものが生活世界の営みのかなり重要なものであると考えているが，その場合もそこで行われる了解志向のコミュニケーションを中心にその意義を捉えている。

4) 存在証明は，人間にとって普遍的なことがらとしてみてよいと思うが，しかし生活世界の合理化の過程のなかで，慣習・伝統に照らしながら生活に埋め込まれた形でなされるものから再帰的なものへと変化してきたといえるだろう。その変化は，個々人の生が「自己の再帰的プロジェクト」（ギデンズ 1991＝2005）という性質（何をどのように行うべきか，その選択の規準を自分以外の何かにゆだねてしまうのではなく絶えず自ら検討しつつ，自分の生をひとつのプロジェクトのようにつくり上げようとするという性質）を帯びるようになりゆく過程と並行しており，その過程のなかで存在証明の切実さが各人に意識化されるようになっていったといってよいだろう。

5) この段落の内容について，より詳細は第Ⅰ部第1章を参照されたい。

6) それへの批判の議論は，数多く存在してきた。イリッチほか（1978＝1984）など。

7) もともとレイン（Laing, R. D.）の言葉だが，本稿ではその逆の状態を意味する，ギデンズ（Giddens, A.）の言葉である「存在論的安心」（世界を，またそのなかにいる自分を安んじて受容できる感覚）をめぐる彼の議論（ギデンズ 1991＝2005）を参照した。

8) 本文中で引いたベックの言葉を再度用いれば「生活情況の制度化と標準化」が進み，

日々の生活がルーティン化してその深い精神的意味を問わずとも進行していく状態にあることが，無意味感が醸成される背景にあることを，ギデンズは示唆している。つまり，無意味感というこの感覚は，すでに「第一の近代」の時代から続く，近代を生きる人々が慢性的に潜在的に抱えるものであるということになる。と同時に，ルーティンが首尾よく進行する間は，この無意味性の潜在的脅威は，意識の表面に顕在化することが抑制されていることが多いことも，ギデンズは示唆している（ギデンズ 1991=2005：228-229）。「第二の近代」には，このルーティンが脅かされる頻度が増大する。そのことと，生活をおくることの精神的意味は依然として回復されないこととが相まって，「第二の近代」の時代において，無意味性の脅威が人々において現実のものとなって現れることが増大するのである。

9）「企業主義統合」と「開発主義国家」を二本柱とした大衆社会統合がなされていたという「第一の近代」終盤の日本的特徴（後藤 2001）ゆえ，そこから離脱していく過程にも日本独特の性格が加わる（たとえば，支配層の間で開発主義国家の存続／解体をめぐって激しい争いがなされることなど）。

10）その焦点は，社会権を中軸に据える，あるいはそのウェイトを高める方向で人権理念の再構成を行うことであろう。cf. 竹内・吉崎（2017）。

【引用・参考文献】

石川准（1999）『人はなぜ認められたいのか アイデンティティ依存の社会学』旬報社.

イリイチ, I. ほか，尾崎浩（訳）（1978=1984）『専門家時代の幻想』新評論.

ギデンズ, A., 秋吉美都・安藤太郎・筒井淳也（訳）（1991=2005）『モダニティと自己アイデンティティ —— 後期近代における自己と社会』ハーベスト社.

ギデンズ, A., 松尾精文・松川昭子（訳）（1992=1995）『親密性の変容 —— 近代社会におけるセクシュアリティ，愛情，エロティシズム』而立書房.

久冨善之（1993）『競争の教育 —— なぜ受験競争はかくも激化するのか』労働旬報社.

後藤道夫（2001）『収縮する日本型〈大衆社会〉 —— 経済グローバリズムと国民の分裂』旬報社.

竹内章郎・吉崎祥司（2017）『社会権 —— 人権を実現するもの』大月書店.

永井彰（1997）「ハーバーマスの生活世界論」『東北大学文学部研究年報』47, 133-168.

永井彰（2000）「ハーバーマスのコミュニケーション・メディア理論」『東北大学大学院文学研究科研究年報』50, 111-125.

中内敏夫（1998）『中内敏夫著作集Ⅰ ——「教室」をひらく』藤原書店.

ハーバーマス, J., 河上倫逸・フーブリヒト, M.・平井俊彦・藤沢賢一郎・岩倉正博・德永恂・平野嘉彦・山口節郎・丸山高司・丸山徳次・厚東洋輔・森田数実・馬場孚瑳江・脇圭平（訳）（1981=1985,1986,1987）『コミュニケイション的行為の理論』上・中・下，未來社.

広井良典（2001）『定常型社会 —— 新しい「豊かさ」の構想』岩波書店.

藤野寛（2016）『「承認」の哲学 —— 他者に認められるとはどういうことか』青土社.

ベック, U., 東廉・伊藤美登里 (訳) (1986=1998)『危険社会——新しい近代への道』法政大学出版局.

ベック, U., 伊藤美登里 (訳) (2011)「個人化の多様性——ヨーロッパの視座と東アジアの視座」ベック, U.・鈴木宗徳・伊藤美登里編『リスク化する日本社会——ウルリッヒ・ベックとの対話』岩波書店.

ホネット, A., 山本啓・直江清隆 (訳) (1992=2003)『承認をめぐる闘争——社会的コンフリクトの道徳的文法』法政大学出版局.

ホネット, A., 加藤泰史・日暮雅夫ほか (訳) (2000=2005)『正義の他者——実践哲学論集』法政大学出版局.

水上英徳 (1999)「コミュニケーション合理性再考」『大分県立芸術文化短期大学研究紀要』37, 87-99.

ヤング, J., 青木秀男・伊藤泰郎・岸政彦・村澤真保呂 (訳) (1999=2007)『排除型社会——後期近代における犯罪・雇用・差異』洛北出版.

3. 今, 目標づくりを問うことの意味
——教育目標・評価論という分析視角

(1) 社会変動による学校と教育の基本的前提の問い直し

　本章の1を通して, 歴史的な視点から人類史的社会変動の内実が, そして, 本章の2を通して, 社会システム論的な視点から, 社会を包括的につかむうえでの枠組みが提示された。高度情報化, 少子高齢化, グローバル化という社会変動により, 社会の再帰性の高まりと個人化の純化が進む後期近代的状況において, 〈つながる・はたらく・おさめる〉という社会システムと生活世界が変貌していくことは, 学校や教育にいかなる課題を投げかけているのか。

　変化する社会に対応するために教育や学校を改革しなくてはならないという語りは, 歴史的に繰り返されてきたわけだが, 現代の人類史的社会変動下における教育課題の固有性はどこにあるのか。これまで変化する社会への対応という場合, 既存の教育や学校の枠組みは大きく動かすことなく, 教育の内容や方法を考える際に, 教育システムの外的規定要因として, 労働社会, 市民社会, 生活世界等の諸要求を参照するというものであった。だが, 現在の社会変動については, 教育や学校の成立基盤である社会・歴史的前提の問い直しを含んでおり, 教育や学校の機能と役割の再定義や他の社会システムとの間の境界線の

引き直しが進行している点を見逃してはならない。

　AIの進歩をともなう高度情報化は，知やアイデンティティやつながりのあり方をソフト化，フラット化，ボーダーレス化するものであり，近代教育の目的概念の中軸にある，自立した「主体」の観念，あるいは，「人間」や「人間らしさ」の観念がゆらいでいる。また，少子高齢化は，教育，福祉，労働といった社会機能の，そして，学習，ケア，社会的活動といった人間的営みの境界を問い直すものであり，社会的諸実践から切り離された「学習」の観念，および，学習への目的意識的な助成的介入としての近代「教育」（教えること）の観念がゆらいでいる。さらに，グローバル化は，国民国家や職場や地域共同体のあり方を多様化・多極化・流動化するものであり，メンバーシップ社会を前提とした日本的な諸制度がゆらぎ，社会の諸活動の土台となる「集団」や「場」がゆらいでいる。

　このように，近代教育が前提としてきた，自立した主体（人間）の形成という目的，教授・学習という枠組み，社会統合の場としての学習・生活集団（とくに「日本の学校」については，「共同体としての学校」という学習と生活の場）が問い直され，その再設計が求められている。そして，そこには複数の競合する社会像を反映して，複数の改革のベクトルを見いだすことができる。すなわち，より合理的で自由な社会をめざした先に，個別化・流動化・フラット化・標準化などが進んでいる。そうした再帰性の高まった後期近代的状況においては，それぞれの社会システム内での閉じたループが加速度的に展開する。その結果，効率性追求が自己目的化し，知の断片化や社会の分断が進み，非人間的な社会や教育に向かいがちである。他方，こうした価値観を根底から問い直し，文化性（回り道や遊びや美的なもの），共同性（つながりや分かち合い），公共性（対話や共生）等を大事にする，人間的な社会や教育につながる契機も見いだすことができるのである（後期近代的社会状況の両義性）。

（2）後期近代的社会状況における教育改革の両義性
①後期近代的社会状況における「新自由主義」教育改革の展開
　再帰的システム化をさらに加速し，それに適応するために人間改造を行う「超人化」[1]の方向性と，再帰的システム化を中断し，生活世界，「くらし」に即し

て人間性の再確認と社会規範や社会構想の問い直しを行う方向性の対立は，いわゆる「新自由主義」教育改革において顕在化している。

　そしてそれは，コロナ禍を経ることで，より先鋭化している。コロナ禍は，先述の人類史的社会変動を加速させるものである。それは，オンラインやICTの推奨など，機能性・利便性の追求を加速させている一方で，合理化されない余白や人と人とのつながりの大事さを意識化する集合的経験としての側面ももっている。さらに，感染症という自然との関係において，また，AIという人工物との関係において，「人間」のあり方が問われている。まさに上述の，後期近代的社会状況の両義性が顕在化しているのである（石井 2020b）。

　「新自由主義」教育改革は，カリキュラムの内容・形式，教育統治（ガバナンス）のシステム，教育研究のレトリックに及ぶものであり，その実体は3つの柱で捉えることができる（石井 2021）。1つめは，「コンピテンシー・ベース（competency-based）」という発想で，カリキュラムの内容面において，学問性・文化性と知識内容以上に，実用性・有能性と行為能力（スキル）を重視するものである。それは，企業社会に適応する職業訓練へと教育の営みを矮小化しがちである。また，コンピテンシー・ベースの改革は，そうした能力やスキルをより直接的に効率的に育成すべく，学習プロセスへの介入を重視する，学習者主体の活動的で協働的な授業への改革を推進することとセットで展開している。変化の激しさへの対応として，社会のいたるところに「学習」が発見され，それは後述するエビデンス・ベースという磁場の下で，ビースタ（2010=2016）が「教育の学習化（learnification）」という言葉で指摘しているような問題状況（教育の言語が学習の言語（個人主義的でプロセスにかかわる言語）で置き換えられ，教育という営みの関係的な性格，および方向性や価値にかかわる問いが消失してしまっている状況）も生み出している。

　2つめは，「スタンダード・ベース（standards-based）」，もしくは「アウトカム・ベース（outcome-based）」という発想で，カリキュラムの形式面において，目標・方法・評価の一貫性を重視することで目的合理性・技術性を追求するものであり，テスト成績などの見えやすい成果をめざす機械的な学習をもたらしがちである。また，教育統治の次元においては，共通のスタンダードの設定と結果責任による質保証を重視するものである。それは教育に標準化と成果主義をもた

らし，学校現場の下請け化や政策への主体的従属を進行させがちである。3つめは，「エビデンス・ベース（evidence-based）」という発想で，一般市民に対する透明性の要求を背景にしながら，現場の専門職の臨床的・質的判断以上に，実証的・統計的手続きにより効果が数量的に確かめられた介入方法を重視するものであり，明証性をもって政策や実践を選択・実行していくことを志向するものである。そしてそれは，教育研究の自然科学化ともいうべき実証主義的傾向の強化と，人文学的方法論（規範論や思弁的・歴史的・解釈的研究）の弱体化をもたらしがちである。

②「新自由主義」教育改革への対抗軸

こうした「新自由主義」教育改革に対しては，下記のような対抗軸も模索されている。コンピテンシー・ベースの改革への対抗軸としては，たとえば，イギリスでは力強い知識（powerful knowledge）概念が，フランスでは教養（culture）やエスプリ（esprit）概念が，ドイツではビルドゥング（Bildung）概念が提起されるなど，教養や知識の意味を再評価する動向もみられる[2]。歴史的にみて，実用性・専門性が追究されるとき，文化・教養（調和の取れた全面発達や鳥瞰的視野や知の普遍性）の重要性が提起されてきた。

コンピテンシー・ベースへのカリキュラム改革は，内容項目を列挙する形での教育課程の枠組み，および，各学問分野・文化領域の論理が過度に重視され，生きることとの関連性や総合性を欠いて分立している各教科の内容や形式を，現代社会をよりよく生きていくうえで何を学ぶ必要があるのか（市民的教養）という観点から問い直していく機会とも取れる。また，「教科横断的」あるいは「汎用的」なものの育成については，蛸壺化した教科の壁の高さを低くするべく，既存の教科の枠やイメージを越えて，「知の総合化」を追求していくことと捉えることもできる。実用主義の傾向を強めつつ，「リテラシー」を超えてなされる学校教育への能力要求に対して，人間形成という営みの保守性（場やつながりやシステムにおける非流動性・安定性への志向性）や不確実性，そして，その固有の時間や論理を再確認することが肝要である。これにより，学校教育が，職業スキル訓練や教化（indoctrination）に矮小化されることを防ぐとともに，文化遺産（議論の厚みのある知）の獲得・再創造の過程を通じた総合的な知性の発達（一般教育や人間教育）を展望していくことが求められる。

24

ハイステイクスな標準テストを軸にしたトップダウンのスタンダードに基づく教育改革において，「評価」は，子ども，教師，学校を序列化しそれを管理する道具として機能している。これに対して，「真正の評価（authentic assessment）」や「パフォーマンス評価（performance assessment）」や「学習のための評価（assessment for learning）」といったスローガンの下で，「評価」を，学校を改善し教育の質と平等を実現していくための道具として位置づけ直していこうという草の根の取り組みや研究も進められてきた[3]。

　「スタンダードに基づく教育改革」は，競争原理と結果至上主義の文脈に置かれるとき，「テストのための教育」に矮小化される。そうした状態を「スタンダードに基づく教育改革」のひとつの形とみて，別の形を構想するというアプローチも模索されているわけである。すなわち，子どもたちの教室での学習経験と学力の表現（パフォーマンス）を評価する「真正の評価」を中心に据える。これにより，断片的な知識・技能の有無に関する点数や評定値ではなく，より包括的な学習と学力の質に関する教師の専門的判断を信頼し，それを家庭や地域に提示する。さらには，ポートフォリオを基にした「学習発表会（exhibition）」や学校運営協議会などへの保護者や地域住民の参加を促す。ただしそれは保護者や地域住民への説明やそこからの承認を際限なく求め続けることではなく，相互評価（ピアレビュー）や学校視察など，第一義的には専門家集団による自律的な質保証を信頼し，専門家集団と民衆との対話と双方の認識の再構成を組織化することを意味する。こうして地域・学校共同体に根差したローカルな意思決定を尊重する一方で，教育行政は改革指針の提示，条件整備，指導助言などを通して支援的介入を行う。子どもの学びの事実をめぐって，教師，保護者，地域住民，教育行政担当者が，それぞれに固有の役割と責任を分有しながら，学力保障と持続的な学校改善をめざした対話と実践を進めていくというわけである（「相補的アカウンタビリティ（reciprocal accountability）」）。

　このローカルな文脈での関係者の参加・協働を軸とするアカウンタビリティ・システムの構想は，エビデンスに基づく教育を問い直す視点も有している。説明責任という文脈において，専門職の仕事の透明性を担保することが，エビデンスに基づく教育が求められるひとつの背景であった。そして，そこでの「透明性」は，本来不確実で多義的な実践過程を，数値や実証によって抽象化・簡

略化・科学化することによって担保されるものと考えられていた。しかし，説明責任の根本にあるのは，クライアントにとっての「納得可能性」であり，米国でのオルタナティブの模索，あるいは，日本の生活綴方実践や学級通信の文化にもみられるように，量的データと同様に，時にはそれ以上に，子どもたちの学習や教育活動の具体を描き出す事例やナラティブは，教師の解釈・判断もともなうことで，クライアントにとって透明で納得できるものになりうる。エビデンスとしての強弱は，納得可能性の強弱と必ずしも一致しない。

　主に教室の外の行政，研究機関，民間企業が提供する数値やデータに依拠した，匿名のアカウンタビリティは，個別の学校や教師を超えて，学校という機関そのものへの一般的信頼を調達するうえで重要だが，教育行政や市場による教育現場の遠隔操作と，それによる教職の脱専門職化を進めかねない。他方，教室の実践に即して生み出される事例に依拠した固有名のアカウンタビリティは，具体的な子どもや学校の事実に即して，そこに参加するクライアントの，目の前の学校や教師に対する納得と信頼を構築するものである。それは必ずしも学校という機関それ自体への一般的信頼を構築するものではないが，専門職である教師の自律性に保護者・住民等の参加を組み込んだ，ローカルで民主主義的な教育ガバナンスにつながりうる。ローカルな固有名のアカウンタビリティを基軸としながら，よりマクロな行政レベルが，現場を励ます方向で匿名のアカウンタビリティを活用する。そうして，規制緩和・地方分権改革を，市場原理の導入やポピュリズムではなく，市民社会・公共世界の構築や成熟した民主主義の実現へと接続していく方向性を見いだすことができる。

③現代日本における資質・能力ベースの改革の両義性

　ここまで述べてきたような，「新自由主義」教育改革の世界的展開とそれへの対抗軸の模索の試みにも影響を受けつつ，2017・18年改訂の学習指導要領は，「学びの地図」だとされている。いわば，目標，カリキュラム，授業，評価，組織運営にわたる，資質・能力ベースに向けた学校改革（日本版コンピテンシー・ベースの改革）のトータルな設計図として示されているのである。そしてそれは，学校と社会をめぐる構造変容へのひとつの対応としてみることができ，後期近代的社会状況の両義性を反映して，危険性と可能性をもっている。

　資質・能力ベースという発想については，学校の機能と役割の問い直しが背

景にあり，学校外の社会や生活世界で保障されてきた人間形成機能の一部を取り込みつつ，境界横断的な移動や長期化するキャリアの自律的デザインへの準備性を高めようとするものである。これについては，高次で全人的な能力をもった生産性の高い人材の育成をめざすのか，承認やつながりを含んだより善き生の実現をめざすのか。また，社会適応的な汎用的スキルの訓練（高度職業準備教育）か，知の総合化による鳥瞰的視野（教養）の形成（自由教育としての一般教育）かが論点となろう。

アクティブ・ラーニング（主体的・対話的で深い学び）については，知やコミュニケーションや共同体のフラット化・ソフト化・多様化を受けて，グループ単位でなされる学習者主体の構成的で創発的な学びへ，さらには，コロナ禍を経て加速している一人ひとりに応じるフレックスな学びへのシフトが進行していることが背景にある。そこでは，主体性や協働性の自己目的化による教科指導の特別活動化やキャリア教育化（態度主義）に向かうか，プロセスにおいても教科の本質を追求し，本来的な文化的価値を経験させる質の高い学びの実現に向かうかが論点となろう。また，EdTech（教育におけるテクノロジー利用によるイノベーション）や個別最適化の発想も，スマート化による教育の機械化と学びの孤立化とデジタルデバイドに向かうか，フラット化を生かした市民や専門家の活動への参加による，学習機会の拡張と学びの豊饒化に向かうかが論点となろう。

カリキュラム・マネジメントについては，行政以外の諸エージェントに裁量をゆだねつつも質を保証する，分散型のガバナンス構造を構築する課題を背景としている。より包括的な学習成果の数値化や，行政の掲げる達成目標に向けたPDCAサイクルの遂行による主体的従属（説明責任の論理と教職の専門性の軽視）に向かうのか，専門家が行う質的判断を信頼し，ヴィジョンの協働構築と自律的な学校運営（応答責任の論理と教職の専門性の尊重）に向かうのかが論点となろう。

人口変動（少子高齢化）は，さらなる効率化や労働社会の拡張により生産性を極限まで高めようとする一方で，成熟社会に対応したライフスタイルの転換の模索（開発・成長や利便性・生産性の向上など，一元的で上昇的な垂直的価値観に解消されない，幸福や善き生（well-being）の追求という水平的価値観）も生み出してい

る。テクノロジー・情報革命は，人間や社会をAIと一体化させることで，既存の人間や社会の限界を超えた有用性を実現しようとするし，それは逆に，AIで代替可能なものへと人間や社会的な諸機能を矮小化する作用と隣り合わせでもある。一方で，AIでは代替できない人間らしさの追求を主題化する動きもある。グローバル化については，グローバル企業の影響力が増し，国際的な標準化が進行すると同時に，国家や集団の閉鎖性が高まるといった状況ももたらす。一方で，国民国家の問い直し，国際的なガバナンスの構築といった，多文化社会化と異質な文化間の対話に向かう可能性ももっている。

（3）教育目標・評価論という分析視角の意味

　上記のような社会変動のなかの教育や学校のあり方を考え，学ぶこと育つこと生きることを過度に急がず，有能性の追求とともに，生活世界的な「くらし」の時間のなかで，その過程自体の豊かさや価値を味わえる方向性を模索するうえで，また，人間を機械化し教育を人間改造へと向かわせがちな動きへの逆価値として，より人間的で教育的なものとして，教育や学校のあり方を構想していくうえで，教育目標・評価論という分析視角を意識することの意味を確認しておこう。

　第一に，教育目標・評価論は，「人づくりの技」として教育を捉える立場である。それは，教育という営みについて，その機能の実証・検証（実証科学），あるいは，価値や理念の提示（規範理論）にとどまることなく，新しい「形」を発明・構想しようとする立場（技術学）である（中内 1999）。教育は倫理的・政治的実践であると同時に，それは何らかの形（方法・システム）を発明するという点で，技術的過程でもあり，いわば制作（ポイエーシス）的性格をもった実践（プラクシス）というべきものである。

　技術的側面はしばしば教育の形式化・機械化・標準化と結びつく。ゆえに，そうした傾向を批判しそれに対するオルタナティブを探ろうとする者の多くは，目的・手段関係や，目標を明確化しそれに基づいて評価すること自体を否定しがちである。しかし，技術的合理性を批判するからといって，教育に内在する技術的側面を全面的に否定してしまっては，それを教育学的議論の外側に置くことになる。教育目標・評価論は，教育的価値の実現に向けて，教育の「形」

の教育学的批評と再設計への実践的見通しの提起を行うものである。

　ただし，現代の学習，ケア，社会的活動の境界が問い直されている状況において，教育目標・評価論の枠組み自体の問い直しもなされることになるだろう。その際，プラクシス（価値追求）を基底としてそこにポイエーシス的側面（目標達成）を位置づけること，教育論，形成・開発論，システム論としての目標・評価論を，ケア論，承認論，関係論との関係で捉え直すこと（システムがつながりの場や条件を生み出し，つながりが個々人の能力形成を支え，それがさらなるつながりとシステムを生み出すなど），教育的決定の論理としての教育的価値論（実体的なものではなく教育専門家が判断する営みに埋め込まれている機能的なもの）の現代的形態を明らかにすることなどが課題となろう。そして，本書で紹介されるような，真に教育的価値を実現する良質の教育実践においては，教育の枠では捉えきれないような，学習，ケア，社会的活動が融合した人間活動，そして，社会インフラとしての学校という制度の運用，および学校とその外部の生活世界との相互浸透の様態を見いだすこともできるだろう。

　第二に，教育目標・評価論は，学校と社会との接面の問題をも対象化しながら教育的価値の具体を問う立場である。教育目標論は，社会的諸価値をカリキュラムへと具体化する教育的決定にかかわり，教育評価論は，選抜システムという人材配分とその社会的正当化や社会的公平の問題にかかわる。ゆえに，目標・評価関係を分析単位とすることで，教育という営みや学校という制度のあり方や機能を，全体的・根源的にリアルに対象化しうる。

　コンピテンシー・ベースのカリキュラム改革も学習者主体の授業改革も，「教育の学習化」を招来し，何のために何をという，価値選択に関わる教育課程論的な問い自体を空洞化させがちである（石井 2020c）。また，社会の要求に学校教育をより直接的に従属させる方向で機能しがちである（神代 2020）。暫定的ではあるが熟慮された社会構想に基づいて，目標・評価システムのみならず，目標の中身自体を吟味すること，そうして目標づくりや教育課程編成の層において，人間的であること，文化的であることを基底とする教育的価値を問うことで，教育のあり方，社会のあり方を，より人間的なものへとつくりかえていく展望を探ることが求められる。

　良質の教育実践は，幸福追求に向けて生き方の幅（capability）を広げるような

子どもの変容（承認を土台になされ生成的経験をも含んでこそ実現される，能力形成にとどまらない，人間的な成長・発達）という観点（教育的価値）から，文化の価値を再発見し，社会的要求をより人間的なものへと再構成する働きを内包している。たとえば，社会にとって役立たせるべく，スキル訓練に矮小化されがちな労働力への要求を，個人が労働者としてのみならず一人の人間としてよりよく生きていく観点から吟味する。そこから，文化的な側面や人間的成長の契機を含んだ，「労働という活動」への教育として再構成するといった具合である。子どもの成長・発達にかかわる教育は社会から距離を取るある種の保守性をもつが，その保守性ゆえに，現状の社会の価値を人間的な価値から，システムとテクノロジーが駆動する時間の加速を人間的な「くらしの時間」という観点から再審することで，現状の延長線上から少しずれた未来社会への萌芽を生み出す可能性をもつのである。

（石井 英真）

【註】
1）人間の科学技術力，とくに生命工学やサイボーグ化などによって人間を極限までアップグレードして，「非死」や「超人」をめざしていくこと。それができるのは一部の経済的エリートに限られ，人類は，そうした「超人」と「無用者階級」とに分断されることが危惧される（ハラリ 2015=2018）。
2）田中（2016）の第2章（フランスについては第3節の細尾萌子論文，ドイツについては第4節の伊藤実歩子論文）などを参照。イギリスについてはヤング（2017）を，IBと一般教育との関係については，次橋（2017）などを参照。
3）石井（2020a）の補論，付論Ⅰ，田中（2016）の第1章（NYPSCについては第2節の遠藤貴広論文），Hargreaves and Shirley（2012）などを参照。イギリスについては阿部（2007）を参照。

【引用・参考文献】
阿部菜穂子（2007）『イギリス「教育改革」の教訓』岩波書店．
石井英真（2015）『今求められる学力と学びとは』日本標準．
石井英真（2019）「教育方法学——「教育の学習化」を問い直し教育的価値の探究へ」『教育学年報 第11号 教育研究の新章』世織書房，109-140.
石井英真（2020a）『再増補版・現代アメリカにおける学力形成論の展開』東信堂．
石井英真（2020b）『未来の学校』日本標準．
石井英真（2020c）「資質・能力ベースの改革とカリキュラム研究の課題——教育課程

論的関心の再評価」『日本教育経営学会紀要』62, 97-100.

石井英真（2021）「カリキュラムと評価の改革の世界的標準化と対抗軸の模索」広瀬裕子編『カリキュラム・学校・統治の理論 —— ポストグローバル化時代の教育の枠組み』世織書房.

キャラハン, R. E., 中谷彪・中谷愛（訳）（1964=1997）『教育と能率の崇拝』教育開発研究所.

神代健彦（2020）『「生存競争」教育への反抗』集英社.

佐貫浩・世取山洋介編（2008）『新自由主義教育改革 —— その理論・実態と対抗軸』大月書店.

田中耕治編（2016）『グローバル化時代の教育評価改革 —— 日本・アジア・欧米を結ぶ』日本標準.

次橋秀樹（2017）「A. D. C. ピーターソンのカリキュラム構想に見る一般教育観 —— シックス・フォーム改革案から国際バカロレアへの連続性に注目して」『カリキュラム研究』26, 1-13.

ハラリ, Y. N., 柴田裕之（訳）（2015=2018）『ホモ・デウス』河出書房新社.

ビースタ, G. J. J., 藤井啓之・玉木博章（訳）（2010=2016）『よい教育とはなにか』白澤社.

中内敏夫（1999）『中内敏夫著作集 I ——「教室」をひらく』藤原書店.

中内敏夫（2005）『教育評論の奨め』国土社.

松下佳代編（2010）『〈新しい能力〉は教育を変えるか』ミネルヴァ書房.

ヤング, M., 菅尾英代（訳）（2017）「「力あふれる知識」はすべての児童・生徒にとっての学校カリキュラムの基盤となりうるか」『カリキュラム研究』26, 91-100.

ラヴィッチ, D., 末藤美津子・宮本健市郎・佐藤隆之（訳）（2001=2008）『学校改革抗争の100年』東信堂.

Hargreaves, A. and Shirley, D.（2012）. *The Global Forth Way: The Quest for Educational Excellence,* Thousand Oaks, CA: Corwin Press.

〈つながる〉
ことをめぐる 教育目標

第Ⅰ部への招待

長谷川 裕

　第Ⅰ部のタイトルは、「〈つながる〉ことをめぐる教育目標」である。詳しくは序章2にて説明しているが、人々が日々生きている、その舞台のことを「生活世界」という。生活世界ではつねに、人と人との関係が形成され、維持され、変容させられているが、その動態のことを本書では〈つながる〉と呼んでいる。〈つながり〉という名詞形も用いるが、それは、〈つながる〉の動態のその時どきのありさまを指すものである。〈つながる〉および〈つながり〉は、生活世界のほぼすべての局面に何らかの形でその姿を現し出す、生活世界の基本要素中の基本要素であるといってよいだろう。

　生活世界は、人間形成および教育（両者の区別・関連は第1章参照）の舞台でもある。生活世界における、とくに〈つながる〉ことに着目し、〈つながる〉ことと人間形成の過去および現在の事実把握を行うこと、これが第Ⅰ部のテーマの1つめである。つまり、〈つながる〉ことがこれまでどうあったのか、今現在どうあるかを、人間形成の問題と関連させながら捉えることである。

　そのうえで、〈つながる〉ことと人間形成の今後の展望の提起を行うことが、第Ⅰ部の2つめのテーマである。つまり、序章1・2で示されているような進行中の大きな社会変動のなかで、〈つながる〉ことが今後どうありうるか・どうあるべきかを、人間形成の問題と関連させながら捉えること、とりわけそうした社会変動と結びついて進行する〈つながる〉ことの変容によって、何が人間形成のうえで追求すべき目標として浮かび上がってきているかを考察することである。

　第1章では、生活世界における〈つながる〉ことと人間形成が、これまでどのように変容してきたか、今日どのような段階にあるかを概観する。つまり、第Ⅰ部のテーマの1つめについて、その回答の概略に当たることを述べる。

　第2章では、メキシコの事例を取り上げながら、前近代の時代から連なる共

同体的生活世界と，そこでの〈つながる〉ことと人間形成がどのようなもので
あり，それらが近代化過程のなかで行政システムの介入を受けながら変容して
いくプロセスはどのようなものであるかについて論じる。また，近代社会の今
日的段階では，〈つながる〉ことと人間形成が，そこへの行政システムによる
介入が，非「先進」地域の場合にはどのような姿で表れているかを論じる。

　第3章では，まず，共同体的生活世界の〈つながる〉こと・人間形成とその
近代化過程について，日本の場合にはどのようなものであったのかを概観する。
そのうえで，行政システムが，〈つながる〉ことの危機状況への対応を念頭に
置きながら，「地域」レベルの〈つながる〉ことと人間形成を再編しようとする
動向について論じる。また，人々の生活世界から発生する，やはりそれらの再
編の動向について，現代日本の教育実践事例を取り上げながら論じる。さらに，
現代において学校が地域にかかわる際の教育目標について考察する。

　第4章では，「学級」というつながりの舞台を取り上げる。近代学校の担い
手である教師たちが共同体的生活世界に取って代わる生活世界としての学級を
教室の内部にどのように創り出したのかについて，子どもたちが〈つながる〉
ためのメディアとしての学級文集の編集という実践事例に即して論じる。その
実践が近代学校の周縁で「安心」できない状況を生きる子どもたちを学級に包
摂するようにして普及してきた歴史を踏まえて，多様なメディアが教室内に浸
透しつつある今日的状況下で子どもたちの「安心できる場」を編むための実践
がどのように展開されているのかを論じる。

　第5章では，〈つながる〉ことをめぐる教育学的な原論とその今日的ヴァー
ジョンについて論じる。まず，教育においてなぜどのように，つながり形成を
目標に含めることが必要なのかをおさえる。次に，つながりとともに重要な教
育目標と考えられてきた「自立」について，それを今日的にどのような意味内
容で捉えるべきか，そのうえでつながりと自立の関係をどのように捉えるべき
かを論じる。最後に，インターネットの普及による「常時接続社会」という今
日的状況下では，教育におけるつながり・自立各々とそれらの関係がどうある
べきかを論じる。

　第I部の小括では，第1〜5章で論じたことによって，冒頭に示したテーマ
に対してどのような回答が示されたかを，多少の補足を交えながら確認する。

生活世界における〈つながる〉ことと人間形成 ——その変容と現段階

長谷川 裕

　本章の課題は，第Ⅰ部への招待で提示した2つのテーマのうちの1つめ，〈つながる〉ことと人間形成の過去および現在の事実把握（つながることがこれまでどうあったのか，今現在どうあるかを，人間形成の問題と関連させながら捉えて描くこと）に関して，その概略を示すことである。

1. 前近代の「共同体」的な生活世界における〈つながる〉ことと人間形成

　第1章1では，〈つながる〉ことと人間形成の関連が前近代の時代はどのようなものであったか，その見取り図を示す。

（1）共同体的つながり

　前近代において，人々は基本的に，その人の属する「共同体」のメンバーとして生きた。ここでいう共同体とは，前近代社会に典型的な形で実在した（近代化のなかで漸次衰退していったが，一定の時期まではその名残が存続した）小社会である。その理念型（現実そのものではないが現実の重要な特徴を強調して構成された像）としては，メンバー皆が生活していくうえで必要な諸機能が包括的にそこに埋め込まれ，人々が，一定の分担をしつつそれらを共同で担い合い，強い共属感情を抱き，共有される伝統・慣習を遵守し相互に扶助し合うと同時に，相互に各人のふるまいを強く規制し合う，そのような小社会である。

　前近代を生きる圧倒的多数の人々にとって，各人が属する共同体こそが生活世界ほぼそのものだったし，かれらのつながりの多くは共同体メンバー間のものだった。

(2) 共同体的人間形成と人間形成の諸概念

　この時代の人間形成についていうと，それは基本的に，人々の生活世界の営みのなかにいわば"溶け込んで"いた。すなわち，教育学の概念でいう「形成（forming）」が中心だったということである。形成とは，各人が社会のなかで生きて活動することそのものに付随する形で，その人の人となりが形づくられていくことであり，いつの時代・どの場所でも人間形成の基礎過程である。前近代の人間形成は，この基礎過程だけが前面に出る傾向が強かったのである。それは，前述の共同体的つながりのなかに暮らすことが，そのまま人間形成の機能を果たしていたということも意味している。

　その形成の過程には，形成されていく者以外の誰かが，必ずかかわってくるし，広い意味での「教える」という形で関与することも少なくない。言い換えれば，人はいつでも何らかの形で「教わり」ながら形成されていくということである。この「教える－教わる」を多少とも意識化・組織化した営みのことを「人づくり」と呼ぶ。人づくりでは長らく，"当該の社会・集団を持続させるために"ということと"そこに生きる者のために"ということが未分化な形で追求されるタイプのものが一般的だった。そのタイプを「教化（edification）」と呼ぶ。前近代の共同体的人間形成は，前述のように形成を基本としつつ，そこに教化が伴っていたと性格づけることができる[1]。

　「人間像こそ人づくり論の支柱である」（中内 1998a：66）といわれる。つまり，どのような社会をどのように生きるかという「人間像」が，人づくりの働きかけをどう構想するかを根底で支える理念となっているということである。共同体の教化は，この人間像と，そこから導き出される獲得されるべき目標とが，それぞれ，所与の共同体を生きる人間，そのために必要な所与の能力という形で明瞭であるという性質を帯びていた。

2. 近代化に伴う〈つながる〉ことと人間形成の変容

　第1章2は，〈つながる〉ことと人間形成の関連が近代化に伴ってどのように変容していったかを概観する[2]。

（1）「生活世界の合理化」と「個人化」

前近代の人々の共同体的つながりは，一方で近代以降の社会には見られない強固な相互扶助的な関係ではあったが，同時に，互いの間の相互規制・相互干渉の強いものであったし，さまざまな形での差別・排除も伴っていた（cf. ひろた 2008）。互いに支え合う麗しきものとしてばかり捉えてはならない。

社会全体の近代化に伴い，人々が，共同体的なものも含め自分たちが依拠する慣習・規則に対する反省を促進させていく長期的な趨勢，つまりハーバーマス（1981=1987）のいう「生活世界の合理化」（序章2（2）参照）が進み，従来の排除・差別に対する一定の見直しがされ抑制がかけられるようになった。

生活世界の合理化も重要な要因のひとつとしながら，共同体的なつながりは徐々に解体に向かい，代わって「個人」が析出されていった。すなわち，「個人化」という形でつながりの変容が進んだということである。個人化とは，ベック（1986=1998）が近現代社会を捉えるうえでの鍵概念のひとつとして提起したもので，社会のなかでの人々の存在の仕方として「個人」であるということの意味がさまざまな形で増大していく変容のプロセスを指す言葉である（序章2（4）参照）。

ただしこの段階の個人化は，個人が「家族」に属することが自明視されていたと言ってよい。歴史家アリエス（Ariès, Ph.）の言葉「勝利を収めたのは個人主義なのではなく，家族なのである」（アリエス 1960=1980：381）が妥当するところが多分にあったということである。そしてこの場合の家族とは，旧来のものとは異なる，近代化過程のなかで誕生し拡大していった「近代家族」と呼ばれるもの（夫婦・親子にメンバーを限定し，そのメンバー間の情緒的絆が強く，外に対して閉鎖的であるなどの特徴をもつ）であり，現在を生きる者たちにとってはこれこそ家族と感じられるような家族形態（落合 1989：18）であった。

個人化の進展とともに，個人（あるいは個人と家族）を尊重する観念の浸透が，人権意識などの形をとって一定程度進むが，しかし人々の間の差別・排除は消滅したわけではなく依然として続く。ただし，そこに基本性格の変化が見られることは，大まかにでもおさえておいたほうがよいだろう。つまり，前近代的な差別・排除は，人々の間に強固に定着している規範を前提として，それに照らして集団間の差別・被差別の序列関係が維持されたり，特定のターゲットを

差別・排除しそれによって共同体的関係の安定化がもたらされたりするという性格が強かった。それに対して近代以降の差別・排除は，むしろ自明のように依拠できる慣習・伝統が揺らぐなか，そのことを含めた個人化の趨勢を生きる人々が「存在論的不安」（世界を，またそのなかにいる自分を安んじて受容できる感覚である「存在論的安心」の逆の感覚。cf. ギデンズ 1991=2005）を抱え，その解消を意識的あるいは無意識的動機とした集合行動として特定の者たちを差別・排除するという性格のウェイトが増したということである。

(2)「システムによる生活世界の植民地化」と個人化の促進

　生活世界の合理化はさらに，生活世界の諸課題各々を専門的に取り扱う組織・制度としての「システム」の分出をもたらす。やがて，分出したシステムのうち，とりわけ資本主義的市場経済システムと近代的国家・行政システムが強大化する。これら2つのシステムはそれぞれ「貨幣」「権力」という「コントロール・メディア」をもち，それらが人々の行為を動機づけ方向づける。そのことによって，人々の生活世界の営みが経済・行政の2システムに従属させられる事態，すなわちハーバーマス（1981=1987）のいう「システムによる生活世界の植民地化」が進行することになる（序章2（3）参照）。

　貨幣および権力は，人々が時々の試行錯誤によって行為し相互行為しなくても済むように人々のふるまいを方向づけるメディアのうち，とりわけ強力なものである。人々はこれらのメディアにコントロールされつつ個別に（個人単位で，あるいは家族単位で）ふるまい生きるようになる。すなわち前述した「個人化」というつながりの変容が，生活世界の植民地化のなかで促進されていったということである。

(3)〈教育〉と「近代学校」の誕生と拡大

　以上の過程と並行して人づくりも，「個人」という人間像によって方向づけられるものがその主要形態となっていく。本章1（2）で，前近代の人づくりは〝当該の社会・集団を持続させるために〟ということと〝そこに生きる者のために〟ということが未分化な教化がその基本であったと述べた。それに対して，後者の〝そこに生きる者のために〟がとくに意識化され，かつ〝そこに生きる者〟を，

その者が目下所属する社会・集団をはじめ何らかの所与の社会・集団に属して生きるということを軸に捉えるのではなく，“どんな社会・集団に属するとしても，その人なりの生き方を自ら選択しつつ生きていく”ということを軸に捉え（そのように捉えたときの人間の存在の仕方が「個人」である），後者のような生き方が可能になることをねらいながら行われる，新しい人づくりが誕生したということである。それを〈教育education〉と呼ぶ[3]。それは，生活世界の合理化の一環として生まれた，人間形成の再帰的な（自分たちが行っていることを，振り返りそれに基づいて変化させていく）営みであると性格づけることもできる。

　さらに近代では，人づくりの制度が学校制度として成立・普及し，〈教育〉であることを正統性原理として営まれるようになった。そうした〈教育〉を営む学校のことを「近代学校」と呼ぶ。

　多くの「先進」諸国では，おおよそ19世紀後半以降，経済システム・行政システムに従属する形で，主として近代学校という制度・組織に依拠した〈教育〉システムが拡大していく。そこで行われたのは多くの場合，経済的生産とその成長に貢献する人材養成と業績主義的人材配分のために，また確立しつつある国民国家に強い帰属意識をもつ国民を作り出す国民化のために行われた人づくりであり，それは上記のような意味での〈教育〉としての性格を十分に備えたものと言えるのか，疑念が生じざるを得ないものだった。実際，〈教育〉の理念である個人の自立のために必要な人間形成という原理や人権理念に基づいて，拡大する人づくりの制度の現実への対抗が試みられると同時に，その一定部分は現実を補完するものとして吸収されていった[4]。

（4）近代の相対的安定期における〈教育〉とその目標

　第二次世界大戦後多くの「先進」諸国は，述べてきたような社会の諸側面の変動の暫定的到達点として，生活世界の植民地化を伴いながらも，あるいはまさにそれゆえに，ある相対的に安定した社会状態に至る。そのなかで，人々の間で，職業を通じて経済システムに関与しながら，業績主義的な社会移動・地位達成を行うことを前提としたライフコースの「標準」が広範に正統性を得た。人々は，行政システムによって整備された学校制度において遂行される〈教育〉を利用して，標準的ライフコースに沿ってなるべく有利な地位達成をめざすよ

うになった。そうした標準的ライフコースをたどることが実質上めざすべき人間像ないし〈教育〉目標の位置を占める形で, 人間形成がなされるようになった。

　日本では, この標準的ライフコースは, 戦後の高度成長期に, その時期に拡大した日本的雇用の下で雇用されることを想定しつつ, そのために新規学卒一括採用の労働市場に有利な条件で参入できるように, なるべく高い学歴・学校歴を獲得できることをめざして学校時代に勉学に励む, という形で普及した。

3. 近代社会の揺らぎと,〈つながる〉ことと人間形成の現段階

　第1章3では,〈つながる〉ことと人間形成の現段階がどのように捉えられるかを概観する。

(1) 近代社会の揺らぎ——「第一の近代」から「第二の近代」へ

　前述のように第二次世界大戦後多くの「先進」諸国は, 社会の変動の暫定的到達点としてある相対的に安定した社会状態に至り, そこに孕まれた諸問題の顕在化が一定程度抑制されてきた。そこに至るまでを, ベックの言葉で「第一の近代」(ベック 2011) と呼ぶ。それは, 近代化がもたらしたつながりと人間形成の変容の第一段階の時期 (本章2で描いた時期) にも当たるといえる。

　しかし, やがてその相対的安定期は終焉を迎え, ベックのいう「第二の近代」段階に突入した。今日の時代は, その段階にある。経済システムのグローバル化がその新たな変動の主たる駆動因であり, 行政システムによる新自由主義的政策がそれを補完・促進してきた。

(2) つながりの変容の現局面

　つながりについて見てみると, 新たな社会変動がもたらした雇用の不安定化をはじめとする経済的基盤の揺らぎなどが重要な要因のひとつとなって, 家族の不安定化 (日本の場合, 離婚率の 1990 年代以降の増大・高水準での一定化など), 家族形成の縮小 (日本の場合, 婚姻率の 1970 年代以降の低下・低水準での一定化, 生涯未婚率の 1990 年代以降の増大など) がもたらされたことが挙げられる (cf. 岩間ほか 2015:88-102)。つまり, 家族というつながりの弱体化である。

加えて,「第一の近代」の時代には, 職場と地域におけるつながりの, 近代以前のそれの残存というだけではない新たな形成も見られたが,「第二の近代」段階ではそれらの弱体化, 場合によっては崩壊・消滅も進んだ。

　これらによりつながりから切り離されて生きる個人が増大してきた。2010年代以降の日本でしばしば語られるようになった「無縁社会」(NHK「無縁社会プロジェクト」取材班 2010) という社会状況は, こうしたなかで生じてきたものだと言ってよいだろう。

　個人化は二段階で進展してきた (序章 2 (4) 参照)。各段階はそれぞれ,「第一の近代」,「第二の近代」と対応していると言ってよいだろう。第一段階は, 近代化に伴い, 人々が, 共同体のなかに埋め込まれた状態から脱し個人として生きるようになる, 本章 2 (1) で前述した段階から始まって, さらにその後の「産業社会」時代を通じて, 人々の「生活情況の制度化と標準化」が進み, それらに依拠しつつも人々が自分の「人生設計と生き方」を自分自身で背負うようになっていく (ベック 1986=1998) までの, 長期にわたる段階である。この「生活情況の制度化と標準化」が, 本章 2 (4) で述べたライフコースの「標準」の土台となっている。

　第二段階は, 第一段階において成立したライフコースの標準やそれを支えていた制度群が揺らぎを来たし, それらとセットになって存在してきた諸集団の枠も緩んでいく, 現在進行中の段階である。生き方の強固なモデルが失われたなかで, 人々はいっそう再帰的に自分の生の道筋を探ることを余儀なくさせられていく, いわば個人化の純化が進むのが, この段階である。

　第二段階の個人化が進むなかで, 本章 2 (1) でも言及した「存在論的不安」が昂進される。生についての「無意味感」(ギデンズ 1991=2005) も広まり, 自他の相対比較によって抱く「相対的剥奪感」が人々の間の, とりわけマイノリティの人々をターゲットとした差別・排除・暴力の発生を高めてもいる (ヤング 1999=2007)。あからさまな差別・排除・暴力には至らないまでも, マイノリティが直面している困難に対する, 結果的には「自己責任」論を是認する形での無関心の広まりも見られる[5] (序章 2 (4) 参照)。

　しかしその一方で, 人々にとって, 第二段階の個人化がもたらす上記のような困難を回避すべく, つながりの重要性がいっそう強く意識されるようになっ

てきてもいる。そういうものとしては，家族重視の志向が強まってもいる（た
とえば，統計数理研究所が1953年から5年おきに行っている「日本人の国民性調査」
の結果〈本稿執筆時点で結果が公表されている2013年調査まで〉によれば，一番大
切なものとして「家族」を挙げる回答の割合は，1973年調査から上昇し，1990
年代以降は他を大きく引き離して高め安定状態となっている）。だが，重要な
ものとして見なされるがゆえに，それをめぐるさまざまな軋轢も発生しやすく
なっていると言える面も少なくない。

　以上が，とくに日本のことを念頭において描かれる，つながりの現局面の主
な諸様相である。なお，ここでは携帯電話・スマートフォンなどモバイル・メ
ディアやパソコンを利用しインターネットを介したコミュニケーションにはとく
くに言及してこなかった。そうしたメディアによるコミュニケーションの普及
が人々の，とくに若い人々のつながりのあり方を大きく変容させているとの見
方もあるし，その可能性ももちろんあるが，筆者は今のところ，それは基本的
に，述べてきたようなつながりの諸相を補強したり促進したりするものであり，
メディアがそれ自体でつながりの新たな様相を生み出すものではないと考えて
いる[6]。

（3）人間形成の変容の現局面

　「第二の近代」段階に入り，人間形成にも小さくない変化が見られる。雇用
の不安定化が主要因となって，従前のライフコースの標準が成り立ち難くなる
事態が生じてきた。その事態を背景に，学校〈教育〉を通じた地位達成へのア
スピレーションは，一部の層でのいっそうの強まりやより広範な層での「生き
残り」対策的な執着を伴いつつも，子ども・若者自身においても保護者におい
ても全体としては減退していく。標準的ライフコースと結びついた人間像・〈教
育〉目標も，正統性を喪失してきた。しかし，それに替わって広く現実的に受
容される人間像・目標が打ち立てられずにいる。

　加えて，子ども・若者の場合，「第一の近代」終盤あたりを起点とした消費
社会変容がもたらす社会意識（「個性」や「多様性」をよしとする意識など）が，規
範に合致した行動を画一的に要求しがちな従前の学校的秩序との間に離齟を来
すことが頻繁となった[7]点も重要である。

以上は，近代学校制度を中心とした〈教育〉システムが飽和状態にまで普及することによって，社会的地位の安定的保証が困難となり，その正統性が揺らぎ，経済成長の低下による雇用不安定化がそれに拍車をかけるという問題として，つまり，〈教育〉システムの正統性の危機あるいは〈教育〉システムの機能不全の問題として性格づけることができるだろう。これが，人間形成の現局面の基本性格である。

（4）現局面をどう切り開くか，その方向性をめぐって

　こうした事態が進行するなか，近代の相対的に安定した経済・行政システムを担うのとは異なる，生産・成長の行き詰まりを打開しその新たなステージを切り開き担うことのできる人材養成が，既存の〈教育〉システムではもはや不可能であるという見方が，それらシステムにおける支配層などの間に広まっている。その行き詰まりを打開し困難を乗り切ろうと，〈教育〉改革とその諸理念が矢継ぎ早に提起されている。そこでは，「コンピテンシー」，「資質・能力」などさまざまな言葉で表現され，「新しい能力」（松下編 2010）として総称できるような能力とそれらを備えた人材像が提起されている。その能力は，職業上の必要性を超えて社会を担ううえで求められるような「汎用」性を帯び（cf. 石井 2017：15-16），「人格の深部にまで及ぶ人間の全体的な能力」（松下編 2010：2-3）を含むような性質のものであり，従来の「学力」という言葉からイメージされる能力とは異なったものであると言ってよいだろう。

　そうした「新しい」能力や人材像が盛んに喧伝され，2017・2018 年度に改訂された新学習指導要領にも反映されるなどの形で政策化されている背景には，上記のように行き詰まりを見せている時代状況を打開したいという支配層の問題意識があると思われる。だがその問題意識に沿って推し進められる〈教育〉改革は，場合によっては，本章 2（1）や 3（2）で言及したような，今日少なからぬ人々が，存在論的不安，無意味感，相対的剥奪感といった感覚を募らせているという状況をいっそう深刻化することにつながりかねない。むしろそちらの状況にこそ焦点化して時代を捉え，そうした生きづらさに苛まれずに済む社会をどのように作り出すかを正面に据えて，社会構想が練られるべきではないか[8]。

その構想を，〈教育〉は，そのなかでもとくに〈つながる〉ことに直接かかわる〈教育〉は，どのような課題として引き取るべきなのだろうか。それは，第Ⅰ部の2つめのテーマ，〈つながる〉ことと人間形成を今後どう変えていくべきかに関する論点である。この論点について以後第Ⅰ部の各章で論及されるが，第Ⅰ部の小括ではそれらの要点がまとめて示されることになる。

【註】

1) ここまで，教育学者の中内敏夫の人間形成をめぐる基礎概念についての考えに依拠している。cf. 中内（1998a：14-19）。教化と対照的な性質を帯びた人づくりもあるが，それについては，本章2（3）で論じる。

2) 本節以降の本章の叙述は，序章2で示されている社会理論（ハーバーマスが提起した〈生活世界とシステム〉図式をベースに置きながら，他の要素を付け加えて構成された）に基づくものとなっている。本章の内容の理解に必要な限りで，序章2で書かれていることを繰り返すが，そちらも参照いただきたい。

3) この点も，本章1（2）の関連箇所と同様，中内の所論に依拠している。cf. 中内（1998a：21）　なお，以下近代以降のこうした性格を帯びた人づくりを指す場合，〈教育〉と表記する。

4) 補完するものとして吸収された典型例のひとつとして，子どもの主体性を重んじる「自由教育」の考え方に基づいて設立された戦前期日本の「新学校」が，現実にはその支持者から，産業社会化に向けて本格的発展を遂げ始めた時代において有利なポジションにつくための進学準備教育の場として「生きられた」ことなどが挙げられる。cf. 中内（1998b：135-193）。

5) 青木（2006）でその結果がまとめられている人々の貧困観についての調査データを解釈すると，貧困の原因については文字通りその本人の責任だとするような自己責任論が人々によって積極的に採用されているわけではないが，貧困からの脱却の筋道に関しては，十分な社会的施策が期待できない状況下では貧困に陥ったとしても自分の努力で何とかするしかないと見なされていることが読み取れる。

6) こうした見方は筆者に独自のものではなく，たとえば，阪口（2016）は，2002年・2012年の2時点間の若者の意識・行動を比較する調査のデータに基づいて，若者はメディアの使用を通じて友人数を量的に拡大させている傾向がうかがえるが，それは「若者において友人が重視され友人数が増加していくという長期的な趨勢のなかで」，「メディアがその流れを促進する役割を果たし」たこととして解釈すべきだと主張している（同：187-188）。また荻上（2018）は，「ネットいじめ」について，「今までのいじめと違って」とその新しさを強調する言説を批判し，「ネットいじめは，得体の知れない新しいいじめの形ではなく，コミュニケーション操作系のいじめの，一つのパターンにすぎない」（同：No.1639）と，むしろ従来のいじめとの連続

性を強調している。

7）荻上・内田（2018）にその結果がまとめられている校則をめぐる意識調査からは，学校秩序の画一性の象徴と言っていい，行動を事細かにコントロールしようとする校則は，1980年代をピークとしていったん緩和し（おそらく，子ども・若者の社会意識と学校的秩序の齟齬という本文中に言及した事態を背景とした批判を浴びたことによって），しかし2000年代に入って再び細密化していると推測される。一方，同書で紹介されている別の調査（友枝編2015）の結果からは，校則に対する忌避感覚は2000年代初頭から2010年代初頭にかけて次第に弱まっている。上の齟齬は，漸次強まっている，あるいは高い水準で維持されているということでは必ずしもないかもしれない。

8）このように，ある時代を生きる人々の苦悩がどのようなものであるかを基点にして時代を捉えその変革の方向性を考えるという発想は，フランクフルト学派の批判理論の問題設定の仕方に倣っている。cf. ホネット（2000＝2005：103-108）。

【引用・参考文献】

青木紀（2006）「現代日本の「貧困観」に関するアンケート結果中間報告」『教育福祉研究』12, 71-122.

アリエス, Ph. 杉山光信・杉山恵美子（訳）（1960＝1980）『〈子供〉の誕生 —— アンシャン・レジーム期の子供と家族生活』みすず書房.

石井英真（2017）『中教審「答申」を読み解く —— 新学習指導要領を使いこなし，質の高い授業を創造するために』日本標準.

岩間暁子・大和礼子・田間泰子（2015）『問いからはじめる家族社会学 —— 多様化する家族の包摂に向けて』有斐閣.

NHK「無縁社会プロジェクト」取材班（2010）『無縁社会 —— "無縁死"三万二千人の衝撃』文藝春秋.

荻上チキ（2018）『いじめを生む教室 —— 子どもを守るために知っておきたいデータと知識』PHP研究所（電子書籍版）.

荻上チキ・内田良（2018）『ブラック校則 —— 理不尽な苦しみの現実』東洋館出版社（電子書籍版）.

落合恵美子（1989）『近代家族とフェミニズム』勁草書房.

ギデンズ, A., 秋吉美都・安藤太郎・筒井淳也（訳）（1991＝2005）『モダニティと自己アイデンティティ —— 後期近代における自己と社会』ハーベスト社.

阪口祐介（2016）「若者におけるメディアと生活の相互関係の変容 —— 2002年と2012年の時点間比較」藤村正之・浅野智彦・羽渕一代編『現代若者の幸福 —— 不安感社会を生きる』恒星社厚生閣.

友枝敏雄編（2015）『リスク社会を生きる若者たち —— 高校生の意識調査から』大阪大学出版会.

中内敏夫（1998a）『中内敏夫著作集Ⅰ —— 「教室」をひらく』藤原書店.

中内敏夫 (1998b)『中内敏夫著作集 II —— 匿名の教育史』藤原書店.

ハーバーマス, J., 丸山高司・丸山徳次・厚東洋輔・森田数実・馬場学瑳江・脇圭平 (訳) (1981=1987)『コミュニケイション的行為の理論 (下)』未來社.

ひろたまさき (2008)『差別からみる日本の歴史』解放出版社.

ベック, U., 東廉・伊藤美登里 (訳) (1986=1998)『危険社会 —— 新しい近代への道』法政大学出版局.

ベック, U., 伊藤美登里 (訳) (2011)「個人化の多様性 —— ヨーロッパの視座と東アジアの視座」ベック, U.・鈴木宗徳・伊藤美登里編『リスク化する日本社会 —— ウルリッヒ・ベックとの対話』岩波書店.

ホネット, A., 加藤泰史・日暮雅夫 (訳) (2000=2005)『正義の他者 —— 実践哲学論集』法政大学出版局.

松下佳代編 (2010)『〈新しい能力〉は教育を変えるか —— 学力・リテラシー・コンピテンシー』ミネルヴァ書房.

ヤング, J., 青木秀男・伊藤泰郎・岸政彦・村澤真保呂 (訳) (1999=2007)『排除型社会 —— 後期近代における犯罪・雇用・差異』洛北出版.

第2章

多文化社会メキシコの教育政策の変遷と格差社会を生き抜く先住民

青木 利夫

1. 格差が広がるメキシコ社会

　メキシコには，1521年のアステカ帝国の崩壊以降，300年にわたるスペインの植民地支配のもとで，スペイン語やカトリック教をはじめとするスペイン文化がもちこまれた。また，スペイン人と先住民，そして奴隷としてアフリカから連れてこられた黒人による人種の混血が進み，白人であるスペイン人を頂点とし，先住民や黒人奴隷を底辺に位置づけるピラミッド型の格差社会が形成された。文化や人種が混交するその複雑な社会構造は，メキシコ社会のさまざまな領域に大きな影響を与え，現在でも多くの社会問題の要因となっている。

　今日まで続くこうした問題のひとつが，先住民系人口の多い農村地域と人口が集中する都市部との経済的，社会的格差である。現在，全人口の約5分の1が暮らす首都圏では，12路線にもなる地下鉄や高架の自動車専用道路が縦横に張り巡らされ，ガラス張りの高層ビルや大型のショッピングモールが次々と建設される。その一方で，農村地域では質素な家々に不十分なインフラなど，都市と農村との生活においては圧倒的な格差があり，階層間にみられる大きな格差とともに，子どもたちの人間形成にも多大な影響をもたらしている。

　本章では，地域間および階層間に大きな格差が存在するメキシコの学校教育のなかでもとくに，先住民系住民の多い農村地域における学校教育に焦点をあて，社会経済的な変化とそれにともなう先住民教育政策の変遷が，農村社会の生活世界におけるつながりにどのような影響を与えたのか，そして，それに先住民系住民はどのように対応してきたのかを明らかにしたい。そのうえで社会的経済的格差の大きな多文化社会において，支配的文化のもとに生きるマイノリティの人間形成の問題について検討したい。

2. 公教育拡大とそれにともなう課題

(1)「社会改良運動」としての「農村教育」

　1821年にスペインから独立したメキシコにおいて，公教育が全国に拡大していくのは，1870年代に成立した独裁政権を倒した1910年の革命の混乱が沈静化しはじめる1920年代に入ってからであった。革命政権は，国家の再建に不可欠な農村地域の経済的，社会的発展にむけて，農地改革や公教育制度の拡充を図った。1921年に創設された公教育省は，それまで公教育の権限を握っていた地方自治体では十分に整備できなかった農村地域における学校建設を積極的に進め，都市部とは異なる環境にある農村地域での教育に適した活動計画を策定して教師を派遣した。

　公教育省が計画した教育活動は，読み書き算を中心とする基礎的な教育だけにとどまらなかった。たとえば，各地域の実情にあわせた農牧業や小規模工業の振興，病気の予防や衛生環境の改善，スポーツや音楽にかかわる集団づくり，食事会や学校祭の開催などさまざまな活動が提案された。そして，こうした活動のために，校舎だけではなく農場や作業場などの付属施設の設置も推奨され，それを実現するために住民たちが資金や資材，労働力を提供することもあった。こうした広範囲におよぶ活動は，学校教育という狭い枠を超えた「社会改良運動」とも呼ぶべきものであり，都市部とは異なる独自の教育として「農村教育（educación rural）」という名称が与えられた。

　しかしながら，「農村教育」が普及するためには多くの課題があった。たとえば，教育予算の不足のほか，広範な活動を実行するために必要な教材や教育方法がなく，またなによりも，こうした新たな教育活動を実践することのできる知識と能力をもった教師を確保することは非常に困難であった。そのため，学校のないところでは，スペイン語の読み書きと簡単な計算のできる程度の者が，即席の教師として学校の設置を任されることも多かったのである。20世紀前半のメキシコでは，こうして少しずつ学校教育の普及がはじまるものの，さまざまな課題を抱え識字率や就学率が急速に上昇するということはなかった。

こうした教育を与える側の問題に加えて，学校教育への住民の対応が公教育の普及を阻む大きな要因となっていた。それまで学校のなかった村に学校という新たな公的機関が設置されることで，従来の生活に変化がもたらされることに抵抗する住民は少なくなかったのである。たとえば，メキシコにおいても義務教育は無償で提供されたが，上述のように，限られた予算のなかで多くの教師を雇用して学校を設置しなければならないことから，校舎の建設，備品や作業場・農場の整備などにあたり住民には資材や資金，労働力の提供が求められた。また，子どもであっても男子であれば，親とともに農作業や家畜の世話，女子であれば家事や弟妹の世話などの仕事に従事していることが多く，就学はそうした子どもの労働力を奪うこととなった。

（2）伝統的価値と学校的価値

　農村住民が子どもの就学にたいして消極的な態度を示すのは，たんに経済的な理由によるものだけではなかった。たとえば，子どもたちは親との労働を通じて生活に必要な技術や能力を身につけていたのであり，多くの住民にとって学校教育の必要性は感じられなかった。また，共同体的なつながりが強い農村社会では，政治的役職と宗教的役職とが密接に結びついたカルゴ・システムと呼ばれる古くからある村の統治体制のもと，住民（おもに男性）は年齢を重ねるにつれてより重要な役職を経験することで村の慣習を覚えそれを維持することが求められる。すなわち，家族や村のなかで，年齢に応じてそれぞれの役割を果たすことを通じて一人前となるしくみが存在している。国家主導による学校教育は，村や家族が維持してきた生活世界のさまざまな秩序や慣習に変更を迫る可能性をもっていたのであり，それゆえに住民は子どもの就学を拒否することもあったのである。

　さらには，政府の教育方針や教育計画，また政府によって派遣されるよそ者の教師自体に不信感を抱き，公立学校を拒否する村や親も少なくなかった。先に述べたカルゴ・システムのなかの重要な役職者には，村の運営にあたって決定権が与えられ，とりわけ，最後の役職を終えた者は村の長老として強い影響力をもつ。一方，政府によって派遣された学校の教師は，国家を後ろ盾としたある種の公権力として，時として村の管理運営に介入することがある。その際，

村の役職者や長老と教師との意見が対立した場合，教師は村の意見にしたがわざるをえないことがある。もし村の意見を無視して教師すなわち国家の立場を貫こうとすれば，住民からは不信の目をむけられることになるのである。

　公教育にたいして住民が不信感を抱く要因のひとつとして，宗教をめぐる問題があった。メキシコでは独立当初から，地域社会で絶大な影響力を保持してきたカトリック教会と，その弱体化をねらう国家との対立が続いてきた。革命政権もまた，外国人聖職者の追放や宗教団体による教育の禁止など反カトリック政策を推進してきた。政府は，カトリック教会にかわって国家の影響力をメキシコ全土へと拡大し，また，カトリックの教義にかわって「科学的知識」を広めることをめざしたのである。そのため，公立学校においては宗教教育が禁止されただけではなく，カトリックを旧習にとらわれた「狂信主義」として，信仰そのものが批判されることもあった。一方，カトリック信者である住民は，地域に根ざしている司祭などの聖職者を信頼し，宗教を否定する教師を信頼することはなかった。聖職者もまた，公立学校の教師を「悪魔」の手先とし，住民にたいして子どもの就学を拒否するように訴えることも多かった。その結果，公立学校ではなく，カトリック教会が運営する学校を支持する住民も少なくなかったのである。

　国家にとって公立学校は，村の伝統的な知識や習慣を文化的に「遅れた」農村社会の「迷信」として排除し，「近代的」知識を広めて社会を発展させるための拠点であった。一方，住民からは，自分たちの村の秩序を破壊するかもしれない危険な国家の出先機関とみなされることもあったのである。すなわち政府主導で設置される学校は，村が維持してきた「伝統的価値」と，公教育がもちこむ「近代的・科学的価値」とがせめぎ合う場ともなっていたのである。

3. 先住民言語と文化をめぐる教育政策

(1) 先住民言語とスペイン語

　学校において，どのような価値を優先するかをめぐるせめぎ合いの様相を鮮明にあらわしている問題に言語がある。メキシコでは，現在でも言語学的に60 以上の先住民言語が存在する一方で，植民地時代に導入されたスペイン語

は，今日にいたるまでメキシコの支配的言語として圧倒的な位置を保っている。植民地時代から支配層は，先住民のもつ言語や文化を「劣ったもの」と措定し，「スペイン（西欧）文化」による「文明化」こそが先住民社会の救済につながると信じてきた。そうした思想は，農村教育が拡大しはじめる 20 世紀前半においても受け継がれ，スペイン語を話すことのない先住民社会は「遅れた」発展段階にあると認識され，そうした社会の存在がメキシコ全体の発展を遅らせると考えられた。また，多様な先住民言語と文化の存在が国民国家としての統合を阻害する要因であり，劣った言語である先住民言語を消滅させスペイン語を普及すべきであるとされた。その結果，学校においては先住民言語の使用が禁止され，直接スペイン語による教育がおこなわれたのである。

　しかしながら，農村地域でのスペイン語の読み書きの普及はなかなか進まず，1940 年代ごろから先住民言語をアルファベット化し，それを利用した識字教育の試みが導入されはじめた。1948 年に対先住民政策を専門に担う大統領直轄の機関が設置されると，地方政府や研究機関，国際機関などと協力しながら衛生環境の改善や技術指導，そして教育普及などの政策が中央政府の主導によって実施された。この機関によって採用された教育方法が，先住民言語を利用したスペイン語化，識字化であった。先住民言語とスペイン語の両言語による教育は「二言語教育（educación bilingüe）」と呼ばれ，1963 年に公教育省の正規の教育課程のなかに組み込まれた。しかし，1960 年代後半になると，国家主導の先住民政策が家父長主義的，温情主義的，開発主義的性格をもつものとして批判されるなかで，農村教育や二言語教育もまた，先住民社会のもつ価値を否定し，それを破壊する政策にすぎないという批判が出されたのである。

　こうした批判を受けて，1970 年代になると，先住民の言語や文化，アイデンティティを尊重しようとする論調が高まるにつれ，スペイン語は母語に次ぐ第二言語として位置づけられるようになる。さらには，先住民のもつ文化そのものへの関心が高まり，それまで国民統合の阻害要因と考えられてきた文化の多様性こそが，メキシコに豊かさをもたらすという主張があらわれる。教育政策においては，言語に加え先住民の文化をも取り入れた「二文化二言語教育（educación bilingüe bicultural）」という教育モデルが提唱された。

　その後，メキシコは 1980 年代の経済危機に直面して停滞期に陥るものの，

経済のグローバル化が進む 1990 年代に入り経済状況が好転するにつれて，政府は初等教育の完全普及などをめざした教育政策を推進する。しかし，この時代には貧富の格差拡大への懸念が広まり，先住民の武装蜂起が起きるなどの農村社会の問題が表面化する。さらに，世界的に先住民の人権擁護の機運が高まるなかで，メキシコは先住民のもつ複数の文化から構成される国であることが 1992 年の憲法改定によって規定され，その文化の多様性こそがメキシコの豊かさであるという理念が明確にされた。それは，「均質的文化」ではなく「複数文化」による国民統合という国家理念の転換であり，それとともに先住民教育については，「二文化二言語教育」にかわって「二言語文化間教育（educación intercultural bilingüe）」という教育政策が導入され，現在にいたっている。

　こうした教育政策の変化の背景には，二文化二言語教育のもつ多文化主義的な理念にたいする不満があった。それは，多文化主義の理念が複数の文化の共存を謳ってはいるものの，スペイン語を母語とする白人層や混血層のもつ支配的な文化と先住民文化とのあいだには，植民地時代から続く差別や搾取の構造が残っているというものであり，二言語文化間教育はその不均衡を解消することが目的であるとされた（Shumelkes 2006）。それゆえに，この教育政策は，先住民にたいする教育であるばかりではなく，非先住民がメキシコの多様性を知り，その多様性こそがメキシコ文化の豊かさを支えているということを学ぶための教育として位置づけられた。そうした「文化間性」の理念に基づく教育政策は，初等教育だけではなく就学前教育から高等教育にいたるまで適用されるようになったのである。

（2）揺るがないスペイン語の優位

　上述のようにメキシコでは，支配的文化と先住民文化とのあいだにある不均衡の解消をめざして，先住民の言語や文化を尊重した教育政策が，少なくとも理念や制度のうえでは実現しつつある。一見するとそれは，当の先住民系住民にとっては望ましいことのようにみえるかもしれない。しかし，そうした教育政策の是非については，今日にいたるまで多様な意見が混在し，一概に論じることはできないのである。

　農村地域で学校教育の普及がはじまった当初，農村地域にスペイン語が浸透

することによって新たな価値観がもたらされたり，村の外部との関係がより密になったりした結果，村の内部での人間関係や統治のしくみ，村の外部の諸集団との関係に変化がもたらされることへの懸念があった。実際に，スペイン語を学んだ若者が，よりよい仕事や高い教育，より快適な生活を求めて村を離れるという事例は多かった。そのため，子どもたちにスペイン語を教えることに反対する親も存在していた。また従来，発言権をもっていた役職者や役職経験者にたいし，スペイン語を介して行政機関や他の地域との関係をもつようになった者の発言権が強くなるということもあろう。

その一方で，60以上の先住民言語が存在し，その言語や文化がメキシコ文化の重要な要素と認められるようになった現在でもなお，スペイン語の絶対的優位が揺らぐことはない。このような状況のなかで，農村地域においてスペイン語教育の充実を求める声は，二言語教育導入のころから根強くあった。そして，スペイン語を話すことのできる者が，農村地域の政治的，経済的，社会的領域において指導的な立場になることも少なくなかった（黒田2002，吉田2012）。

その具体的な例として，1960年代から村内の活動において重要な役割を担うようになった二言語教師や，それを補助する文化促進員があげられる。二言語教師や文化促進員は，農村地域の学校で教育を受けスペイン語と先住民言語との両方を話すことができるようになった若者が中心であり，村内での指導的立場となるばかりか，先住民集団の全国的な組織化の際にも重要な役割を担っていた（小林2012）。すなわち，学校教育という新たな制度のもとで育ってきた若者が，従来の役職制度に基づく村統治のしくみや村の生活世界に変化をもたらすようになったのである。

就職機会がごく限られている農村地域においては，教師や公務員は安定した収入を得ることのできる職業であり，そうした職業に就くためにはスペイン語の能力が必須である。また，より収入の高い職業を求めて，より高度な教育を受けるために高等教育機関への進学を希望する若者にとっても，スペイン語の習得は不可欠となっている。さらに，近代的な知識や技術の導入，外部の公的機関との交渉などを通じて村の生活水準を向上させようと望む場合，スペイン語は重要な手段となる。

村をとりまく環境が大きく変容していくなかで，それに対応した教育要求が住民から出されることは当然のことであろう。そうした変化のなかで，先住民の言語や文化を保持し，それを学校において学ぶことにどのような意味があるのか，先住民自身からも疑問が出されることも多い。実際に，先住民教育をおこなう学校においても，授業ではスペイン語が使用され，先住民言語の授業がごくわずかにおこなわれているにすぎないという場合もある (受田 2007)。また，スペイン語だけにとどまらず，英語やさらにはコンピュータなどの最新技術を学びたいという要求も出される。すなわち，先住民の言語や文化を重視する政府主導の先住民教育は，こうした住民の教育要求とは乖離することになるのである。

4. グローバル化と先住民教育

(1) 社会経済構造の変化と新たな知識

　現在のメキシコでは，先住民系人口の多い村であっても，外部社会から隔絶された閉鎖的な社会を保持している地域はほとんどない。そして，どこの村にもコンピュータやインターネットがあり，携帯電話も広く普及している。また，男女ともに多くの若者が，国内の大都市やアメリカ合衆国に出稼ぎに行き都会の生活を経験するとともに現金収入を得て出身地に帰る。出身の村には戻らず都会や海外で暮らす住民であっても，家族への送金や村祭りを維持するための村への寄付などを通じて出身地とのつながりを維持することで，出身地に影響を与えることも多い (禪野 2006)。

　村をとりまくこうしたメキシコ社会全体の変容にともなって，子どもたちが身につけるべき技術や知識は，かつて村のなかで生きていくために親から子へと伝えられたものとは大きく異なることはいうまでもない。古くから産業の中心が農業である地域であっても，新たな農業技術や観光などの異なる産業の導入を模索することが必要となる。従来とは異なる農業技術や新たな産業が導入された結果，知識や技術の伝達のかたちが変わるということもあるだろう。

　たとえば，近年，コーヒー栽培をおこなっている地域では，国内外の諸団体から支援を受け，有機栽培のコーヒーをフェアトレードのしくみを通じて海外

に輸出する組合が組織されている。こうした新たな農業の形態においては，これまでなかったような村の外部の人びととの協力関係が取り結ばれ，新しい農業技術が導入されることとなる。また，出稼ぎなどで比較的多額の現金収入を得た者のなかには，それを元手に新たな商売をはじめる者もいる。さらに，一般の教育カリキュラムのほかに先住民の言語や文化を学ぶ授業を望む村では，みずからのアイデンティティを守るという側面がある一方で，新たな先住民教育を実施する学校を誘致することによる村の活性化や（米村 2003，小林 2007），観光資源でもある先住民文化を維持することによって観光収入の増加につなげたいという期待もあろう。

　こうしたメキシコあるいは世界の社会経済構造の変化によって村の生活世界も大きく変容し，それにともなって農村地域で必要な技術や知識も以前とは異なってくる。そうした大きな変化をまえに，住民にとって学校教育はどのような意味をもつのであろうか。

（2）先住民にとっての学校制度

　1980 年代の経済的な停滞期を乗り越えたメキシコは，経済のグローバル化が進むなかで積極的に新自由主義政策を推進し，1994 年にはOECDに加盟するとともにG20 のメンバーとなるなど「先進国」の仲間入りをめざしてきた。そういう意味においてはメキシコにおいても，第 1 章で述べられたような「生活世界の合理化」から「生活世界の植民地化」へ，「第一の近代」から「第二の近代」へという社会の変化を経験しているといえよう。しかしながら，メキシコの先住民系住民，農村地域や低所得者層の出身者の多くは，そもそも学校制度を利用した「標準的ライフコース」というものを想定することが難しかったという点においては，日本とは状況が異なっている。

　メキシコの農村地域では，大規模な農業経営が展開されている地域を除けば，農業収入だけで生活を維持することが難しい。また近くに大きな産業がない場合，安定した収入を確保するだけの就職先を見つけることはできない。職を求めて村を離れたとしても，移住先や出稼ぎ先で安定した収入と生活が保障されているわけではない。さらに，低所得者層にたいする行政サービスもかならずしも十分ではなく，住民は政治や行政にたいしてあまり信頼をおいていないこ

とも多い。こうした状況のなかで，先述した新たな技術や知識の獲得，それにともなう生活の向上にとって，学校制度はどのような役割をはたしているのだろうか。

　現在のメキシコでは，法的には幼稚園から高等学校までが義務教育期間とされており，教育機会を保障するための補助金制度の制定や，農村地域での中・高等教育機関の設置が進められてきた。一方，農村地域の住民の教育要求も高く，安定した職業に就くため一定の学歴を得たいと望む住民も多い。しかしながら，都市部の有名私立学校の学費は高額であり，所得の低い農民層にとっては子どもを入学させることはきわめて難しい。また，農村地域においては高い学歴に見合う職業は少なく，都市部と比べて「質」の低い農村地域の学校を卒業した若者にとって都市部で職を得ることは容易ではない。ましてや，小学校や中学校卒業程度の学歴しかもたない若者や，先住民の学校を卒業した者の就職先は限られている。それゆえ農村地域の住民にとっては，学校に行くこと，学校を卒業することをライフコースに組み込むことは，かならずしも重要なこととは感じられない，あるいは組み込むことじたいができないのではないか。

　もちろん先に述べたように，農村地域にあっても一定の学歴をもって教師や地方公務員の職につく道はあるだろう。しかし，出身地域で職が得られない者，あるいはより高い収入を望む者の多くは，男女とも出身の村を離れ都市や海外に移住あるいは出稼ぎに出る。ただし，たとえ村を離れたとしても，送金や寄付などを通じて家族や村とつながる者は多い。また，移住や出稼ぎにあたっては，先に移住している親類や同郷の者を頼る場合も多く，移住先では親類や同郷の者どうしが頻繁に連絡をとりあう。そして，毎年おこなわれる村の重要な祭りには可能な限り村に帰るか，それができない場合は移住先で同郷の者たちが集まり祭りを開催する。

　こうした地縁血縁関係の重視はメキシコ社会では伝統的なものともいえるが，歴史的につねに不安定な状況に置かれてきた農村地域の住民（あるいは都市の低所得者層）にとって，確実で信頼できるのは家族や親族どうしあるいは同郷の者どうしのつながりである。学校制度を通じて生活の安定あるいは向上を求めるよりも，こうした人的なネットワークを構築し維持するほうが生存のためのより重要な戦略となるのではないだろうか。

20世紀前半から国家主導による先住民教育が推進されてきたメキシコでは，教育を受ける側である先住民系住民の学校教育にたいする対応はさまざまであった。それは，生きていくうえで必要な知識や技術が時代とともに大きく変化するなかで，支配的文化とは異なる文化，そして圧倒的な経済的，社会的格差が存在する社会に生きる人びとが，どのように子どもの「ひとりだち」を構想するのか，その困難さをあらわしている。支配的な文化にできる限り合わせるのか，あるいはそれを意識しつつも従来のしくみを踏まえて新しい社会に適応していくのか，いずれにしても先住民系住民の多い農村地域に生まれた子どもたちは，学校教育をめぐって，支配的な文化に生きる子どもたちとは比較にならないほどの難しい対応をせまられているのである。

【引用・参考文献】

　青木利夫（2008）「メキシコにおける多文化主義と教育——1970年代の先住民教育・農村教育を中心に」『文明科学研究』3, 1-16.

　青木利夫（2009）「メキシコにおける二言語・文化間教育の導入をめぐる一考察」『文明科学研究』4, 1-16.

　青木利夫（2014a）「地域の指導者としての教師の役割——メキシコの先住民教育をめぐって」『欧米文化研究』21, 47-63.

　青木利夫（2014b）「闘う地域の変革者としての農村教師——20世紀前半のメキシコにおける教師の記録」槇原茂編『個人の語りがひらく歴史——ナラティヴ／エゴ・ドキュメント／シティズンシップ』ミネルヴァ書房.

　青木利夫（2015a）「公教育制度としての先住民教育の限界——メキシコの二言語文化間教育をめぐって」青木利夫・柿内真紀・関啓子編『生活世界に織り込まれた発達文化——人間形成の全体史への道』東信堂.

　青木利夫（2015b）『20世紀メキシコにおける農村教育の社会史——農村学校をめぐる国家と教師と共同体』溪水社.

　受田宏之（2007）「先住民二言語教育の理想と現実——メキシコのオトミーの事例」米村明夫編『貧困の克服と教育発展——メキシコとブラジルの事例研究』明石書店.

　黒田悦子（2002）「先住民運動に参与するまでの遠い道のり——メキシコ，オアハカ州のミへの人々と指導者たち」黒田悦子編『民族の運動と指導者たち——歴史のなかの人びと』山川出版社.

　小林貴徳（2007）「ローカルからみつめるインターカルチュラル教育——メキシコ，ゲレロ州先住民大学創設をめぐるねじれた現実」京都ラテンアメリカ研究所『紀要』7, 21-41.

　小林致広（2012）「ナシオン・プレペチャの試み——メキシコ・ミチョアカン州にお

ける先住民地域自治の模索と挫折」太田好信編『政治的アイデンティティの人類学
——21 世紀の権力変容と民主化にむけて』昭和堂.

禪野美帆 (2006)『メキシコ，先住民共同体と都市 —— 都市移住者を取り込んだ「伝統
的」組織の変容』慶應義塾大学出版会.

吉田和隆 (2012)「メコスの歓喜：メキシコ，ワステカ地域における『伝統の創造』に
関する一考察」『欧米文化研究』19, 37-57.

米村明夫 (1993)「メキシコのバイリンガル教育 —— 1981 年オアハカ州ミッヘ民族地
区調査結果の分析（Ⅰ），（Ⅱ）」『アジア経済』34 (4), 2-18, 34 (5), 21-36.

米村明夫 (2003)「アユック・コミュニティ高校：BICAP —— メキシコ先住民コミュニ
ティの教育プロジェクト」『ラテンアメリカレポート』20 (2), 42-51.

米村明夫 (2010)「メキシコ先住民トラウィトルテペック村の教育運動 —— 歴史的展開
と危機に直面する現在」『ラテンアメリカレポート』27 (1), 57-67.

Bermúdez Urbina, Flor Marina/ Núñez Patiño, Kathia (2009). *Socialización y aprendizaje in-
fantil en un contexto intercultural: Una etnografía educativa en El Bascán en la región cho'l de
Chiapas.* UNICACH.

Schmelkes, Sylvia (2006). La interculturalidad en la educación básica. *Revista PRELAC,* 3, 120-
127.

第3章

「つながり」の希薄化・グローバル化が
進む地域社会に学校はどうかかわるか

小林 千枝子

1. 地域の内実

　本章では，地域を居住地，すなわち，一定期間，生活を執り行う時空間と捉える。現代では，多くの場合，最も身近な生活世界として家族が考えられている。しかし，地域もまた，私たちの生活に欠かせない生活世界のひとつである。それが明瞭になるのが，天災時や，子どもや高齢者などに不測の事態が生じたときである。たとえば，子どもが連れ去られる事件が起これば，地域が何らかの動きを示す。独居老人や子どもの貧困問題等に対しても同様である。近年広がってきた子ども食堂や認知症カフェなどの居場所づくりもその例である。

　現代日本ではこの地域が大きく変貌しつつある。人間関係面の「つながり」の希薄化に加えて，グローバル化の進行とともに多国籍化をともなう地域も少なくない。本章は以下，2で日本の地域における人間形成の歴史と実情を整理する。続く3で，学校と地域のかかわりをめぐって，今進められている教育政策上の意図や諸問題を検討する。そして4で，学校と地域がかかわる教育実践例を取り上げる。そのうえで5で，今後の課題を教育目標論の視点から検討する。

　生活の地域的まとまりである共同体，いわゆる村には，子供組・若者組・娘組といった人間形成機関があり，それら異年齢集団は，村で生きるのに必要な礼儀なり技能なりを習得させて一人前の村人にするものであった。生き方に多様性がなく，人生を思い悩む青年期が存在しない時代の産物でもあった。その点で，これらの人間形成機関は，内部に生活訓練を含みながらも，共同体維持を前提とする教化機関であった。また，村には各種の講や祭り等があり，村のなかで娯楽をもてたし，人との交流も楽しめた。

　かつて地域は，そうした共同体として存在していた。近代化とともに学校教

育が整備され，労働のあり方も多様になると同時に，共同体は解体へと向かった。それは，近代家族が成立して家族と学校が子育てや教育を中心的に担うようになる過程でもあった。それでも，強固なつながりをもつ共同体的人間関係は形を変えて，戦後の政治的制度的大変革後も存続し続けた。仕事を求めて村を出ても，たとえば近隣での「向こう三軒両隣」の習慣，職場内での家族を含めた交流など，濃密な人間関係を多くの人々がつくっていった。

高度成長期には若年労働者の人口大移動があり，エネルギー革命により家事労働の簡素化が大きく進んだ。バブル景気の到来と崩壊は地域景観のさらなる変貌をもたらした。そして近年のグローバル化した高度情報社会の到来は，伝統ある共同体的人間関係を残存させる余地を失わせてきている。今日，地域の人間形成力を旧来の共同体概念で捉えることは，もはやできなくなっている。

では，この旧共同体に代わる地域のつながりには，どのようなものが考えられるのか。学校は，このつながり形成に寄与し得るのか。し得るとしたら何を目標としていくのか。

2. 地域の人間形成の大切さとその消失

今，不登校，いじめ，自殺，貧困，さらには親による虐待等々，子どもをめぐる問題が後を絶たない。その背後には，家族が子どもを守り育てる場でない場合があることとともに，子どもたちや家族に対する地域の見守りと，それと背中合わせのある種の縛りがなくなってきたという実態がある。この見守りと縛りないし監視は，共同体的心性につきものであった。

地域社会の見守りと監視が薄れただけでなく，かつての子供組の名残とも言える地域社会内での異年齢集団による外遊びが減ってきた。缶蹴り，おしくらまんじゅう，かごめかごめ，国取り合戦，お手玉や毬つき，さらには棒をもって野原を駆けずり回る等々，子どもたちは寒さも鼻水もものともせず，集団で遊んでいた。地域の大人たちはそれとなく子どもたちを見守り，かつ監視していた。それが，多くの農山漁村に見られた高度成長期ごろまでの子どもたちの地域での姿だった。こうした活動のなかで子どもたちが体得していたことは多い。交流の仕方やコミュニケーション能力ばかりでなく，気遣いや弱い立場の

者への気配り，逆に強い立場の者への対応の仕方も学んでいた。

　高度成長を経たころから，塾などの教育産業が広がり，子どもの遊びの内容にゲーム機器が増え，外遊びが減った。2020年代を迎えた現代では，ここに書いてきたような外遊び等は，のどかな昔話のように思う人も少なくないだろう。しかし，1960年代ごろまでは確かにあった子どもたちの生活である。半世紀の間に地域社会に受け継がれてきたこうした子どもの世界が潰え去り，コミュニケーション能力の大切さなどが改めて語られるようになってきているのが現代である。

　結果的に，かつては地域社会で子どもたちが身につけていたものを学校が担わなければならなくなった。教師の多忙化が指摘されるが，教師が肝心の学力育成だけに身を入れられない事情は，地域のあり方と無関係でないのである。

　ところで，戦前日本においては居住地を「地域」ではなく「郷土」と表現した。1930年代は，その「郷土」のことがらを学校教育に取り入れる「郷土教育」隆盛期であった。文部省が推奨し，「愛郷心」を通しての「愛国心」や「祖国愛」が強調された。民間の動きとしては，農村教育研究会や郷土教育連盟，生活綴方，教育科学研究会などがあり，地域調査や地域教材開発などが進められた（小林1997，民間教育史料研究会1997）。

　戦後，1947年に新制中学校が全国に創設された。新制中学校は教師選びから机その他の備品の整備，そして校舎建築まですべてゼロからの出発だった。義務教育とはいえ資金は各町村が負担しなければならなかった。それでも，新制中学校は地域社会の人々に新しい文化とともに新しい交流と娯楽をもたらす機関となった。科学的農業の推進やピアノ披露会その他，各地の新制中学校の歴史をひもといたなら，新しい教育機関に寄せる地域住民それぞれの思いと創設の苦労が発掘されることだろう（中内ほか1987，小林2015）。

　戦後，戦時下では否定された生活綴方が現場の教師たちに支持されるようになった。同じころ，地域社会学校（コミュニティ・スクール）構想が試みられた。1950年代前半には郷土教育全国協議会が結成され，国家愛に連動せず，また地理教育とも一線を画す「郷土教育」が模索された（桑原1976）。

　高度成長は，日本社会に根強く残存した共同体的心性を大きく揺るがすものとなった。第一次産業から第二次，第三次産業への転換と，それにともなう大

幅な人口移動，労働現場で身につけた技能よりも学歴を重視する社会への移行等が，その要因となった。そうしたことから，生活のなかで習得するものよりも「勉強」を重視する親が増えていった。そのことの問題点に気づき，教育実践のあり方を考え直そうと「地域に根ざす教育」が全国各地で展開された。それは総じて，地域社会の人間形成力を復活させようとするものであり，教育活動の背後にある子どもの育ちや日常的な生活の部分まで視野に入れようとするものであった（小林 2014）。

3. 地域の人間形成をめぐる政策的動き

2006 年 12 月，第一次安倍晋三政権は，戦後 60 年近く続いた教育基本法に変更を加えた。「地域」については，旧法にはなかった第 2 条の「教育の目標」に「我が国と郷土を愛する」の文言が組み入れられた。第 13 条で「学校，家庭及び地域住民その他の関係者」の「相互の連携及び協力」も付加された。さらに第 17 条で，地方公共団体の「教育の振興」が言及された。

これら旧法にはなかった「地域」や「郷土」への教育行政上の言及は，すでに 2000 年代を迎えて間もないころからはじまっていた。2003 年 3 月の中央教育審議会（中教審）答申「新しい時代にふさわしい教育基本法と教育振興基本計画の在り方について」に，次の一文がある。「家庭や地域社会において心身の健全な成長を促す教育力が十分に発揮されず，人との交流や様々な活動，経験を通じて，敬愛や感謝の念，家族や友人への愛情などをはぐくみ，豊かな人間関係を築くことが難しくなっている」。

「家庭や地域社会」に「教育力」があったことを前提とする記述である。ここにいう「教育力」は，近世以来の共同体における人間形成を想定したものとみてよいだろう。しかし，既述のように，共同体概念を念頭において「地域」を語ることは，今や牧歌的に過ぎる。

また，「国家」や「郷土」に対する「愛」を盛り込んだのは何ゆえなのか。その理由を探ると，グローバル化が進むからこそ，国際社会の一員であると自覚すると同時に，自分の国や地域の伝統を知り，国家愛や郷土愛が重要だという論法が認められる。また，「地域」にかかわって「新しい「公共」の観点」が重

要だとする。具体的にはボランティアのことで，自分の能力を地域や社会のために自発的に発揮するものだとされている。

　この新教育基本法の旧法にはなかった特色を2点あげておきたい。ひとつは，「愛」という個人の内面に深くかかわることを規定していることである。もうひとつは，家庭や地域といった，私的空間あるいは自主的・自治的活動の場とされてきたものを，国家の守備範囲とした点である。学校，家庭，地域住民の三者の連携が謳（うた）われたとき，そのイニシアチブは学校がとらざるを得ないだろう。しかも，ここで言われている「教育」は，学力育成ではなく，自立性や基本的生活習慣を含む人間形成全般である。

　早くも 2008 年度から，文部科学省（文科省）は学校支援地域本部事業を開始した。これは「地域コーディネーター」を介して地域住民がボランティアとして学校を支える，というものである。その内容は，学校教師の教育活動の補助，部活動指導者支援，登下校の安全指導等であり，概して学校教育を地域住民が援助するものである。これにより教師の多忙化が軽減されるともされる。

　「地方創生」を掲げた第二次安倍政権の改造内閣成立の翌 2015 年 12 月に出された中教審答申のひとつは「新しい時代の教育や地方創生の実現に向けた学校と地域の連携・協働の在り方と今後の推進方策について」である。続いて2016 年 1 月に「「次世代の学校・地域」創生プラン」を策定した。新教育基本法に加味された「地域」への公的関与が具体化へ向かったのである。それは総じて学校の教育活動を中心にして地域をまとめようとするものとなっている。

　時代はグローバル化に向かっている。情報とともに人も国をまたがって動く社会になった。「愛国心」の醸成は，そうした社会での日本人としての独自性を貫くその対応策として強調されていると考えられる。共同体概念に依拠して地域の「教育力」を期待する動きも，結果的に，旧共同体ふうの見守りや監視と連動して成立した家族国家観の再現を求めてのことのように思われる。

　現代日本の教育行政は中央集権的な傾向にある。しかし，国民のすべて，あるいは，ありとあらゆる地域が国家の求める方向に進んでいるわけではない。それは，人一人ひとりの，地域それぞれのもつ多様性と，それにともなう人や地域それぞれの歴史のなせる技だろう。日本社会は単一ではないのである。

　以下，地域と学校がかかわる教育実践が現実にどのように展開されてきてい

るかをみていく。筆者の研究歴ゆえ、事例が農山漁村に傾きがちだが、地域の人々が学校を介して子どもたちに伝えようとすることは、「愛」などという抽象的なものではなく、具体的で実をともなうものであることがみえてくる。

4. 地域と学校がかかわることで期待される人間像

(1)「正造さんの部屋」をもつ小学校の地域学習

総合的な学習の時間に地域学習を行う小学校は多い。ここでは、そうした取り組みのひとつとして田中正造研究を取り入れている埼玉県加須市立北川辺西小学校の実践について検討する。

田中正造は 1901 年に、衆議院議員を辞職して明治天皇に足尾銅山による鉱毒被害について直訴しようとした人物である。足尾鉱毒事件は古河市兵衛の経営のもと国策でもあった銅の掘削と精銅を足尾の山々で続けた結果、精銅の過程で生じた鉱毒が渡良瀬川を流れてはるか関東平野まで及んだというもので、公害の原点と言われる。その鉱毒の被害に苦しんだのが、栃木、埼玉、茨城、群馬の 4 県が隣接する関東平野北部の穀倉地域だった。川が周囲にいくつかあることから古来より土地も交通も栄えており、洪水に見舞われることも多いが、足尾の山々が銅山として栄える前は、洪水は土地を肥沃にするものであった。その穀倉地域で、川魚に異常が生じ、産婦は乳が出ず、病人が続出した。

この鉱毒に見舞われた村に、栃木県の谷中村、埼玉県の利島村と川辺村があった。明治政府は鉱毒被害にあった村を水没させ、周辺を遊水地にすることにした。実際に廃村となって水没の憂き目にあったのは谷中村であった。正造は被害地救済のために奔走した。

加須市立北川辺西小学校は、旧北川辺村を校区とする。旧北川辺村は利島村と川辺村が合併してできた村で、現在は加須市北川辺と言われている。この地域が田中正造と深いかかわりのあることはあまり知られていないが、かつて、この両村を水没させて遊水地化する計画があった。それに対して、青年たちが田中正造の指導を受けながら反対運動を展開して、結果的に両村は残った（山岸 1976）。1913 年の正造逝去に際して、旧北川辺村の人々は分骨を持ち帰り、正造の墓を北川辺につくった。その墓は、現在の北川辺西小学校の敷地内にあ

る。1939年4月，正造とともに闘った村民が，正造直筆の色紙を同校に寄贈し，その色紙は，現在，校長室に掲げられている。正造の肖像画も同校内に飾られている。毎年10月に正造の法要が営まれており，同校の校長が「追悼の辞」を述べるのが習わしになっている。同校と正造との関係は深い。

　その後，2013年度に着任した校長と「田中正造翁を学ぶ会」会長との協力のもと，同校に「正造さんの部屋」がつくられた。現在では総合的な学習の時間を使って，4年次に渡良瀬遊水地のフィールドワークを，5年次に足尾の植樹活動を，6年次に田中正造や遊水地等について各自が調べてまとめる作業を行っている。加須市の渡良瀬遊水地まつりといったイベントでは，同校児童が群読や研究発表をすることもある。地域住民有志による紙芝居「北川辺と田中正造」の上演も同校で行われている。

　同校の田中正造に焦点をあてた地域史を含む学習活動は，文科省の意向も加味した地域教育行政，住民運動，学校の三者の協力のもとに成立した。住民運動当事者には地域存続を促した田中正造への限りない尊敬と敬愛の情があり，正造の地域にとっての存在意義を子どもたちに伝えたいという思いがある。一方，学校は，子どもたち自身のフィールドワークや関係する他地域（足尾）での活動，調査活動もカリキュラムに組み入れて系統的な指導を展開している。

　こうした地域学習は，子どもたちがどのようになることを想定しているのだろう。北川辺は田畑が広がる田園地域である。三世代同居の家族も一定数いると思われる。それでも歴史は風化していく。そうしたなかで，3年間にわたるこの地域学習は，子どもたちだけでなくその親世代にも正造とかつての青年たちの闘いを知らしめることになるだろう。正造の墓の建立者名に自分の家の「じいちゃん」の名前が刻まれていることもあるという。

　「正造さんの部屋」があることから，同校に正造関係の書籍が送られてくることもあるという。同校に赴任した教師たちは，子どもたちに指導する関係上，教材研究の一環として地域の歴史も含めて知っていくことになる。子どもたちが旧谷中村を含む渡良瀬遊水地に加えて，はるか足尾にまで出かけるから，保護者も当然，そうしたことに関心を抱くことになろう。子どもたちの曽祖父か，あるいはその上の世代にあたる者たちがかつて青年だった時代に，地域を残すべく正造とともに闘ったという事実を知ることは，地域社会に，たんなる生活

空間を超えた，歴史の深部に連なるつながりをもたらすだろう。

(2) 地域教材作成の試み

　ここで筆者自身のささやかな経験を書くことをお許しいただきたい。筆者は旧生井村（現栃木県小山市）に居住している。三世代同居の家族が少なくない田園地域である。この旧生井村に，戦後間もなく，下都賀郡生井村立生井中学校が設立された。しかし，わずか11年で近隣中学校に統合されて廃校になった。その中学校についての調査・研究の一環として，2013年，その校区にある2つの小学校の4～6年児童にアンケート調査を行った。児童の祖父母世代がその生井中学校に通学したことを念頭においての調査であった。

　アンケート項目のひとつに次を入れた。「できたら，おうちの人に生井中学校のことを話してみてください。おうちの人から聞いてわかったことがあったら，それを書いてください」。児童自身に聞き書き調査をさせるような項目だが，大変貴重な経験談がこの項目に対して書かれてきた。祖父自身が書き込んできたものもあった。生井中学校の写真をもって来てくれた児童もいた。

　その後，研究・調査がある程度進んだ時点で『生井地区 地域教材 旧生井村にみる戦後日本のはじまり－栃木県下都賀郡生井村立生井中学校の成立と展開－』という児童向け教材を手づくりで作成した。本文全16ページに表紙をつけ，裏に生井地区の古い地図を載せた冊子である。アンケート調査へのお礼としてその2つの小学校に一定部数寄贈し，さらに小山市立図書館にも寄贈した。あるとき何期かの生井中学校の同級会幹事の方から，図書館でその冊子を見たと筆者に連絡があった。同級会の際に同冊子を配布したいとのことだった。

　今はなき中学校の同級会が開催されていることは地域のつながりの強固さを物語っている。同級会開催のことは他の年代の卒業生からも聞く。孫が学校からもってきたアンケート調査に対して熱心に語る祖父母の様子も想像される。

　地域教材の作成は結果的に，かつて確実に存在した中学校の存在を子どもたちが知ることだけでなく，世代を超えた地域の人々のつながりが深まることに，わずかであれ貢献することになったろう。この地域教材作成を学校教師たち自身が行ったなら，その影響は絶大なものとなることが予想される。

　地域のつながりには，若者組以来の地元消防団なども根強くかかわっている。

また，小学生の子どもをもつ保護者は，学校や育成会などを介してかかわり，居住地が同じであれば，いわゆるママ友としてのつながりができる。定期的に集まらなくとも，まったく知らない人でない人が周囲にたくさんできる。農山漁村であれば，神社関係のつながりもある。もともとは旧共同体の氏子仲間の行事だった祭りを，現在でも毎年行っている地域もあろう。地元消防団の担い手が父親世代であるのに対して，神社役員はその親世代が担うことが多いのではないだろうか。その他，地域によっては老人会の集まりや所属自治会の新年会など，地域はつながりの舞台を新旧併せて組み入れてきている。

　ただし，都市部と農村部では，地域のあり方に違いがあるだろう。DVや児童虐待等々の深刻な問題を抱えているのはむしろ都市部の方だと思われる。見守りと監視をもたなくなった地域をどう組み替えるかは，今日的な課題である。NPOやNGOなどの諸活動は，それを促す大きな契機となる。

(3) 過疎地の挑戦

　都市部への人口集中と農村部の伝統文化衰退の契機は，過疎・過密問題を生じさせた高度成長であった。過密地域では小学校から高等学校に至るまで学校が増設され，一方，過疎地域では市町村の統合を機に学校の統廃合が進んだ。それは現在も進行中である。人口減少，ひいては生徒数減少により学校の存続が危ぶまれるに至った地域が学校づくりに乗り出した事例は少なくない。

　早くは1975年の京都府立北桑田高等学校昼間定時制美山分校の成立をあげることができる。舞台となった美山町（現南丹市美山町）は農林業が主産業の山間地域である。戦後間もなく美山町に同校の昼間定時制分校が4校，分教室が2か所設置されたが，高度成長期に統廃合がなされて2校を残すだけとなり，その2校も生徒数が少なく存続の危機にさらされていた。そうしたときに，地域行政担当者を含む地域住民，生徒，分校教員たちの，高等学校をおくことが町の存続と産業育成に連なるとの強い思いから，2分校の統合という形で，美山分校が開校されたのであった（村山1986，橋本ほか編2011：250-272）。

　やはり高等学校定時制分校として成立し，その後1965年に独立した島根県立隠岐島前高等学校は，21世紀を迎えて間もなく生徒数減により存続の危機に直面していた。隠岐島前高等学校がなくなれば島前3島の子どもたちは中学

卒業と同時に島を出て，そのまま島へ戻らない可能性が高くなる。教育行政責任者の積極的な対応もあり，結果的に隠岐島前高等学校は，地域の人々の援助のもと，他の都府県からも生徒を受け入れるユニークな高等学校として存続している（山内ほか2015）。

　学校統廃合の大きな基準となるのが，文科省が提案する「適正規模」である。ただし，地域の特性に対する配慮もなされており，一律に基準を統一するものではない。統廃合の最終判断は各自治体に任されている。統合先の小学校が児童の徒歩通学が困難な場合は，スクールバス登校になる。学校を維持するよりもスクールバスをあてがうことの方が，予算面でははるかに少なくてすむ。しかし，学校存続の有無は予算だけで判断するものではない。上記2校は高等学校であり，地域産業の育成や，青年層がいることによる地域の活性化など，地域の人々のさまざまな思いを反映して存続し得た。その点で，次世代を育てる場である学校は，地域の人々のつながりを反映する場でもある。

　次に小学校の事例を取り上げよう。文科省は小規模校に対する配慮として，学区外通学児童を認める小規模特認校制度を設けている。この制度により学校存続に至っている小学校は少なくない。そのひとつに，栃木県宇都宮市立城山西小学校がある。同校の校庭の中央には，市の天然記念物に指定されている「孝子桜」と呼ばれる孝行息子の伝説をもつしだれ桜がある。また，同校は地域の人々の強固なつながりが反映する場であり，年に一度の学校の勤労奉仕に際しても，保護者だけでなく地域住民も参加してきたという。したがって，保護者が30人のところ150人も参加し，チェーンソーを用いて裏山の作業をする者までいるという。校内の孝子桜は地域のシンボルであった。この孝子桜を守ろうとする地域の人々，それに賛同した芸術家たちの力も得て，同校は，存続し続けている（城山西小と地域振興を考える会監修2006）。

5. 学校が地域に向かう際の目標と新しい課題

　「正造さんの部屋」を活用する実践も，筆者自身の試みもそうだが，こういった地域に教材を求める教育実践は，第一に地域の人々のつながりを豊かにする。第二に，子どもたちが自分たちの育ってきた地域を知ることによりアイデン

ティティ確立の一端を担う。総合的な学習の時間はとくに，こうした地域のことがらを教育内容にすることが可能である。そこでの教育目標は「愛郷心」などではなく，まずは地域を，できればフィールドワークを通して身をもって知ること，絵や文章などを通して，自分自身を表現するようにすることが大切だろう。それを通して，子どもたちは地域社会のつながりを，歴史を含めて感得していく。そして，子どもたちに協力する地域の人々のつながりも結果的に強力になるだろう。その目標はあえていえば，自分と地域の人々とのつながりを深く理解すること，となるのではないか。

　北桑田高等学校美山分校や隠岐島前高等学校の場合は，地域の担い手となる後継者育成という地域の側からの後期中等教育への要求を，教員が受けとめて独自の教育実践を展開した。いずれの実践も生活空間としての地域と高等学校とのかかわりの大きさを私たちに伝えてくれる。高等学校の場合，遠距離通学や下宿して通学することも可能である。しかし，地域に高等学校がなくなると，中学校卒業と同時に子どもたちは地域外で生活することにもなり，そのまま地域に戻らなくなる可能性が高まる。その点で，地域に高等学校があるかどうかは地域社会の存続に深くかかわる。

　国立や都道府県立を除く公立の小中学校の場合，地域は子どもたちの生活空間であり，直接子どもたちに生活環境を提供するものとなる。地域にどのような見守りと監視があるかは，家族のあり方ともかかわる。教育基本法に「家庭及び地域住民」の文言を入れたとて，それがどれほど功を奏するかは疑問であるし，また，それが最善策とも言えないだろう。

　近年の私立学校隆盛のなかで，小学校段階から他地域の学校に子どもが通うケースが，とくに都市部で増えてきている。地域の人間形成機能の保持は，もはや学校に期待するだけでは対応しきれない。旧共同体とは異なる，NPOやNGOをともなう新しい地域共同体の形成が必要になってきている。その担い手は文字通り自ら考え行動する人間であり，学校はそうした人間の基礎的部分を培うところである。それは，地域教材の発掘を含む，古くから学校が行ってきたさまざまな優れた教育方法を駆使することでも可能である。

　なお，地域社会のつながりにかかわる大切かつ喫緊のことでありながら，本章で言及できなかったことがある。それは，グローバル化のひとつの反映とし

てのニューカマーとその子どもたちが地域や学校でいかに生きるか，という問題である。日本国籍をもたない子どもたちには，就学しない，あるいはさまざまな事情により就学できない場合が生じる。言語の壁や制服その他日本独特の学校文化の問題もある。また，たんに日本の公立学校で学べるようにすればよいという問題ではない。アイデンティティの確立という人間形成の大きな課題を考えるなら，彼らの出身国の文化も考慮することが必要になる。すでに各地で模索ははじまっている（宮島ほか編 2005）。

【参考文献】

北川辺顕彰会編集委員会編（2013）『田中正造翁没後百年 語り継ぐ田中正造 正造翁と利島・川辺の先人たち』.

桑原正雄（1976）『郷土教育運動小史』たいまつ新書.

小林千枝子（1997）『教育と自治の心性史 —— 農村社会における教育・文化運動の研究』藤原書店.

小林千枝子（2014）『戦後日本の地域と教育 —— 京都府奥丹後における教育実践の社会史』学術出版会.

小林千枝子（2015）「新制中学校における共同体的慣行と近代的価値 —— 栃木県下都賀郡生井村立生井中学校の成立と展開」『作大論集』5, 431-452.

小林千枝子・平岡さつき・中内敏夫（2016）『到達度評価入門 —— 子どもの思考を深める教育方法の開拓へ』昭和堂.

小林史・小林千枝子（2019）『母と娘の物語 —— 母五十歳当時の手記を娘が読み，今を語る』文芸社.

渋谷忠男（1988）『学校は地域に何ができるか』農山漁村文化協会.

城山西小と地域振興を考える会監修（2006）『小さな学校の大きな挑戦 —— 廃校の危機から脱出中！』小学館.

中内敏夫・竹内常一・中野光・藤岡貞彦（1987）『日本教育の戦後史』三省堂.

民間教育史料研究会・中内敏夫・田嶋一・橋本紀子編（1997）『教育科学の誕生 —— 教育科学研究会史』大月書店.

橋本紀子・木村元・小林千枝子・中野新之祐（2011）『青年の社会的自立と教育 —— 高度成長期日本における地域・学校・家族』大月書店.

宮島喬・太田晴雄編（2005）『外国人の子どもと日本の教育 —— 不就学問題と多文化共生の課題』東京大学出版会.

村山隆（1986）『たにし学校 —— ふるさとづくりと教育の再生を求めて』あゆみ出版.

山内道雄・岩本悠・田中輝美（2015）『未来を変えた島の学校 —— 隠岐島前発 ふるさと再興への挑戦』岩波書店.

山岸一平（1976）『死なば死ね殺さば殺せ —— 田中正造のもう一つの闘い』講談社.

第 4 章

編集室としての教室
——学級の「安心」を編む

永田 和寛

1. 教室のなかのメディア

　現代におけるソーシャルメディアの流行は，子どもたちどうしが〈つながる〉ことに大きな変化をもたらしているといわれる。やや大げさにいえば，人類の歴史が始まって以来，かれらがつながる場は直に顔を合わせるようなリアルな世界であった。それが今や「インターネットは今日の子どもたちにとって友だちづきあいの最も基礎的なインフラとなっている」（浅野 2019）ともいわれるように，ソーシャルメディアを介した間接的なつながりにまで友だちづきあいの場は拡がっているのである。

　その一方で，学級は今なお日本の学校に通う子どもたちにとって欠くことのできない生活世界であり続けている。たとえば，かれらが友だちをつくるための主な場所は，ネット上であるよりもむしろ学校であり（辻 2016），「ネットいじめ」と呼ばれる問題もまたリアルな人間関係に根をもっているとされる（第1章註6参照）。つまるところ，ヴァーチャルなネット上のつながりは，学級などのリアルな世界の延長線上で結ばれたものにすぎないばあいが多いのである。

　このように，教室の外のメディアは必ずしも学級におけるつながりに大きな変化を与えるものではないように思われる。しかしその一方で，教室のなかにおけるメディアの変化が教室のあり方に少なからぬ影響を与えていることに注意する必要があるだろう。そもそも，教室という空間は，「大人と子どもの間に成り立っている教育関係のなかに登場し，教育実践の媒介者」（中内 1998）として働く教材や教具・施設なくして成り立たない。それゆえ，近年導入が進められている電子教科書については，その双方向性がこれまでの一方向的な「教

える－学ぶ」という教師と子どもとの関係を揺さぶり，教室という場のあり方の再定義を促しているという指摘もなされている（市川 2016）。

　もっとも，教室のなかのメディアは，必ずしも教師と子どもとの関係を取り持つものに限られず，それぞれの住まいから学級の一員として集められた子どもたちどうしの間を結ぶものでもあった。教師たちの実践は，科学や文化を伝えることだけではなく，その前提として教室という空間に集められた子どもたちどうしをつなぎ，かれらが安心して成長できる場をつくることでもあったのである。実に，日本の教育実践史を振り返ってみると，教室の外のメディアへの対応が盛んに語られる以前に，教室のなかでメディアを創り出すことによって子どもたちをつなごうとする実践が展開されてきたことがわかる。

　そのことを示す具体例のひとつが，いくつもの教室で編まれてきた学級文集である。それは，学級の子どもたちが書いた綴方（作文）を教師が一冊の文集に編集して発行するものであり，その実践は「生活綴方」と呼ばれてきた。本章では，こうした教室のなかのメディアづくりの実践が日本の学校の歴史のなかでいかにして現れ，どのように展開してきたのかをたどることで，こんにちの子どもたちにとって教室が「安心できる場」となるための課題を考えてみたい。それはすなわち「編集室としての教室」の歴史を顧みることになるだろう。

2. 学級の「安心」を求めて

(1) 小さな「国民」たちのつながり

　1872 年の「学制」公布によって日本の学校制度は始まった。それは子どもたちの新たなつながりの始まりでもあった。すなわち，「学制は，地域共同体のなかにあった子どもたちを地域共同体から切り離し「家」の子どもとして，また学校のなかで教育されるべき「児童」として制度的に位置づけようとするものであった」（沢山 2013）。そして，1891 年に「学級編制等ニ関スル規則」によって，「一人ノ本科正教員ノ一教室ニ於テ同時ニ教授スヘキ一団ノ児童ヲ指シタルモノ」として，こんにちの私たちが知る「学級」が定められた。それは，子どもたちにとっての新たなつながりの舞台の登場であったといえるだろう。

　注意すべきは，そのつながりの場が子どもたちの間から自ずと生まれてくる

ものというよりも，むしろ，教師たちによって意図的に準備された場であったことである。先に挙げた定義が示すように，学級は教授者および管理者としての教師を中心に組み立てられたものであった（佐藤 1970）。そして，就学率が飛躍的に上昇した 1910 年代になると，「学級経営」が教師たちの関心事として盛んに語られるようになるが，かれらがめざしたのは「国体のミニチュア」（佐藤 2012）ともいうべき「学級王国」であった。すなわち，学級は小さな「国民」どうしをつなぐ場として作られたのである。

　そのために教室に持ち込まれたメディアのひとつが，大量に印刷されて全国各地の子どもたちの手に届いた教科書であった。「国民」を「想像された共同体」と呼んだアンダーソン（Anderson, B.）が論じたように，印刷技術と資本主義が結びつくことによって普及した出版語は，見ず知らずの人びとが互いを「国民」として想像することを可能にし，あるいは支配者がかれらを「国民」として統合する背景となった（アンダーソン 2006=2007）。それゆえ，国語科の教科書として編まれた『国語読本』を各地の教室で読み上げる子どもたちは，「方言」が飛び交う狭い共同体を抜け出し，出版語としての「国語」を通じて創り出されるより広いつながりへと想像をめぐらせていったのである。

　もっとも，そのようなつながりが容易く結ばれたわけではなく，教壇に立つ教師たちの前にはさまざまな課題が立ちはだかっていた。そのひとつが，身分や出自にとらわれない「個人」として生きはじめた子どもたちが「立身出世」をめざして繰り広げた試験競争であった。学級が設けられた 1890 年代には小学校での試験は廃止されていたものの，1910 年代になると都市部の小学校では上級学校に進学するための試験競争が激しくなる始末であった（斎藤 2011）。

　すなわち，「国民」どうしのつながりの場であるはずの教室が，かえって子どもたちをバラバラにしてしまう場となっていたのである。たとえば，その当時に東京高等師範学校附属小学校の国語教師であった芦田恵之助は，試験によって教室のなかの「高能児」と「劣等児」とが隔てられることを「教室内の悲劇」と呼んで憂えずにはいられなかった（芦田 1915）。

(2) 国語を書くことによる「安心」

　それゆえ，芦田はこうした「教室内の悲劇」を克服し，「劣等児」をも含めた

学級の子どもたちみんなを「安心」に至らせることをめざした（同上）。ここに，こんにちでもよく語られる「安心」という学級の目標の最も早い例のひとつを見いだすことができる。ただし，興味深いことに，芦田はそのために「随意選題」という国語科綴り方の教授法を唱えた。この教授法は，綴方を書かせる際に教師が「○○について書け」のように課題を与えて書かせるのではなく，「自己生活内に題材を求めて自己に満足の出来るように書く」（白鳥編 1921）というものであるが，書くことによって「安心」するとはどういうことなのだろうか。

　そのしくみを芦田は次のように説く。「綴る力が十ある者が十の文を書き，六の力の者が六の文を書」くとき，「各自がその力の全を尽くした」ことにおいては「平等」であり，その意味では綴方に「劣等児」はいない（芦田 1919）。このように，随意選題とは，個々の子どもの能力を相対的に競い合わせるのではなく，それぞれの子どもが自らの絶対的な能力を発揮したことに視点を移すことによって，子どもたちが「みんな同じ」であることを実感し，優劣にとらわれることなく「安心」するための方法であったのである。

　さらに重要なことは，芦田が書き綴る子どもたちのつながりに「理想の国家」を見いだそうとしたことである。「四十人なり五十人なりの子供が，皆鉛筆を持つて面白さうに書かんと欲する所を書いて居る事程，世の中に綺麗なものがございませうか〔…〕若し斯んな国家があつたら，之こそ理想の国家ぢやなかろうか」（同上）。もちろん，それぞれの子どもたちが書く内容はまちまちである。しかし，かれらはみな同じ国語を書き綴ることによってつながっている。このように，誰もが「安心」できる学級のつながりは，国語を書くというすぐれて近代学校らしい方法によって支えられていたのである。

　そのためであろうか，芦田は『国語読本』づくりに心血を注ぎ，1920 年代には日本の植民地統治下の朝鮮半島や南洋群島での『国語読本』編纂にも携わった。しかし，芦田が教えようとした国語と植民地下の子どもたちが話す言葉とが相容れるはずもなかったことはいうまでもない。芦田が「朝鮮の〔国語〕読本は，自覚ある朝鮮人が，朝鮮民族のために，編集すべきであった」（芦田 1950）と語ったのは，実に敗戦後のことであった。

　もっとも，芦田にこのことを気づかせなかった背景には，皮肉なことに，彼がめざした「平等」な学級，ひいては「理想の国家」にあったのかもしれない。

すなわち，優劣がなく「みんな同じ」である学級を想像することは，さまざまな背景を抱えた子どもたちそれぞれの違いを見えにくくさせることと表裏の関係にあったのである。

3. 学級文集というメディア

(1) 学級文集とは何か

　1930年代になると，「綴方教師」と呼ばれた各地の小学校教師たちによって学級文集という新たなメディアが教室のなかで創り出されるようになった。かれらの生活綴方実践は，随意選題を唱えた芦田と同じように子どもたちに自らの生活を書き綴らせるものであった。しかし，活字で印刷された『国語読本』にこだわった芦田に対して，綴方教師たちは大正期に日本で流通した謄写版（ガリ版）という自前の印刷技術を用いて，それぞれの教室で学級文集の編集を始めた。こうして全国各地の教室のなかからメディアが創り出されるようになったことに，生活綴方実践や学級文集の画期性を見いだすことができる。

　それでは，学級文集の編集を通じてどのようなつながりが構想されたのであろうか。「本を作る学習」という言葉で「生活綴方」の原型をつくった一人であり（中内 2000），私立・池袋児童の村小学校の教師であった野村芳兵衞は，学級の子どもたちのつながりのあり方について次のように考えた。「人は本来同等の者又はそれ以上のものから，承認されたり，自分より以下の者から賞賛されると，満足の感を生ずるものである。〔…〕そこでこの欲望は共同生活によって純に洗練されるならば，自分を自分相当に知ってもらうことにおちつきを見出して行くと思ふ」（野村 1926）。すなわち，芦田が優劣のない「理想の国家」というつながりを想像し，そのなかに子どもたちを誘うことによってかれらを「安心」させようとしたことに対して，野村はあくまでも優劣をも伴うリアルな実生活にこだわった。実生活における子どもたちどうしによる「承認」や「賞賛」こそが，かれらのつながりを支えるものであり，それらを「洗練」させていくことが野村の構想するつながりづくりであったのである。

　こうした構想を具体化するためのメディアのひとつが教室で編まれる文集であった。野村の文集による学習の特徴は，子どもたちによる「相互学習」である。

教師は，子どもたちにお互いの作品を読んで「質問，感想，批評をする」ことを促す。「それは文についてばかりでなく，実際の生活についてでも，印刷の方法についてでもいゝのである」(同上)。このように文集というメディアによって，学級の子どもたちどうしが互いの生活について語り合うことを通して，学級は「承認」や「賞賛」をし合う場として捉え直されたのである。

　さらに，文集は国語のあり方を捉え直すものでもあった。たとえば，東北地方で編まれたある学級文集には，「ズックぐつはいたれば，あたたかいけ」と，子どもたちの「方言」がそのまま掲載された。このことについて野村は，「文の表現に於ける言葉の問題は，方言であつても標準語であつても，「生活語」の観点からのみ，その本質が究明されねばならぬ」と，生活にそくした言葉のあり方の必要を訴えた (野村 1936)。また，雑誌『綴方生活』の編集者として生活綴方運動をリードした小砂丘忠義も，「今日の標準語とはいはゆる小学校の教科書のことば」であり，「完全なる東京の方言に外ならぬ」として，「純正なる地方言は，文芸作品やラヂオ等をとほして，今後ますます躍進し，全国民の語彙を豊富にして行くだらう」と，さまざまなメディアに現れた「方言」こそが国語を豊かにしていくことを展望していた (小砂丘 1936)。文集を成り立たせるために欠くことのできない国語もまた，実生活にそくして捉え直されようとしていたのである。

(2) つながりを「編集」する

　綴方教師たちはいわば教室のなかの編集者であった。たとえば，東京の綴方教師・平野婦美子は，『綴る生活の指導法』のなかで，「私は学級を文化的におしすすめ，協同的に組織するためには，学級全児童と教師 (或は保護者を含めて) をつなぐ機関誌がどうしても必要である」と述べて，自らの「文集編輯」の方法を詳しく紹介している (平野 1939)。

　この本によると，「一つの題材を取扱ひ，色々の角度からながめた文の全部や一片を組織的にならべた頁」を設けるなど，平野が文集のなかに子どもたちの生活をどのように配置するのかについて丁寧に気を配っていたことがよくわかる。また，「作品に作者の生活境遇などをかきそへて，それに照応した評語を附した頁」では，「この組にはたつた一けんしかお百しようさんのうちはあ

りませんので，このつづり方をよんで「とうみ」だの「からうす」だのとわからないことばがあるかもしれません」という評語を書き添えることもあった（同上）。こうした編集の技によって平野は，必ずしも同じような暮らしをしているわけではない学級の子どもたちが，互いの綴方に書かれた生活を理解しやすいような工夫を施していたのである。

　このような編集という実践の意味について，長崎県の綴方教師・近藤益雄は次のようにまとめている。「唯々綴方なり，詩なりを漫然集めただけでも，文集にはなるだらう。然しそれだけでは教室文化として，子供たちの生活に何ものかをプラスするものとなり得ない。／そこに私たちの教育の発動があり，その編集方法に学級の生活を育ててゆく方向との一致がなければならない」（近藤 1948）。すなわち，学級文集をどのように編集するのかという教室のなかのメディアづくり問題は，「学級の生活」をどのように導いていくかという問題であった。学級文集の編集は，さまざまな背景を抱えながらもひとつの学級に集められた子どもたちのつながりを「編集」することであったのである。

（3）「安心」できない子どもたち

　しかし，綴方教師たちがこれほどまでに編集にこだわったのは，子どもたちのつながりを簡単に「編集」できない状況を目の当たりにしていたからではないだろうか。文集を編集する教師たちの前には，「安心」することができない子どもたちの姿が現れていたのである。その若干の事例を挙げてみよう。

　たとえば，1950 年代に米軍が駐留する「基地の町」の山口県岩国市で文集『デルタ』を編集した中学校教師の恩田操は，1952 年のサンフランシスコ講和条約について「講和条約ばんざい」「独立日本ばんざい」と喜ぶ綴方を読む一方で，講和のために米軍基地で働く父親が失業しないかと不安であったが失業しないことがわかり，「航空隊のアメリカの旗を見ると，ぼくはたいへんうれしいのです」と書く綴方を目の当たりにした。この相異なる立場による 2 つの綴方について恩田は「どう割り切つたらよいのだろう」と逡巡せざるをえず，さしあたりこれらの綴方を文集に載せて，子どもたちとともに考えていくことから始めなければならなかった（山口 2017）。

　同じく 1950 年代に，東京都立朝鮮人高等学校で編まれた『新芽文集』を開

いてみよう。この文集に収録されたのは，たとえば，「国語〔朝鮮語〕を知りたい」という，朝鮮学校の生徒ではあるが朝鮮語を十分に扱えない苦悶を綴った綴方であった。また，その文章には朝鮮語で書かれた綴方のなかに，突然ひらがなやカタカナで記された語彙が登場したり，日本語の音をそのままハングルで表記したりするものがあった（呉 2019）。『新芽文集』には，「戦後」と呼ばれる時代にあっても植民地的な状況を生きざるを得ず，2 つの国家の言葉の間で揺れる朝鮮学校の子どもたちの姿がありありと浮かび上がっているのである。

　このように，学級や学校で編まれた文集から垣間見えてくるのは，ただひとつの「正解」を提示する学校文化のなかで「安心」できないでいる子どもたちの姿であった。そもそも生活綴方が流行したのは学校が人々の生活に根付く途上にあった 1930 年代から 50 年代であった。文集が捉えてきたのは何よりも，そうした時代において未だ学校に包摂されず，その周縁で生きざるをえなかった人々の生活とそのなかでかれらが抱えた葛藤であったといえるだろう。

（4）「特有の体験の世界」を読む

　その一方で，1960 年代以後，高度成長期を迎えると，あらゆる人々の生活のなかに，第 1 章 2（4）で述べた標準的ライフコースのひとつとして，学校生活が組み込まれていった。ほとんどの人びとが学校に包摂されるという状況は，かつての文集に掲載されたような学校からはみ出した「生活」が失われることを意味した。子どもたちにとって学校は確かな生活の場となったのである。

　そのことは，当時の子どもたちが書き綴る生活にもよく現れている。たとえば，1970 年代に大阪の綴方教師・野名龍二が目にしたのは，「「用意バーン!!」／みんないっせいに走った。「六年最後のマラソン大会だから，おもいっきりはしってやる」と思いながら，わたしも走りました」という書き出しや，「六年の男の子が一れつにきれいにならんだ。野名先生がへんな顔してスタートのピストルをいじってる」という書き出しから始まる，共に学校で行われたマラソン大会について書かれた 2 人の綴方であった（野名 1974）。

　ただし，これらの作品について野名は，前者の作品には「緊張感があり」，後者は「のんびりしている」という違いを読み取った。いわく，「かき手が表わそうと意識しないのに文章全体の印象として表われる文章の性格を考慮に入れ

て作品を見なければならない」。というのも、「生活綴方は、生活をかかせ、現実をかかせるのだが、その生活も現実も、題材決定の段階では、一般的普遍的な生活や現実ではなく、その子どもにとって特有の体験の世界としての生活であり現実なのである」（同上）。

多くの子どもたちにとっての生活は画一的な学校生活が大部分を占めるものとなっていた。しかし、そうした状況のなかで野名が綴方から読み取ろうとしたのは、それぞれの子どもによって異なる「特有の体験の世界」であった。誰もが同じように暮らしていると考えられる時代のなかで、文集のなかに見いだされたのは学級のなかの子どもたちの細やかな差異であった。学級文集は、こうした学級でつながる子どもたちの違いを顕在化させるメディアであったのである。

4. 「安心」を編み直す

第1章3 (2) で述べたように、「個人化」が進展するこんにちの社会において、人びとが生きていくための「標準」は確かなものではなくなり、「存在論的不安」は多くの人びとにとっての課題となっている。それゆえ、かつて芦田恵之助がめざしたような子どもたちの「安心」は、学級や学校の目標としてその重要さを一層増しているようにも思われる。しかしながら、そのために芦田や多くの学級の教師たちがめざしてきた「みんな同じ」であることが、多民社会化が唱えられているこんにちにおいて、多くの移民の子どもたちの生きにくさを覆い隠してしまいがちな日本の学校文化をめぐる現代的な問題 (坪田 2019) の温床となっていることを忘れてはならないだろう。

こうした課題を前にして、こんにちにおける学級の「安心」という目標をどのようにして語ることができるのだろうか。本章の終わりに、現代の生活綴方実践を示すひとつの事例として、2010年代に展開された大阪府堺市立安井小学校における勝村謙司の実践 (勝村・宮崎 2018) を手がかりに、この課題について考えてみたい。勝村は、その実践記録において「学校が、家庭が、社会が、子どもにとって、安心できる場になっていないのではないでしょうか」という問題意識を掲げている。ここに述べられた「安心できる場」は、文集編集の実

践のなかでいかにして具体化されているのだろうか（以下の安井小における文集編集の過程は，筆者による勝村氏へのインタビューに基づくものである）。

　安井小の学級文集は，子どもに「心が動いたこと」という題を与えて作文を書かせ，かれらが書いた自筆の作文をそのままコピーして1冊の文集に編んだものである。ここでいう「編集」の主な作業は，子どもたちの作文の順番を決めることであるが，その順番はたんに名簿番号で並べるというものではない。そうではなく，全学年の作文の授業を担当する勝村と各クラスの担任が相談しながら授業で取り上げる作文を2つ選び出し，それらが学級文集の冒頭になるようにして掲載順が決められる。また，年間を通してすべての子どもの作品が一度は学級文集の冒頭を飾るように配慮されている。

　こうした学級文集の編集過程は，たんに学級の子どもたちの作品を1冊にまとめる作業であるだけではなく，それぞれの作品に対する教師たちの評価の過程でもある。ただし，ここでいう「評価」とは個々の作品間の優劣を決めるためになされるものではなく，教師が学級づくりのために重要な課題が表現されていると判断した作品を選ぶものである。すなわち，ここでの評価は，その子どもを含む学級のつながりそれ自体のあり方の評価であり，その子を含めた学級をどのようなつながりとして編み直していくべきかを判断するためになされているのである。

　こうして編まれた学級文集は，授業のなかで教材として取り上げられる。たとえば，ある6年生の作文の授業で勝村が教材としたのは，「釣りにいった」と題するケントによる次のような作品である。——「岡山の牛窓のせとないかいにいった。ベラと真鯛と黒鯛を釣った。エサは，青イソメでしかけが投バリと中どおしオモリ2号とハリス3号サオは，万のうの手ザオで釣りをした，ベラは，ひきがつよくておもしろかった。／岡山の川で鯰をつった。レッドヘッドのルアーで釣った」（原文ママ）。この作品は修学旅行の後に書かせたものだったが，学級のなかでケントだけは旅行の思い出ではなく，釣りの話を書いてきたのであった。

　この作者のケントは当時転校してきたばかりであり，勝村は，この作品はケントが「自分のことを知ってほしい」サインではないかと考えて，授業に取り上げた。勝村がこの作品を読み上げて，「みんな，釣りの何が好きや」と問い

かけると，ある子どもが「（魚が）かかる時も楽しいけど，待ってる時に話するのも楽しいねんな」と発言したり，ケント自身も「引くときやな。ナマズもファイト（引き）強いから，持ち上げるのに時間かかる」と言うと，「ファイトって意味わからん」という声があがったりした。そして，ケントは魚を料理するときの話を始め，「衣につけたり，パッパッとコショウ振ったり」と説明をすると，「教室は仲間の笑い声に包まれた」という（同上）。このように，学級のなかで異質な存在であった転校生のケントが，彼自身の関心を具体的に綴り，文集に載せられたそれを読み合うことで学級の子どもたちに承認されていく過程を，勝村の実践から見てとることができる。

　こうした実践を勝村の言葉によってまとめるならば，文集の読み合いを通してめざされたのは，「こいつもこんな経験あんねん」（同上）ということを学級の子どもどうしが相互に理解することであった。すなわち，文集というそれぞれの子どもたちの異なる経験が現れるメディアを通してめざされたのは，異なる経験がひとつの同質性に解消されるのではなく，入り交じるそれぞれの経験がそのままに承認されることであったといえるだろう。

　したがって，勝村が目標とした「安心できる場」とは，必ずしも「みんな同じ」であることを前提とするものではない。教師である勝村や学級の子どもたちが文集から読み取ったのは，むしろ「みんな違う」ことであったといえる。すなわち，「みんな同じ」であるから「安心」できるのではなく，「みんな違う」ことへ承認から，いかにして「安心」という目標を語り出すのか。勝村の実践から示唆されているのは，こうした課題であるといえるだろう。

　むろん，勝村の実践が物語っているように，それはさまざまな生活の背景を抱えた子どもたちどうしをどのように出会わせ，つなぐのかという課題でもある。そして，こうした課題に向き合う（ことを下支えする）ための教室のなかのメディアのこれからを，私たちはどのように構想していくことができるだろうか。教室の外のメディアに目移りしがちな私たちに向かって，編集室としての教室の歴史が問いかけるのは，おそらくこのことである。

【引用・参考文献】
　浅野智彦（2019）「インターネットと子どもたちの人間関係」『教育と医学』67（5），

64-71.

芦田恵之助（1915）『綴り方教授に関する教師の修養』育英書店.

芦田恵之助（1919）「随意選題について」『教育研究』（189），247-252.

芦田恵之助（1950）『恵雨自伝』開顕社.

アンダーソン，B.，白石隆・白石さや（訳）（2006=2007）『定本　想像の共同体 —— ナショナリズムの起源と流行』書籍工房早山.

市川真人（2016）「電子教科書が崩す，「教室」という近代」佐藤卓己編『学習する社会の明日』岩波書店.

呉永鎬（2019）『朝鮮学校の教育史 —— 脱植民地化への闘争と創造』明石書店.

勝村謙司・宮崎亮（2018）『こころの作文』かもがわ出版.

近藤益雄（1948）『子供と生きる』牧書店.

斎藤利彦（2011）『試験と競争の学校史』講談社.

小砂丘忠義（1936）『文章記述の常識』文園社.

佐藤秀夫（1970）「明治期における「学級」の成立過程」『教育』20（7），18-25.

佐藤学（2012）『学校改革の哲学』東京大学出版会.

沢山美果子（2013）『近代家族と子育て』吉川弘文館.

白鳥千代三編（1921）『小倉講演綴方教授の解決』目黒書店.

辻泉（2016）「友人関係の変容 —— 流動化社会の「理想と現実」」藤村正之・浅野智彦・羽渕一代編『現代若者の幸福 —— 不安感社会を生きる』恒星社厚生閣.

坪田光平（2019）「学校 —— 子どもの生きにくさから考える」額賀美紗子・芝野淳一・三浦綾希子編『移民から教育を考える —— 子どもたちをとりまくグローバル時代の課題』ナカニシヤ出版.

中内敏夫（1998）『「教室」をひらく —— 新・教育原論』藤原書店.

中内敏夫（2000）『綴方教師の誕生』藤原書店.

野名龍二（1974）『綴方教育論』有文社.

野村芳兵衞（1926）『新教育に於ける学級経営』聚芳閣.

野村芳兵衞（1936）『新文学精神と綴方教育』厚生閣.

平野婦美子（1939）『綴る生活の指導法』厚生閣.

山口刀也（2017）「1950年代前半における基地と生活綴方 —— 山口県岩国市の教師恩田操の実践に着目して」『教育史フォーラム』（12），23-44.

第 5 章

学校カリキュラムにおける 「つながり」の危機と再生

河原 尚武

1. カリキュラムにおける「つながり」をどのように考えるか

(1) 現代の教育実践の課題として

　学習者を中心に形成される善き「つながり」は，教育実践と教育的人間関係のありようを示す方向目標である。つながりに類する表現は教育の場で広く用いられるが，必ずしも明確にその意味が共有されてきたわけではない。たとえば小学校学習指導要領等におけるつながりにかかわる表現，「よりよい人間関係」「多様な他者との協働」「連携」「信頼関係」「共感関係」などは，個々には肯定すべきニュアンスをともなっているが，いずれも文脈や状況に依存する複層の意味から成る表現である。これらの意味を深く検討したうえで教育実践の方略に位置づけるのでなければ言葉の羅列にとどまり，意味のある目標表現にはなり得ない。

　一方，生活指導の実践から生まれた「集団づくり」や「交わり」などの指導概念については，時代と子どもの現実に即して本来の意味を捉え直す取り組みが続けられている。そのなかには，〈つながる〉ことを子どもの切実な要求として捉え，教室の内外で孤立する子どもが出ないよう共同の活動 (association) を実現することとともに，個々の子どもの理解を深めることに生活指導の現代的な課題をみる考え方によるものもある。つながりを言葉の感覚的な扱いや気分にとどめず，行事や自主活動などに連帯して取り組む経験を積むことによって形成することには，今なお重要な意義がある。

　「児童生徒同士で話し合う問題解決的な学習」を標榜する「特別の教科である道徳」(「道徳科」) の新設や，特別活動での「人間関係形成」，「社会参画」，「自己実現」の 3 つの視点を手がかりとする「資質・能力」の「目標の在り方」の提

起など，今次学習指導要領も現代のつながりをめぐるひとつの方向性を示そうとしている。つながりのなかで人間形成を図ることは，元々教育目標体系の一翼を担ってきたが，2016年の文部科学省中央教育審議会答申では「社会参画の意識の低さ」にたいして，「自治的能力を育むこと」をこれまで以上に重要と位置づけた（中央教育審議会 2016）。これもつながりの再生を考えるうえで必然性をもつ現代の実践課題である。

　同答申では，これまで「望ましい集団活動」を通して進めることが特別活動の特質とされてきたが，その「望ましい集団活動」とは児童生徒主体の課題の発見と話し合いを通じて活動を進めるという学習過程の方法原理を示したものと述べている。つまり，望ましい目標を一方向に定めるのでなく，問題解決的な学習により児童生徒による自主的な決定と確認を積み上げていくのが特別活動本来のあり方だという提起である。

　しかしそれと同時に，答申では集団への「帰属感・連帯感」の育成が学級・学校文化の醸成につながると捉え，特別活動のこのような役割を「海外からも高く評価される日本の教育課程の特徴」として引き継ぐべきとしている。だが，所与の集団への適応という意味での帰属というつながり方にとどまるのでなく，「自治的能力」の形成に裏づけられたつながりをいかに育み，構成するかを考えることが必要である。

　この点で，カリキュラム構成論や教育実践論においても，根本に立ち戻って考察すべき時機を迎えている。つながりの形成は，学校という場の全体にその契機があり，道徳科のほか特別活動や生徒指導など教科外分野に限定されるものではない。カリキュラム構成論や教育実践論としてのつながりの探究は，普通教育すなわち人間教育における核心の課題でもある。

(2) つながりの存在理由——教育実践に見通しを与えるために

　言語理論の先駆的な研究者であり，社会問題についても積極的に主張を展開してきたチョムスキー（Chomsky, N）は，近年の講演でスミス（Smith, A.）による同感（共感，sympathy）の意義にふれておよそ次のように言及した。

　現代の思潮のなかには，スミスをあたかもネオリベラリズムの偶像のように扱うものがあるが，「本当のアダム・スミス」の思想は，むしろ平等な社会の

実現に古典的リベラリズムの立場から積極的に関与し，人間の多様性の発展を指導原理とする社会構想をもっていた。「なぜなら，われわれ人間は共感（同感）と連帯という自然の本能をもっているから」だ，と。

　チョムスキーによれば，近代経済理論の中核的原理，「人間同士の相互関係は利己的競争心によって規定されている」に対置すべきものは，スミスの『道徳感情論』冒頭のよく知られた叙述，「いかに利己的に見えようと，人間本性のなかには，他人の運命に関心をもち，他人の幸福をかけがえのないものにするいくつかの推進力（プリンシプル）が含まれている」（スミス 2013）という点である（チョムスキー 2015）。

　当然ながら，このようなチョムスキーの見解に対しては「甘い願望」との批判も可能だ。しかし，現代資本主義の下での「利己的競争心」を克服するひとつの方途をスミスの「真意」に戻って示そうとしたことに注目したい。ここにつながりの本質（プリンシプル）の捉え方が示されており，こうした希望や理念を根拠に考えることは十分に意義のあることだからである。

　教育目標の由来や根拠を論じる教育目標論は，理想や価値をもって教育実践に見通しを与えるものでなければならない。教育論議のなかには，理念よりも有用でリアルな方法こそ求められるという論調がある。それはいかにも現実に即した考え方のように思われる。しかし，教育に係る方法技術の基となる価値観や人間観，同時代認識や教育的関係の質的評価など，実践過程に作用している立場がどのようなものであるかをあいまいにすべきではないだろう。

（3）つながりにおける自立と依存──開かれた公共の空間へ

　素朴なつながりを基に子ども間の連帯や共同を発展させることは，教育実践の目標としてこれまでも期待されてきた。子どもの生活場面における対立や葛藤といった関係性の経験も，あるいは連帯や共同，援助や配慮を手がかりに相互の自立に向かう経験も，それをいかに発展させるかが意識的な教育実践において基本的な課題であり続けてきた。ここでいう意識的な教育実践とは，1920年代を境にささやかな形で始まり，戦時期の中断を経て現代に継承される生活綴方，生活指導，生活教育といった生活世界に基盤を置く教育実践とその現代的な形態を指している。

ここでいう（相互の）自立とは，他からの援助や配慮を必要としない強い人間像を想定したものではなく，人と人との多様な関係において「依存」をも肯定する生き方を指している。つまり，自立と依存の状態が共に在る人間像や関係性を肯定するのが自然だと考えるのである。依存から自立に向かうというのでもなければ，自立が発達過程の到達点になるということでもない。発達過程において自立と依存の相互関係は変化するが，常に自立と依存それぞれ固有の深化が追求されるべきなのである。

　こうした考え方は，「多様な他者との相互的な自己形成」（折出 2003）という生活指導論の本質的な提起につながる。この提起は，生活指導論の新たな展開をめざして，子どもたちの共同化を追求しつつ「民主的な公共」を築き，「私」をこえて「真に民主主義の共同社会。すなわち主権者たちの〈公共〉の世界を確立していく道」への参加を呼びかけたものである。それは，生活指導の集団づくりを通じて形成されるべき集団の性格を，公共性概念を軸に再構造化しようとする課題の提起である。

　民主的な公共は，市民としての自由を実現する生活や社会のあり方を意味し，その社会の運営（政治）に主体的に関与する意志と責任の分担を必要とする。「学びと集団づくり」という教育実践の基本課題に即して言えば，「主体的で共同的に自分たちの知を総合化していく活動」と，それを担うための「民主的な関係性と自治能力を備えた学びの集団を形成」すること（折出 2000），すなわち，集団というつながりの深化が，開かれた公共性への展望につながるのである。

　その過程では，さまざまな生活条件や社会・集団において自立と依存の相補的な関係性を深めていきながら，文化の学習とともに，実生活における経験を基に，市民・主権者としての能力，すなわち現代の「生活知性」を形成することが教育目標となる。歴史的概念としての生活知性は，「あくまで生活綴方による現実に対しての直接的な認識を，自ら生活を統制する力にまで高める」という見通しをもって，子どもの生活現実に即した教育活動（生活教育）に取り組んだ人々が，当時の公教育体制の下で独自の学力像を探るなかで形成されたものであった（河原 1979）。

　とりわけ現代の生活知性は，公共の場における市民のあり方に関する想像力と公共性についての理解に基づき，子どもたちが自らの行為・実践を企画・遂

行する力として位置づけておきたい。元来の生活知性が「自ら生活を統制する力」や「生活意欲」などと一体的に能力形成の目標と位置づけていたように，活動の経験とその省察を通じて学ぶことをカリキュラムにおいて重視すべきだと考えるからである。もとよりこれは学校制度のなかでのみ形成されるものではないが，たとえば総合学習や自主活動など，カリキュラム論や教育実践論のレベルでその実現の可能性を探究することが不可欠となる。

（4）つながりと政治

　公共は，上述の「主権者たちの〈公共〉」としての側面から見ると，必然的に政治的価値（社会や政治への市民としての関与と責任のあり方）をもつこととなる。政治的価値は人間的価値とも不可分であり，同時に道徳的価値のありようとも結合すべきものである。そして，このテーマ（公共のあり方）はまさしくつながり（のあり方）そのものに結びつく。この点は，いじめ（つながりのひとつの現象）の過程を「孤立化」「無力化」「透明化」の３段階において捉えることを提起した精神科医中井久夫が，次のように述べていたこととも符合する。

　「いじめが権力に関係しているからには，必ず政治学がある。子どもにおけるいじめの政治学はなかなか巧妙であって，子どもが政治的存在であるという面をもつことを教えてくれる。子ども社会は実に政治化された社会である」

　「いじめはなぜわかりにくいか。それは，ある一定の順序を以て進行するからであり，この順序が実に政治的に巧妙なものである」（中井 1997）

　中井は，権力がどのように形成され，権力をめぐる関係がどのように集中化されていくか，権力といかに接近を図り，距離を縮めるかといったミクロの政治学がマクロのレベルのそれとも通じることを示唆する。

　すでに批判的に指摘されてきたことだが，主権者としての公共への関与を促進するという視点は，近年の道徳の教科化や教育課程に関する政策論では十分に掘り下げられてはいない。いじめ問題への対処においても，根本的には，公共のあり方の問題として構造的に問題化しない点で，政策・行政・学校経営は事態の深刻化や危機に追いついていない。いじめを未然のものにするためにも，日常の生活指導・生徒指導や，カリキュラム，学校文化，学校の構成員間のミクロの相互関係等種々のレベルにおいて，公共性という性格を帯びたつながり

のあり方の再構築が追求されるべきである。

　いじめ問題のように，つながりは常に善きものではありえない。いじめに限らず，つながりが人間関係の桎（かせ）となり危機と化すことは常であって，これを教育の場でどのように組み換えるか，時にはいかにつながりを断つかという課題もまたつながりにかかわる教育論である。

2. つながりの形成をめぐって解明すべき教育実践上の問題

（1）現実と仮想現実におけるつながりと自己の形成

　先にふれたように，アダム・スミスが示した人間にとってつながることの本源的な意義は現代にも通じるものだが，つながりのあり方に影響を与える社会基盤の変化は，教育論においても注意深い観察が必要だ。

　急速に拡大するネットワーク・システムの下，われわれは「現実と仮想現実の境界地の住人であり，（そこを——引用者補足）進みながら自分自身をかたちづくっていくという，足元の不確かな状況にいる」と述べて，人がアイデンティティを生成・経験する方法が根本的に変化したと指摘したのは，米国の技術社会論研究者タークル（Turkle, S.）である。今やコンピュータによって歩み入る「鏡の向こう」は，無辺の世界において膨大な数の人間を結びつける「新しい生活空間」となったというわけである（タークル 1995=1998）。

　われわれは，コンピュータを駆使して実務をこなすとともに，新しい生活空間のなかでは自己の「ペルソナ」を用いて仮想現実に適応し，自己を投影しつつ，つながりを求める。人にとって新しい生活空間がもつ比重が大きくなればなるほど，仮想現実がもつ人間形成（自己の形成と自己認識）への影響も増すだろう。タークルは，ネットでつながっている自己（self）を「物的自己」（itself）と呼んで，今日の「常時接続社会」のなかに生きる子どもの自立について考察する。その物的自己とは，「コンピュータによって画面のなかの世界と物理的な現実世界に分割された自己」である（タークル 2011=2018）。

　物的自己は，テクノロジーを通じて仮想現実の生活空間に生きる存在だ。「彼らはソーシャル・ネットワークで友情を育むが，やがて，そこでつながっている人は友人と呼べるのだろうかと疑問に思い始める。一日中つながっていても，

本当に意思疎通できているのかどうかわからなくなる」

　このように物的自己の比重が大きくなった時，自己とは何かという自己認識をめぐる問いが，決して今まで通り自らの内面（物的自己に対比すれば内面的自己）を捉えることによって回答を与えられるものではなくなるだろう。長く自己形成を目標概念としてきた生徒指導（「自己指導能力」や「社会的自己実現」といったその目標概念）や教育課程（「自己の人格を磨くうえで必要な生きる力」といったその目標設定）の存在理由にかかわる問題でもある。

　タークルはさらに，常時接続社会において人々は，「ネットのおかげで個人として新しいことを試す余地が広がった一方で，集団の新たなルールから逃れるのが難しくなった」，それは，「テクノロジーによって生まれた新しい社会契約では，仲間はいつも一緒にいることが求められる」からだと言う。この点は子どもたちの間でも同様で，彼らの間には契約による新種のつながりが生じたのである。それは，複数の他者との間の同時一斉接続が，時に否応なく迫られるという状況でもある。

　自立した自己にとって，つながりは本来自由な離脱と関与が可能なはずである。しかし，テクノロジーを介してつながる物的自己には，この常時かつ同時接続が当然の前提条件となることから，それは決して牧歌的なつながりではなく，拘束力を伴うつながりとなる。タークルによれば，こうしたつながりのあり方が一般化することによって，これまでの自立や成長に関する説明がフィクションと化したというのである。

　タークルが従来の自立の観念をフィクションとみる理由は何か。これまでは，成熟の証しとされてきた「自分の境界をはっきり定めることができること」，すなわち自己を確立するということは，たとえば他者と「感情の共有」をするか否かについても熟慮して自ら決定できることを指標としてきた。しかし，今や「物的自己」間の常時のつながりはそうした自己決定の可能性を阻害する。そうなると，先にふれたスミスが言うところの同感（共感）についても，相互の間で受け入れる余地はないということになるだろう。

　かくして教育の場でも，生活世界においても，予定調和的に「望ましい」と思われてきた〈つながる〉という表現が意味するものはより複雑化した。つまり，つながりへの主体的なかかわり方が難しくなり，「強いられるつながり」や「孤

立（孤独）が許されないつながり」を迫る同調圧力は依然優勢である。したがっ
て，つながりから離脱したり，それを相対化する自由を保障する意味を学び，
時にはつながりの構造を組み替えることを経験する場として，学校教育の果た
す役割は大きい。このような活動と省察を保障するカリキュラム構成や生活指
導論の探究はわれわれにとって不可避かつ緊要な課題である。

　日本の場合，いずれかの機器によるインターネット利用率が，小学生で
65.4%，中学生で92.4%，高校生では98.6%に達したという調査（内閣府 2018）
があり，タークルの主張の背景となったものと同様の状況にすでに至ったもの
と考えられる。しかも，利用時間は平均で1日159分（小学生は約97分）となっ
ている。この値を押し上げている高校生では，その26.1%が合計で日々5時間
以上インターネットを利用しているという。教育的人間関係に焦点をしぼって
考えると，生徒指導の目標概念である「自己」の在りようを探るうえで無視で
きない段階に入ったとみるべきだろう。

　こうした状況にあって，つながりは子どもたちにとって今後どのような意味
をもつのだろうか。常時接続とシミュレーションすなわち仮想現実が影響をも
つ時代，つまり自己と他の人々との境界が明確でない状況のもとで，リアルな
世界や生活現実が明瞭に捉えられなくなった時，主体的なつながりだったはず
の関係性が，不明瞭な何らかの「束ねられた」関係性（たとえば社会動員的なつ
ながり）に変質する可能性にも留意が必要である。

(2) つながりの再生——生徒指導論の再検討に寄せて

　宗教社会学者，ベラー（Bellah, R. N）は，「表現の自由，信教の自由，普遍的
な人権，民主主義において人々は自ら統治すべきであるという考えは，近代の
倫理的なプロジェクトである」と述べた（ベラーほか 2014）。人間の形成にかか
わる領域においても，自治の経験を通じて開かれた自己を形成することは教育
的な価値をもつ重要なプロジェクトである。

　ただし日本の場合，自己という概念は，内向きの自己，すなわちヤング（Young,
I. M., 2014）の言う「帰責」にむかう自己の捉え方と深くつながっている。いじ
めに遭遇しても，あるいは学校に向かう足が止まってしまう状態でさえ，それ
を「自分の心の弱さ」の表れと子どもたちが自らを責めるのもまた，自己とい

う概念のこうした受けとめ方がもたらす結果である。とくにこの点は，日本の生徒指導論や道徳教育論における自立および自己の観念が「強さ」に重点が置かれ，明確な「境界を立てることで自己を確立する」ことを目標としがちであることにはっきりと表れている。

　「自分の弱さとたたかう」ことは子どもの生活のなかで終始強調され，道徳教育のねらいとしても，一人ひとりが「目標を目指しやり抜く強い意志」をもつことがうたわれる。一方，人々の善意や支えに応える場合も，「感謝の心を表し，互いに助け合うことで温かく，潤いのある人間関係が築かれる」べきとされる（文部科学省 2014）。

　「自己実現とは単に自分の欲求や要求を実現することにとどまらず，集団や社会の一員として認められていくことを前提とした概念」（文部科学省 2010）であるという「自己実現」の定義は，以前から長く用いられてきた「社会的自己実現」が含意するところに対応している。生徒指導の目標は，先にもふれた自己指導能力の形成であるが，近年は「自己肯定感」という用語がさまざまな意味を込めて自在に使われており，そのなかには，自らを肯定できるように自己を統御（自己指導）することをねらいとするものもある。これらを含めて，人間の「あり方生き方」としての自立や自律は，常時接続の段階に至って，いかに改革されるべきか。

　現在の学習指導要領では，総則のうち「道徳教育に関する配慮事項」で「自立心や自律性，生命を尊重する心や他者を思いやる心を育てることに留意すること」（全体），「身近な人々と協力し助け合うこと，集団や社会の決まりを守ること」（小学校中学年），「相手の考え方や立場を理解して支え合うこと，法や決まりの意義を理解して進んで守ること，集団生活の充実に努めること」（同高学年）などがうたわれているほか，特別活動では「学級や学校における生活づくりへの参画」についての項目も設けられている。

　生徒指導についても，総則の「児童の発達の支援」（小学校）の項で，「児童が，自己の存在感を実感しながら，よりよい人間関係を形成し，有意義で充実した学校生活を送る中で，現在及び将来における自己実現を図っていくことができるよう，児童理解を深め，学習指導と関連づけながら，生徒指導の充実を図ること」と位置づけている（文部科学省 2018a）。

総則等に示された指導観は，社会的に望ましいとされる価値観への適応を目的とする構造をもっており，戦後のガイダンス＝生徒指導の制度化以降，現在に引き継がれているものである。同時にこれは，日本の教育目標論や人格形成論の基層を成す観念の流れをくむものでもあって，20世紀初期日本に生じ，一定の影響力をもった，「社会的自己の全一的発展」（木下竹次）とか，「与えられたる天地に，自己を育ててゐるのです」（芦田恵之助）といった教育観や修養観に相通じるものでもある（河原1995）。

　近年は，集団への参画や適応を重視し，「一人一人が抱える課題に個別に対応した指導」（文部科学省2018a），すなわち個人として不適応をきたした場合は，教育相談を含むカウンセリングで対応することも明確に示されるようになった。学習指導要領解説では，「学校の教育活動全体を通じてガイダンスとカウンセリングの機能を充実していくことが大切である」（文部科学省2018b）としているが，このような方向性を打ち出すことで児童生徒の実際の要求や生活上の課題に応えていくことができるのかどうか。これは実践上の難題である。

　教師と子どもの信頼関係と，子ども相互の人間関係を育てることは学級経営の日常的な指導目標とされているが，初めにふれたように，人間関係とか信頼関係に代表されるつながりにかかわる用語は，いかなる教育実践を作り上げていくかを構想するうえで具体性を欠いている。重要なことは，それらからいかに教育実践の目標体系を導き出し，その目標に即した指導過程を創造できるかというテーマである。そのテーマを考察するためにも，教育実践史において蓄積されてきた生活指導や自治活動の指導，あるいは自由研究や総合学習の多彩な系譜から多くを学ぶことが不可欠である。

　個々の子どもにたえず注目しながら集団的な交流を図る活動，たとえば生活綴方が作り上げてきた文章表現によるつながりの意識化，生徒自治による学級・学校運営への参画など，子どものリアルな生活に接点をもった「生活知性」の発達をめざす取り組みがすべての教育実践の基盤となる。

(3)「ひとりでいること」の意味を考える

　日本でも長く読み継がれてきた『子どもが孤独でいる時間』の著者，社会学者のボールディング（Boulding, E.）は次のように訴えている。

「人間の発達において，個人が社会化する（社会的存在になっていく）過程の重要性は十分認識」されてきたが，「他と交流しないでいるときに起こる，ある種の成長」についてはほぼ完全に無視されてきた。「とにかく集団でいようとする強迫観念」や「みんなから離れていると利己的であるかの如く感じるが故にお互いを集団にひきいれ，ひとりでいることを恐れるあまり，集団のなかに自らを埋没させる」と（ボールディング 1962=1988）。ボールディングはここで，「プライベートな自己」を育てる意義を強調し，科学や道徳の発展は，これにかかっているとさえ述べていたのである。

　現時点でこれを改めて読めば，常時接続社会において，一人ひとりが省察を深める時間を確保すること，集団や組織による拘束的なつながりから解放を図ることなど，つながりによる「社会への適応過程」にのみとらわれない生き方を提起した主張と見ることもできる。「個を発達させるうえでひとりでいることが積極的な機能を果たしている」とする見方は，個人の自己責任に重きを置く思潮とは異なり，個の立場を尊重しつつ自己や人間発達の意味を深く理解するうえで軽視すべきでない視点を示したものである。指導者やおとなが陥りがちな，時に権力性を帯びたパターナリズム（支配的な態度）から自由になるためにも，子どもの現実をよく理解したうえで，日常の生活場面においても「ひとりでいること」に配慮することが機に応じて必要であろう。

　これからの教育実践やカリキュラムの創造において，必ずしもつながりという表現を用いる必要はないかもしれないが，この言葉にこめられた意義に留意し，教師と子どもたちが作り出す関係とその形成の過程をカリキュラムとしてどのように組み込むかを探究しつつ，「生活のしかた」として共に考えていく時間や生活知性を育てる場は常に必要ではないかと考えられる。子どもたちを閉じられた自己に追い込むのでなく，つながりのなかで自由が得られるような真正のカリキュラムと学校のあり方を構想したいものである。

【引用・参考文献】

　折出健二（2000）「「総合的な学習の時間」を問う」全国生活指導研究協議会常任委員会編『学びと自治の最前線』大月書店．

　折出健二（2003）『市民社会の教育　関係性と方法』創風社．

　河原尚武（1979）「生活綴方教育の「生活知性」論」中内敏夫編『講座日本の学力 17 巻

学力の思想』日本標準.

河原尚武（1995）「カリキュラムにおける「自治」と「自己」── 教科外活動の教育課程化に関する考察」稲葉宏雄編『教育方法学の再構築』あゆみ出版.

スミス, A., 高哲男（訳）（2013）『道徳感情論』講談社学芸文庫.

タークル, S., 日暮雅道（訳）（1995=1998）『接続された心 インターネット時代のアイデンティティ』早川書房.

タークル, S., 渡会圭子（訳）（2011=2018）『つながっているのに孤独 人生を豊かにするはずのインターネットの正体』早川書房.

中央教育審議会（2016）「幼稚園, 小学校, 中学校, 高等学校及び特別支援学校の学習指導要領等の改善及び必要な方策等について」（答申）

チョムスキー, N., 福井直樹・辻子美保子（編訳）（2015）『我々はどのような生き物なのか── ソフィア・レクチャーズ』岩波書店.

内閣府（2018）「平成 29 年度 青少年のインターネット利用環境実態調査 調査結果（速報）」

　https://www8.cao.go.jp/youth/youth-harm/chousa/h29/net-jittai/pdf/sokuhou.pdf

　（2021 年 7 月 2 日閲覧）

中井久夫（1997）「いじめの政治学」栗原彬編『講座 差別の社会学 4 共生の方へ』弘文堂.

ベラー, R. N., 島薗進, 奥村隆編（2014）『宗教とグローバル市民社会 ロバート・ベラーとの対話』岩波書店.

ボールディング, E., 松岡享子（訳）（1962=1988）『子どもが孤独でいる時間』こぐま社.

文部科学省（2010）『生徒指導提要』教育図書.

文部科学省（2014）『私たちの道徳 中学校』廣済堂あかつき.

　https://www.mext.go.jp/b_menu/shingi/chukyo/chukyo0/toushin/1380731.htm

　（2021 年 7 月 2 日閲覧）

文部科学省（2018a）『小学校学習指導要領（平成 29 年告示）』東洋館出版社.

文部科学省（2018b）『小学校学習指導要領（平成 29 年告示）解説 総則編』東洋館出版社.

ヤング, I. M., 岡野八代・池田直子（訳）（2011=2014）『正義への責任』岩波書店.

第Ⅰ部の小括
〈つながる〉ことと人間形成，その目標

長谷川 裕

　「第Ⅰ部への招待」で示したように，第Ⅰ部のテーマは，1「生活世界における〈つながる〉ことと人間形成は，これまでどうあったのか，今現在どうあるか」，2「〈つながる〉ことと人間形成は，今後どうありえ，どうあるべきか」の2つであった。第Ⅰ部の小括では，それら2つのテーマに即しながら第Ⅰ部の各章で論じられたことの要点を振り返り，第Ⅰ部はテーマに対してどのような回答を示したことになるかを確認していきたい。

1. 〈つながる〉ことと人間形成の過去・現在

　上記のテーマ1は，〈つながる〉ことと人間形成の過去・現在の事実把握に関するものである。第Ⅰ部の小括1では，このテーマに即して，各章の議論の要点を示していく。

(1) 共同体的つながりから，個人化・近代家族化されたそれへ，その揺らぎへ

　第1章は，テーマ1への回答の概略を示したことになる。つまり，人々のつながりには，大まかには，前近代の共同体的なあり方から，近代の個人化され近代家族化されたそれを中心としたあり方へと変容し，さらに近年は個人化がさらに加速化するという変容過程がある。また，それと並行して人間形成のあり方も，共同体を生きる人間への「形成」「教化」から，近代社会のライフコースの「標準」を目標に据えた〈教育〉へ，さらにその「標準」の揺らぎのなか新たな目標の模索がされる今日的状況へと変化してきた，ということである。

　こうしたテーマ1への概略的な回答に対して，第2〜5章ではいくつかの観

点から補充がされる。

(2) 後発地域の近代化過程

第2章は，メキシコの事例を取り上げて，後発地域の近代化過程における〈つながる〉ことと人間形成の変容を描き出した。

第1章で描いた近代化過程は，どちらかというと近代化先発地域を念頭においた理念型的なものとなっているかもしれない。だが後発地域では，その理念型からはみ出る諸様相が顕著に見られる場合がある。第2章で示されたのは，（ア）近代化はしばしば"上から"，旧来の生活世界を強権的に破壊するような形で推し進められる，（イ）にもかかわらず（あるいは，だからこそ）近代化を促そうとする上からの力に対して，その力が及ぶ側は強い抵抗を示すことがある，（ウ）近代化過程のなかで上から正統的・標準的なものとして提示されるライフコースが，少なからぬ人々のあいだに普及・成立しない，あるいはそれを受け入れるか否かをめぐり人々のあいだに葛藤が見られるといったことである。

これらは，一方で，参照したメキシコ以外の後発地域一般にどの程度当てはまるかの検討が必要ではある。だが他方で，日本を含めた先発・半先発地域にも，多少なりとも見られた現象であるとも考えられる。

(3) 生活世界としての「地域」の根強さ

第3章は，生活世界とそこにおけるつながりの重要な舞台のひとつであり，人間形成におけるその重要性をつねに意識されてきた「地域」について，日本の場合に即して，その歴史とともに教育行政面の動きや，学校が地域にかかわる実践例をあげた。

地域は，近世以来の村落共同体を起源とし，戦前期には「郷土」，戦後になって「地域」としばしば呼ばれてきた。第3章は，そこにおいて営まれる生活世界およびそこでの人びとのつながりが，その起源である村落共同体が衰退した現在も，つねに人間形成の営みにとって重要な舞台であることを示した。つまり，第1章では，近代以降人間形成の営みが展開する主要舞台が近代家族と近代学校となったことを強調したが，実際には近代以降現在に至るまで，それらではカヴァーしきれない人間形成の機能を果たす場としての役割の一端を，地

域がつねに担ってきたのである。

（4）生活世界，つながり，人間形成の舞台としての「学級」

　第4章は，「学級」が，第3章の「地域」と同様に，生活世界，そこにおける
つながり，人間形成の重要な舞台のひとつであることを論じた。

　近代学校が多くの子ども・若者を包摂するようになって以降，学級はかれら
にとっての生活世界として，かれら相互のつながりが展開する重要舞台として
作られてきた。そして，教師たちにはそのつながりを創り出す実践が求められ
たが，そのひとつとして実践されてきたのが学級文集編集であった。その実践
は，子どもたちが〈つながる〉ためのメディアづくりの実践であると同時に，
そのつながりが帯びている人間形成機能に着目し，それが人間形成上よりよく
発揮されるように介入する取り組みでもあった。現代において教室の外部に広
がるソーシャルメディアが子ども・若者たちのつながりのインフラとして機能
することの前史には，こうした教室の内部で〈つながる〉ためのメディアを創
出する実践が展開されていたのである。

（5）「常時接続社会」における「自己」とつながりの変容

　第5章は，インターネットの普及による「常時接続社会」という今日の社会
状況の下で，人々の「自己」とつながりのあり方が変容する趨勢を指摘している。

　その変容とは，「内面」を備え外界から一定の距離を置いて自らのあり方に
対して再帰的であり，他者とのつながりも意識的に統御しようとする自己から，
インターネットを通じて他者と接続していることが常態であり，そのつながり
に浸食されて「内面」が十分に成立せず，したがって自らのあり方や他者との
つながりのあり方を意識化することが困難となった自己へ，というものである。

2. 〈つながる〉ことと人間形成は，今後どうありえ，どうあるべきか

　第I部の小括2では，小括1で確認した〈つながる〉ことと人間形成の過去・
現在の事実把握を踏まえつつ，第I部のテーマの2つめ「〈つながる〉ことと人
間形成は，今後どうありえ，どうあるべきか」について，第I部各章の議論の

要点とそこからさらに展開して言えることを示していきたい。

（1）〈教育〉の過程の性質および目標としての「ケア」「承認」

　第1章では，生活基盤の不安定化を伴いながら進行する第二段階の個人化によってつながりの危機がもたらされ，存在論的不安や無意味感や相対的剥奪感の広まりなどが生じているのが今日の状況であることが論じられた。そのうえで，それらの生きづらさに苛まれずに済む社会をどのように作り出すかが構想されるべきであり，〈教育〉は，とくに〈つながる〉ことに直接かかわる〈教育〉は，その構想をどのような課題として引き取るべきかという問いを投げかけた。

　その問いに対して，〈教育〉は，上記のような生きづらさの状況に抗して，これまで以上に「ケア」と「承認」を伴いながらなされ，その対象となる者たちの存在論的安心の状態を作り出すことができるように留意するべきであり，かつそれらケア・承認をその目標にも据えるべきであるという回答を提起したい。

　ケアとは身体的・心理的・社会的に何らかの困難を抱えた者をサポートする営みだが，そのサポートは困難が消失・軽減すればよいというものではなく，困難にあえぐその人の存在を肯定しながらなされる（べき）ものである。その存在の肯定が，承認に当たる。序章2(2)で触れられているように，ケア・承認は，つねに生活世界におけるつながりの重要な側面のひとつである。今日の社会状況では上記のような理由で，それらの重要性がいっそう高まり，意識的に取り組まれることが必要となっているということである。

　〈教育〉がケア・承認を伴って遂行されるとは，〈教育〉の「指導過程」（教材や教具を用いながら目標の到達に向けて子どもの学習活動を助成する教師の一連の活動の動態）がケア・承認を伴いながら進められる，あるいは指導過程の前提という位置づけで〈教育〉を構成する要素としてケア・承認が組み込まれ行われる，あるいは〈教育〉とは別個のものとして文字通りそれと並行してケア・承認がなされるなど，いくつかの捉え方・あり方がありうるように思う。

　そしてそれらとはまた異なる点として，〈教育〉の目標として，ケアと承認という形で他者と〈つながる〉ことができるように，実際にその経験をする機会の提供を通じて，従来以上に意識的に追求することが求められている。

　つまり，ケア・承認の意味合いを伴うつながりを実感でき，またそれらを自

ら担っていく力を獲得できる機会を提供することが，今日〈教育〉にとって，それが進められる過程の性質としても，その目標としても，重要なものとして浮かび上がっているということである。

(2) 多元的な生活世界と〈教育〉目標設定

　第2章は，現代社会ではとくに，多元的な生活世界のどこに照準を合わせ〈教育〉目標が設定されるべきかという重要論点が浮上することを示唆した。

　第2章でみたように，メキシコにおいて1990年代に政府によって打ち出された「二言語文化間教育」は，先住民の言語や文化を尊重し，多様な文化でもってメキシコが成り立っていることを教えようとする〈教育〉である。これに対して肯定的な評価がある一方で，今日先住民の人びとも，ひと・もの・かね・情報が世界的規模で移動するグローバル化を生きているのであり，そうしたかれらにとってかれらの伝統的な文化を学ぶことにどのような意味があるのかという疑義が提示されてもいた。そこには，〈教育〉目標を設定する際に，人々が多元的な生活世界を生きる多元的な存在となった今日の時代において，生活世界のどのレベルに照準を合わせるべきかという重要な論点が表れている。

(3) 今日，「地域」の人間形成機能をいかに位置づけるか

　第3章は，小括1(3)でも確認したように，「地域」は，近代以降もその人間形成の機能をつねに意識されてきたことを明らかにした。ただし，地域における生活世界がそれ独自の人間形成機能を，近代学校や近代家族とは独立して，それらの人間形成機能を上回る形で発揮するということは次第に衰退していく。政策上は，行政システムが運営する近代学校における〈教育〉に，地域の人間形成機能をいかに取り込み補完的に活用するかが主要な問題とされてきた。第3章では多様な教育実践例を挙げながら，地域と学校のかかわりを示した。今日地域は，もはや子どもたちが野原を駆け回る古き良き時代のものではない。それでも，私たちが生きていくうえで欠かせないつながりの場であり，グローバル化という時代においてそのつながりをどのように維持・発展させられるかは，今日的な新しい課題である。

(4) 子どもの「学級」でのつながりにおける「安心」

　第4章は，小括1（4）でも確認したように，「学級」はつねに子ども・若者のつながりの舞台であり教師によるそれへの介入が試みられてきたことを示したが，さらに，その介入がどのような方向性でなされるべきかについても論じている。

　学級における子どものつながりへの介入の基軸は，かれらがよりよく生きようとする〈教育〉をする前提としてかれらが「安心」できる場を創り出すことであったが，その要諦は小括2（1）でみたケア・承認がもたらす心理状態を作り出すことにあると言ってよいだろう。そして，教室の外でソーシャルメディアが台頭し，その子どもたちのつながりへの影響が指摘される今日的状況下において，教室のなかに流入するメディアをどのように利用して「安心できる場」を構築していくべきかが現代の学級のつながりづくりの論点となっていることが論じられた。

(5) 〈つながる〉ことと「自立」との接合

　第5章は，〈教育〉目標において〈つながる〉ことと「自立」とをいかに接合すべきであるかについて論じた。

　「自立」は，これまで〈教育〉目標の重要な柱のひとつとして考えられてきたし，今後もそうあるべきであるが，従来の教育論では，自立や「自己」が他からの援助や配慮を必要としないものとして捉えられる傾向もみられた。だが，現実の自立や自己は，つねに他者とのつながりのなかにありそれに依存しながら成立するものである。自立は，そのように捉えられることによって，小括2（1）でみたケアや承認と接合し，これまでとはまた異なった意味合いを帯びつつもカリキュラムや〈教育〉目標の柱のひとつとして重要な位置を占めることになる。こうしたつながり・自立・自己の関係をどのようにおさえるべきであるかに関する原理論が論じられた。加えて，今日の「常時接続社会」の下での自己の変容に対して，つながりと自立はどうあるべきかという，上記原理論が直面する今日的課題についても論じられた。

〈はたらく〉

ことをめぐる 教育目標

第Ⅱ部への招待

　私たちは現在，大きな時代の変化に直面している。AIの革新をはじめとする技術革新は，第4次産業革命とも呼ぶべき産業構造の変化を予測させるものである。グローバル化の波は世界規模での経済格差をより拡大し，社会の「周辺」へと追いやられる人々を増やしてしまいかねない。日本の企業において採用されてきた終身雇用制はすでに過去のものとなっている。またとくに日本においては急速に少子高齢化が進むなか，学校卒業後，定年までの間に安定した職をもつという想定だけで〈はたらく〉ことを考えられる時代はもはや終わりを迎えていると言えるだろう。さらに，2020年には，新型コロナウイルス感染拡大により，ICTの活用が急速に進むとともに，経済格差の拡大が一層深刻化している。

　そうしたなか，教育に携わる者たちは，どのような教育目標を設定していけばよいのだろうか。第Ⅱ部では，とくに〈はたらく〉ことに焦点を合わせて，教育目標・評価論の到達点を探るとともに，今後の課題と展望を検討したい。

　第6章では，〈はたらく〉こととは何かについて原理的に考察するとともに，〈はたらく〉ことを公教育においてどのように扱うべきかについて検討する。

　従来，〈はたらく〉ことは，人間の発達のプロセスにおいて「自立」「参加」「承認」を意味してきた。しかし，2000年以降の社会変動によって，その基盤が揺らいでいる。そこで，第6章では，公教育において〈はたらく〉こととその意味がどのように定義され，教育目標として具体化されてきたのか，またそこにどのような変化を迫られているのかを整理する。〈はたらく〉ことを「労働」「仕事」「活動」という三側面で捉え直すとともに，政策的に推進されているキャリア教育を批判的に検討する。

　第7章では，戦後の日本における職業教育論争に注目しつつ，〈はたらく〉ことをめぐる教育の歴史的な展開を振り返る。具体的には，戦後の民間教育運

動のなかで職業教育がいかに構想されてきたのか，それらが時代の変化とともにいかに変容してきたのかを概観する。それにより，ややもすれば消極的に位置づけられてきた職業教育を捉え直すとともに，ノンエリートの若者たちに必要な教育や就労自活に限定されない自立のあり方を模索する動きが始まっていることに注目する。

　第8章では，福祉国家スウェーデンの高校において，〈はたらく〉ことがどう扱われているかについて検討する。「ワーク」と「ライフ」のバランスを取るオルタナティブなあり方を紹介するとともに，社会において「周辺」にはじき出されかねない若者を包摂しようとする「イントロダクション・プログラム」の理想と現状を検討する。学力だけでなく，社会的・精神的にさまざまな困難を抱えている生徒たちが失業や社会的排除に陥らないために，具体的にどのような手立てが取られているのかを解説する。

　第9章では，日本における実践の蓄積に注目し，〈はたらく〉ことを扱う教育目標や評価の到達点と課題を探る。現在ある職にたんに「適応」するだけではなく，現状に「抵抗」し，新たな社会を「創造」するような教育とはどのようなものなのかについて，実践例を踏まえつつ提案したい。具体的には，進路多様高校におけるカリキュラム改革の試み，障害がある青年への移行支援，専門性をみがく職業教育，労働者の権利を教える教科教育，労働のあり方自体を問い直す作業所の実践を検討する。

　それらを踏まえ，**第Ⅱ部の小括**では，〈まなぶ〉ことと〈はたらく〉ことの関係，〈はたらく〉ことと能力の関係，〈はたらく〉ことと「文化」との関係について，改めて考えてみよう。

第6章

〈はたらく〉ことから教育目標を考える——能力主義から社会的包摂へ

斎藤 里美

1. 〈はたらく〉ことから教育目標を考えるのはなぜか

　〈はたらく〉ことは，人間の発達のプロセスにおいて社会的，経済的な意味での「自立」「参加」「承認」を意味している。しかし，2000年以降の社会変動によって「自立」「参加」「承認」の基盤は揺らいでいる。その背景には，①新しいテクノロジー（人工知能，遺伝子操作，医療等）を用いて人間の能力の増強（エンハンスメント）が容易になり，学習や教育によって獲得すべき「能力」の輪郭が不透明になっていること，②国境を越えたヒトの移動と流動性の高まりによって家族や地域，企業，国家といった参加と承認にかかわる従来のアクターが脆弱化し，これまで依拠してきた集団や基準が失われつつあること，また一方で，③家族や地域，企業，国家等に代わるデジタルデータによる「参加」「承認」システムが地球規模で広がり，SNS等によって参加や承認が操作化・ゲーム化していること，があげられるだろう。これらのことは，公教育にも大きな影響をもたらしている。これまで自明のものとされてきた教育の目標と評価が共通のものでなくなってきたことを意味するからである。

　そこで本章では，公教育において〈はたらく〉こととその意味がどのように定義され，それが教育目標として具体化されてきたのか，またそこにどのような変化が迫られているのかを検討し，教育目標論の課題を整理する。ここでいう〈はたらく〉こととは，人間の生活の維持・発展のために必要な活動のうち，対価を得ることを目的とした手段的行為である「労働」を中核に含むものである。ただし，これまで公教育のなかでなされてきた職業教育やキャリア教育等で想定されている「労働」概念は，その多くが賃労働（対価を得る行為）を想定しているため，そうした賃労働のみに限定されないよう，ここではより広く「生

活の維持発展に必要な行為全般」として〈はたらく〉ことを定義することとする。

　たとえば，〈はたらく〉行為には「労働」「仕事」「活動」がある（アレント1958＝1994）といわれるが，従来の職業教育では「労働」にもっぱら焦点があたってきた。したがって「労働」に拠らない〈はたらく〉行為は従属的な位置におかれ，〈はたらく〉行為がもっていた「自立」「参加」「承認」といった要素は教育目標として意識されにくかった。そこでここでは，〈はたらく〉ことと〈まなぶ〉ことの関係を通して，生涯にわたって人間の発達を支える教育目標を問い直すものである。具体的には，以下の手順で論じていく。

　第一に，ポスト産業社会の公教育政策において〈はたらく〉ことと〈まなぶ〉こと（学校教育での学習にとどまらず広く学ぶ行為一般）の関係は，どのように定義され，教育目標として位置づけられているのか，またそこにどのような課題と論点があるのか，ということである。

　また第二に，教育学においては上記のような見方をどのように受けとめ，教育目標を再定義しようとしているのか，ということである。

　そして第三に，学校や地域，家庭などでは，新しいテクノロジーや感染症の広がりによって新しい「はたらき方」「まなび方」が誕生しつつあるなか，〈はたらく〉ことと〈まなぶ〉ことをめぐる関係にどのような変化が迫られているのかということである。教育課題はこれまでのように公教育内部の問題としてではなく社会全体の課題として立ち上がってきており，その解決策や担い手も公教育の内外から多様なかたちで表れてきている。その可能性と課題についても考えたい。

2. ポスト産業社会の公教育政策と〈はたらく〉こと，〈まなぶ〉こと

(1)〈はたらく〉こと，〈まなぶ〉ことをめぐる論点

　ここでは，近年の公教育政策において〈はたらく〉ことと〈まなぶ〉ことがどのように位置づけられているか，確認しておきたい。

　まず，公教育政策のなかで〈はたらく〉ことと「教育」との再編がなされた「キャリア教育」の動向を見ておきたい。文部科学行政にかかわる審議会等で「キャ

リア教育」が文言として初めて登場したのは 1999 年の中央教育審議会答申「初等中等教育と高等教育との接続の改善について」であった。この答申では、「学校教育と職業生活との接続」の改善を図るために、小学校段階から発達段階に応じて「キャリア教育」を実施する必要があることが提言された。それまでも職業教育や高校職業科等において職業教育が行われていたものの、従来の職業教育の取り組みでは専門的な知識・技能を習得させることに重きが置かれており、児童生徒のキャリア発達をいかに支援するかという視点に立った指導は不十分との問題意識からであった（中央教育審議会 1999）。

　その後、2006 年の改正教育基本法では、教育の目標の一部として「職業及び生活との関連を重視し、勤労を重んずる態度を養うこと」が位置づけられた。また翌 2007 年の改正学校教育法においても、義務教育の目標のひとつに、あらたに「職業についての基礎的な知識と技能、勤労を重んずる態度及び個性に応じて進路を選択する能力を養うこと」が定められ、小学校からの体系的なキャリア教育についての法的根拠が与えられた。

　さらに、2011 年の中央教育審議会答申「今後の学校におけるキャリア教育・職業教育の在り方について」では、キャリア教育を「一人一人の社会的・職業的自立に向け、必要な基盤となる能力や態度を育てることを通して、キャリア発達を促す教育」と定義し、「基礎的・汎用的能力」の獲得を目標に掲げた（中央教育審議会 2011）。

　このように、教育政策においては、旧来型の「職業的移行」から、「基礎的・汎用的能力の獲得」へと方針転換がなされながら〈はたらく〉ことと〈まなぶ〉ことの関係強化が図られてきた。

　また、現行の学習指導要領の記述を見てみよう。2017 年 3 月に告示された「中学校学習指導要領」の総則には次のような記載がある。

　　　生徒が、学ぶことと自己の将来とのつながりを見通しながら、社会的・職業的自立に向けて必要な基盤となる資質・能力を身に付けていくことができるよう、特別活動を要としつつ各教科等の特質に応じて、キャリア教育の充実を図ること。その中で、生徒が自らの生き方を考え主体的に進路を選択することができるよう、学校の教育活動全体を通じ、組織的かつ計

画的な進路指導を行うこと（文部科学省 2017：25）。

　さらに，表 6-1（110 ページ）は，文部科学省の『小学校キャリア教育の手引き〈改訂版〉』に掲載されたキャリア教育の枠組みと目標の一覧である。この図から，文部科学省の推奨する「キャリア教育」が人間の基礎的・汎用的能力全般にわたる広い概念であることがわかる。

　さらには，文部科学省が 2019 年に発表した「新時代の学びを支える先端技術活用推進方策（最終まとめ）」という報告書の一節を見てみよう。そこではポスト産業社会における雇用環境と教育が次のように語られている。

【雇用環境の変革】／AI やロボティクス等の急速な発展に伴い，単純労働を中心に現在存在する多くの職業が影響を受け，労働者に求められる能力に変化が生じて，創造性や協調性が必要な業務や非定型な業務が仕事の中心になることが予想されている。／ただし，社会変革を起こすといわれる AI も，大きな可能性があることは提唱されているが，現時点においてはアルゴリズムを活用して最適解を導き出す機能が中心であり，人間のように思考できるわけではなく，高度な判断や新たな発想・創造性を要する業務は，AI が人間の判断をアシストすることはできても，判断そのものは人間が引き続き担うのではないかと考えられている。（略）
【新時代の教育の方向性】／上記のように AI 等の技術革新が進んでいく新たな時代においては，人間ならではの強み，すなわち，高い志をもちつつ，技術革新と価値創造の源となる飛躍的な知の発見・創造など新たな社会を牽引する能力が求められる。また，そのような能力の前提として，文章の意味を正確に理解する読解力，計算力や数学的思考力などの基盤的な学力の確実な習得も必要である（下線は引用者）。／そのためには，
①　膨大な情報から何が重要かを主体的に判断し，自ら問いを立ててその解決を目指し，他者と協働しながら新たな価値を創造できる資質・能力の育成
②　①を前提として，これからの時代を生きていく上で基盤となる言語能力や情報活用能力，AI 活用の前提となる数学的思考力をはじめとした

表 6-1　文部科学省が推進するキャリア教育の枠組み

3　職業観・勤労観を育む学習プログラムの枠組み（例）―職業的（進路）発達にかかわる諸能力の育成の視点から―

※　太字は、「職業観・勤労観」との関連が特に強いものを示す

領域	職業的（進路）発達にかかわる諸能力		小学校			中学校	高等学校
	領域説明	能力説明	低学年	中学年	高学年		

職業的（進路）発達課題（小・中・高等学校段階）

○職業観・勤労観を育む学習課題（小～高等学校段階）

職業的（進路）発達の段階

発達課題（小・中・高）発達を促すために　育成することが期待される能力・態度

人間関係形成能力

【自他の理解能力】

【コミュニケーション能力】

情報活用能力

【情報収集・探索能力】

【職業理解能力】

将来設計能力

【役割把握・認識能力】

【計画実行能力】

意思決定能力

【選択能力】

【課題解決能力】

出典：文部科学省（2011）『小学校キャリア教育の手引き（改訂版）』

資質・能力の育成

につながる教育が必要不可欠である（文部科学省 2019：3）。

　このように，技術革新の時代には「人間ならではの強み，すなわち，高い志
をもちつつ，技術革新と価値創造の源となる飛躍的な知の発見・創造など新た
な社会を牽引する能力が求められる」とされ，〈はたらく〉ことと〈まなぶ〉こ
とはいずれも技術革新の時代にふさわしい能力の獲得・発現・処遇という文脈
で強く結びついている。しかし，「AIにできないことを人間が担う」という同
時代の技術の観点から人間の労働や学習，能力を定義していくことは，翻って
考えれば，技術革新にともなって人間の学習や能力はつねに再帰的に，かつ永
続的に再定義されることを意味する。その意味では，中村高康（2018）が指摘
するように「能力アイデンティティのゆらぎ」と「能力不安」を無限にかきたて
ることにもなりかねない。

　しかし，こうした考え方は，日本特有のものではない。OECDが2019年に
刊行した『トレンド，データや子供たちの絵からみる未来の教育と職業』にお
いても，「生涯を通じた学び　仕事をするために学び，仕事を通じて学ぶ」と
題するページが設けられ，そこには以下のような記述がある。

　　　働く期間の長期化と急速に変化する技術により，私たちは生涯を通じた
　　継続的な学びを求められる。何らかの形で，生涯を通じた学びを義務とす
　　べきだろうか？　それとも生涯を通じた学びは権利とすべきだろうか？
　　（OECD 2019：12）

　ここには，「生涯を通じた継続的な学び」の必要性が〈はたらく〉こととの関
係のなかで語られている。また，両者の関係強化の背景には長寿化と技術革新
があることが強調されている。

　このように，ポスト産業社会の教育政策においては，より質の高い労働力と
いう観点から「資質・能力」や〈まなぶ〉ことの必要性が定義されるのである。
かつても〈まなぶ〉ことは〈はたらく〉ことと連続していたものの，それは社会
的，経済的な意味での「自立」「参加」「承認」への歩みを意味していた。また「学

校」という固有の空間と時間が用意されていることで，子どもも教師も社会も，〈はたらく〉ことからいったん離れてそれを相対化し，批判的に捉える目をもちえていた。しかし，技術革新を背景にした「生涯を通じた継続的な学び」は，無限に更新され続ける「汎用的能力」の獲得を子どもや大人に迫り，〈まなぶ〉ことと〈はたらく〉ことの境界は不透明になりつつある。

3. 教育学における〈はたらく〉ことの再定義
——「能力主義」をどう超えていくか

　一方，教育学において〈はたらく〉ことと〈まなぶ〉ことの関係はどのように論じられてきたのだろうか。たとえば本田由紀（2010）は，

> 　現在の社会的・経済的・政治的体制を根底的に転換しない限り，「能力」とまったく切り離されたかたちで人々の生が存立しうると考えることは非現実的である。あるいは，より根源的なところで，自らの生命を維持し，考え，動くという人間の本質的なあり方自体に，「能力」，とくに実体としての「能力」は刻み込まれている。（中略）そして，「能力」を編成原理とする社会を全否定しないのであれば，また同時に「能力」が混沌状態にある現状の諸問題を踏まえるならば，残された選択肢は，「能力」の社会的構成／形成のあり方を，可能な限り人為的に整序し，その問題性を緩和・是正してゆくことしかない（本田 2010：46-47）。

と述べ，「能力」が混沌としている現代にあっては，その問題の緩和・是正策として，①「能力」を可視化・透明化し，具体的な輪郭を与えるために分野別・水準別の統一的な「能力」評価・証明制度の整備とそれに対応した賃金水準の策定，②分野別の明確な「能力」を取得し，向上させるための教育訓練制度の整備，③「能力」に即した雇用機会と処遇を得ることができるようなサブ労働市場の拡張・拡充，といった提案をしている（本田 2010：48）。
　こうした提案について，本田自身も「それが「能力」という強迫に人々をいっ

そう巻き込むものであるという批判はありうる。しかし、「能力」から完全に逃れ去ることが不可能であるという先述の前提に立ったときに、やはり以上のような諸施策は不可欠であると考える」（本田 2010：50）と認め、能力を軸に〈はたらく〉ことと〈まなぶ〉ことの連続性を整序し、再編することは不可欠とする。

　これに対して小玉重夫（2010）は、教育における「アマチュアリズム」や「無能性」に可能性を見いだす。小玉は以下のように語る。

　　学校教育はメリトクラシー（能力主義）に否応なく組み込まれている。つまり、有能な人たちを育てるということだ。私たちはできる人を伸ばすということを考えてきた。だから点数を上げるとか、進学率を上げるとか、進学実績を上げるということを考えなくてはいけなかった。しかし、それはあくまでも教育のひとつの側面であって、みんながすべての分野で有能になるわけではない。ある領域で有能だからといって他の領域で有能であるとはかぎらない。（中略）公教育としての学校には、有能性、有用性志向の教育には還元されえない、無能な者たちのための教育という面もあるのではないだろうか（小玉 2010：200）。

　本田が能力とその評価の可視化・透明化や教育訓練制度・処遇の充実を訴えるのに対して、小玉は公教育における「能力主義」からの解放を訴える。

　両極にあるかのようにみえる両者であるが、両者は学校教育の異なる側面をそれぞれ強調しているとみることもできる。学校教育のもつ学習機能と福祉（ケア）機能、そして社会的（参加、協働、承認）機能である。学校は、教科を中心とした学習によって知識や技能、思考力や判断力、表現力等を高める場であると同時に、給食や健康診断、保健教育等を通して身体的・精神的な健康を保障する役割も担っている。また、学校活動全般を通して、参加や協働、承認を通した関係づくりという社会的機能も担っている。

　〈はたらく〉ことについても同様の吟味が必要である。〈はたらく〉ことの機能の中心が能力の発現・処遇だとしても、〈はたらく〉ことのなかに福祉機能や社会的機能が含まれている場合もある（第Ⅱ部第9章を参照）。技術革新や高齢化が進めば、小玉のいう「無能な者たち」の層はこれまで以上に厚くなるだ

ろう。そのとき，ハラリ（Harari, Y. N.）が指摘するように「富む者と貧しい者とのあいだに想像を絶する生物学的な格差をもたらす」可能性は高まる（ハラリ 2015=2018）。

こうした状況をひらくためにも，〈はたらく〉ことと〈まなぶ〉ことの関係を，能力や学習という軸だけで定義するのではなく，もともと〈まなぶ〉ことのなかに含まれている福祉機能や社会的機能に着目し，両者をこれらの軸で定義しなおす必要が生じている。

4.〈はたらく〉こと〈まなぶ〉ことの関係をめぐる変化

（1）公教育の周辺から発せられる〈はたらく〉こと〈まなぶ〉ことの意味

かつて「身を立て　名をあげ　やよ励めよ」（文部省唱歌「仰げば尊し」）と歌った日本の近代教育の創設期において，〈まなぶ〉ことは〈はたらく〉ための手段であった。そして第二次大戦後，「学校」が子どもの発達権保障のための場と位置づけられ，〈まなぶ〉ことがそれじたいとして価値をもつようになると，「教養としてのまなび」「市民としてのまなび」が誕生した。

しかし，21世紀の技術革新と長寿化，さらに感染症の拡大は〈まなぶ〉ことと〈はたらく〉ことの関係をふたたび変化させている。まずは技術革新と長寿化にともなって人間の「能力」観がたえず問いなおされ，「能力」への反省的思考と不安が無限に繰り返されるようになっている。また，感染症の拡大を防ぐために導入されたオンラインによる就労や学習は，〈はたらく〉ことや〈まなぶ〉ことを支えてきた「つながり」としてのコミュニティから個人を引き離す結果をもたらしている。もはや〈まなぶ〉ことの保障を学校だけで引き受けることは困難になっているのである。ではこうした事態を，公教育の周辺ではどのように受けとめているのだろうか。

たとえば，『なぜ僕らは働くのか――君が幸せになるために考えてほしい大切なこと』（池上彰監修，2020）は，小学生，中学生，高校生に向けて「なぜ働くのか」を世の中の仕組みとともに語っている。そのくだりを抜粋してみよう。

私たちが生活をするとき，そこには必ず人と人とのつながり合い，助け

合いがあるということです（池上 2020：22）。

　何かやりたいことや困ったことがあったときに，自分ではできないこと，
労力や時間を割けないことを，他の人がする“仕事”に助けてもらう。こ
うした，仕事による助け合いのネットワークの中で，私たちは生きている
のです（同上書：23）。

　なぜ僕らは働くのか，その答えの１つは，助け合いでつくられるこの社
会の一員になるためです。社会の中で助けられるだけではなく，自分も自
分ができることをして誰かの役に立つ，社会に貢献する，それが私たち一
人ひとりのすべきことなのです。「自分なんて誰の役にも立てないのでは
…」などと，不安に思う必要はありません。しっかりと自分の将来を考え
て生きていれば，必要とされる場所は誰だって必ず見つけられます（同上書：
25）。

　自分らしく無理なく働くこと，そして幸せを感じられるように暮らして
いくことが大事なのです（同上書：59）。

　ここでは〈はたらく〉ことを「助け合いでつくられるこの社会の一員になる」
ことと定義する。そして〈はたらく〉ためには「自分らしく無理なく働くこと」「幸
せを感じられるように暮らしていくこと」が重要だと説く。

　そして〈まなぶ〉ことの意味を次のように書いている。

　学校の勉強は社会に出るための基礎体力になります。学校で習う内容は，
かなりの部分が社会で生きるための力と関わっています。（中略）学校の勉
強は，将来の選択肢を広げるのに役立ちます。（中略）学校の勉強にしっか
りと取り組むことで自信を得る経験ができたら，それは立派な成功体験と
いえるでしょう（同上書：183）。

　ここでは，学校で獲得すべきものとして「基礎学力」「社会を見る視野」「成
功体験」の３つがあげられている。教育政策が語る「人間ならではの強み」「高
い志をもちつつ，技術革新と価値創造の源となる飛躍的な知の発見・創造など
新たな社会を牽引する能力」とは趣が異なることがわかる。無限に更新される

「汎用的能力」にとらわれず，〈まなぶ〉ことと〈はたらく〉ことを位置づけている点が特徴的である。

なお上掲書は，2020年3月に第1刷を刊行後，わずか2カ月後の同年5月に第4刷を刊行しており，すでに多くの読者に支持されていることも注目に値する。

(2) 能力主義を超える

中村高康がいうように「能力を評価する基準は基本的に文脈依存的」（中村 2018:107）である。その証拠に，必要とされる「能力」は，時代や地域や所属集団によって大きく異なる。こうした不透明で曖昧模糊とした「能力主義」に根源的な疑義をはさむ見方も出てきている。

たとえば，ブロード（Broad, P.）「人工内耳とろう文化」は，映画「音のない世界で」（2000年）のエピソードをひきながら，ろう者の葛藤を次のように描いている。

　　二人の兄弟がいる。兄はろう者であり弟は聴者である。兄はろうの女性と結婚し，弟はろうの両親のもとに生まれた女性と結婚している。この二人の兄弟が，ともにろう者である自分たちの子どもに人工内耳手術を受けさせるかどうかの決断を迫られ，聴者の弟は手術を受けさせることにするが，ろうの兄夫婦は受けさせないと決める。この過程で，一族は絶縁もやむなしというところまでいく。兄弟の両親は聴者であり，孫に手術を受けさせないのは虐待ではないかとろうの兄を責める。聴者の弟の妻マリは，息子に手術を受けさせるとろうの両親に告げるが，両親は「親不孝者」だと言下に決めつける。息子のためにろうを拒絶することで，自分の家族をも拒絶したというのである（ブロード 2012=2015:261）。

人工内耳は，ろう者が聴覚を獲得または再度獲得することを助ける医療装置である。多くの医療専門家は，人工内耳は聴覚障害の治療に必須のものだと考えている。だが，ろう社会のメンバーは，人工内耳を，自分たちが大事に育んできた生活スタイル——聴覚障害を受け入れ，聴覚の欠如を前提とした文化的指標を作り上げるというもの——に対する直接的な脅威

だとみている（同上書：255）。

　ここには，子どもを「ろう文化」の担い手として育てようとするろう者の姿が描かれている。また，マジョリティ社会で目標とされる「能力」が必ずしも「ある文化の担い手」たちが求める「能力」ではないこと，むしろあるコミュニティの一員となることこそが生の原点であることが示されている。前述の池上（2020）があげた「助け合いでつくられるこの社会の一員になる」こととの共通性も見いだすことができる。

　技術革新と長寿化の社会は，より高い「能力」の獲得・発現・承認への渇望を人びとにかきたてる。しかし一方で，「能力」の基準はつねに文脈に依存するため評価のプロセスは不透明で，結果について人びとの納得は得られにくい。むしろ，能力の獲得・発現・承認に困難を抱えやすい子どもや大人が自らの生を回復していくようなしくみを〈はたらく〉ことと〈まなぶ〉ことの内部に準備する必要があるのではないだろうか。教育目標は，そうした社会的包摂にむけて再編される必要があるのではないだろうか。

5. 教育目標の捉えなおしへ

　本章では，〈はたらく〉ことと〈まなぶ〉ことの関係を「能力」の獲得という視点から考察してみた。中村（2018）が指摘したように「メリトクラシーは反省的につねに問いなおされ，批判される性質をはじめから持っている」（中村2018：159）から，〈はたらく〉ことも〈まなぶ〉ことも，能力の獲得・発現・承認のプロセスとして位置づけ，定義していくことには不透明さと不安定さがともなう。公教育はすべての人の自立・参加・承認を促すが，それは「助け合いでつくられる社会の一員になること」「ある文化の担い手になること」を目標に設定していくことで，すべての人を包摂していくことができるのではないか。その意味で，教育目標の捉えなおしと再定義が求められている。

【引用・参考文献】
　アレント，H.，志水速雄（訳）（1958=1994）『人間の条件』筑摩書房．

池上彰（監修）（2020）『なぜ僕らは働くのか ── 君が幸せになるために考えてほしい大切なこと』学研プラス.

OECD, 日本国際教育支援協会（訳）（2019=2019）『トレンド，データや子供たちの絵からみる未来の教育と職業』
https://www.oecd.org/education/Envisioning-the-Future-of Education-and-Jobs-Japanese.pdf
（2021 年 7 月 2 日閲覧）

小玉重夫（2010）「「無能」な市民という可能性」本田由紀編『労働再審 1 転換期の労働と〈能力〉』大月書店.

小玉重夫（2018）「「労働と教育」再考」『日本労働研究雑誌』2018 年 8 月号.

児美川孝一郎（2007）『権利としてのキャリア教育』明石書店.

中央教育審議会（1999）「初等中等教育と高等教育との接続の改善について」（答申）
https://www.mext.go.jp/b_menu/shingi/chuuou/toushin/991201.htm（2021 年 7 月 2 日閲覧）

中央教育審議会（2011）「今後の学校におけるキャリア教育・職業教育の在り方について」（答申）
https://www.mext.go.jp/component/b_menu/shingi/toushin/__icsFiles/afieldfile/2011/02/01/1301878_1_1.pdf（2021 年 7 月 2 日閲覧）

中村高康（2018）『暴走する能力主義 ── 教育と現代社会の病理』筑摩書房.

濱口桂一郎（2013）『若者と労働「入社」の仕組みから解きほぐす』中央公論新社.

ハラリ, Y. N., 柴田裕之（訳）（2015=2018）『ホモ・デウス：テクノロジーとサピエンスの未来』河出書房新社.

ブロード, P.（2012=2015）「人工内耳とろう文化」OECD教育研究革新センター編 本名信行（監訳）『グローバル化と言語能力：自己と他者，そして世界をどうみるか』明石書店.

本田由紀（2009）『教育の職業的意義』筑摩書房.

本田由紀編（2010）『労働再審 1 転換期の労働と〈能力〉』大月書店.

文部科学省（2011）『小学校キャリア教育の手引き（改訂版）』
https://www.mext.go.jp/a_menu/shotou/career/1293933.htm（2021 年 7 月 2 日閲覧）

文部科学省（2017）『中学校学習指導要領（平成 29 年告示）』東山書房.

文部科学省（2019）「新時代の学びを支える先端技術活用推進方策（最終まとめ）」
https://www.mext.go.jp/component/a_menu/other/detail/__icsFiles/afieldfile/2019/06/24/1418387_02.pdf（2021 年 7 月 2 日閲覧）

山本龍彦（2018）『AIと憲法』日本経済新聞社.

第7章

職業教育論の戦後史
──単線的教育システムのなかでの模索

松田 洋介

1. 単線的教育システムのなかの職業教育論

1990年代以降, 普通教育中心の単線的教育システムが批判的検討の対象となってきた (本田 2020)。学校から職業社会への移行が長期化・困難化するなかで (乾 2010), 日本社会における職業教育訓練の脆弱性が問題視されるようになったからである。その批判は, 戦後民主主義教育のあり方にも向けられている (熊沢 1993)。たしかに, 戦後民主主義教育は, 経済への教育の従属を警戒し, 職業世界で必要な知識や技術の獲得を目標にすることに積極的ではなかった。また, 職業教育には, 普通教育と比べて子どもの進路を制約するデメリットがあることを強調してきた。教育の自由と平等を求めた戦後民主主義教育の指向性が, 逆説的に, 現在のノンエリートの若者の苦境の一因をつくってきたと批判されている。

しかし, 戦後民主主義教育, より具体的には, それを牽引してきた民間教育運動による職業教育の推進はどこまで可能だったのだろうか。というのも, 戦後の社会的文脈のなかでは, 民間教育運動は職業教育の拡充を要求しにくい状況におかれていたからである。第一に, 日本社会では, ヨーロッパ型の職業教育は「職業訓練」と呼ばれ, 文部科学省管轄の学校の「職業教育」とは明確に区別されてきた (寺田 2009:6)。ヨーロッパ型の職業教育は, 一般的に学校での学習と職場実習の両者で構成されるが, 日本の学校教育では, たとえば高校工業課程でも, 産業界と連携した本格的な職業訓練を実施していない。こうした職業訓練と学校教育との分離を許容してきたのは, 民間教育運動だけではない。文部省 (現・文部科学省) は, 1960年代には産業界と連携した職業教育を推進する政策を掲げたが, 産業界が消極的だったこともあって拡がらず (隅谷ほか

1978)，その後本格的に職業教育・訓練を推進していない。労働組合の多くも
また，労働者の権利として公的な職業教育訓練機関を求める指向性は弱かった
（佐々木 1977）。要するに，戦後の民間教育運動の教育言説は，本格的な職業教
育訓練の実現が困難な，いわば生産から強く分離された教育制度の制約のなか
で産出されてきた[1]。第二に，民間教育運動が，国家の介入を強く警戒し，学
校現場の自律性を守ることで自分たちの教育理念を実現しようとしたことであ
る。これは，戦後の憲法・教育基本法に現れる制度理念と，一貫して政権を掌
握していた与党の政治理念との間にズレが生じていたことに帰因している。結
果的に，労働と教育に対する国家的規制が必要となる職業教育は，教育の自律
性を求める民間教育運動の規範との間に強い緊張をもたらしてきた。

　本章の課題は，以上のような戦後日本的な文脈を踏まえたうえでなお，戦後
の民間教育運動のなかで職業教育がいかに構想されてきたのか，それらが時代
の変化とともにいかに変容してきたのかを概観することである。ここで職業教
育とは，教育目標に何らかの職業的なことがらが含まれる教育全般をさしてい
る（松田 2013）。上述の制約のなかにあっても，民間教育運動の一部は時々の
状況に応じた職業教育を構想してきたが，必ずしも大胆な制度改革案として具
現化しておらず，むしろ職業に関心のない学校教育のあり方を教室レベルでの
実践を通して修正しようとするものでもあった。職業教育に関して，ヨーロッ
パの職業訓練などを想定した硬い定義ではなく，緩い定義を用いることで，戦
後の学校制度の枠内での差異や変化を記述できる。

　民間教育運動の教育言説の検討にあたっては，教育と職業とをいかに関係づ
けようとしたのかに着目すると同時に，そうした職業教育を普通教育からいか
に区分しようとしたのか／しなかったのかという点にも着目する。普通教育と
の区分を強め職業教育としてのアイデンティティを強めると，高等教育への進
学準備が相対的に困難になる一方で，高等教育進学には還元されない，ノンエ
リートとしての積極的な職業的社会化が可能になるという意味で，普通教育と
職業教育の分類強化は両義的だからである。以上を通して，本格的な職業訓練
とそれを支える労働者文化が脆弱な日本の文脈のなかで，普通教育から自立し
た強い職業教育を求める動きがつくられる条件についても考察する。

2. 単線的教育システムの誕生と複線的進路構造

敗戦後，戦前からの複線的な教育システムが六三三制の単線的教育システムへと生まれ変わった。中学校が義務化されると同時に，中学卒業後の進路は高等学校に一元化され，いずれの高校からも大学へと進学できるようになった。とはいえ，1950年代まで約半数は中卒就職者で，高校進学率は50%程度に過ぎなかった。単線的な教育システムの発足とは裏腹に，生徒の進路構造は複線的であった。就職指向の生徒と進学指向の生徒とが同居した新制中学校では，旧制中学校のような進学者向けの普通教育だけでなく，職業教育にも取り組む必要があり，両者の融合が最重要課題であると認識されていた（海後 1951）。

新制中学校における新しい課題を象徴する教科は，新設された「職業科」であった。しかし，学校現場では，戦前戦中の実業科と同じように，生徒を農作業に従事させることをもって，職業科としていた学校が少なくなかった（清原 1991：10）。一方で，アメリカの職業指導理論を導入しようとした民間情報教育局の意向を受けた文部省は，学習指導要領にて職業科を職業指導を軸に，生徒の進路観の形成に資する多様な職業の啓発的経験を提供する教科として構成した。職業科の位置づけをめぐり，所与の作業に忍耐強く従事する働き手の養成を意図する戦前からの実業教育の流れと，各分野の仕事を試行的に経験し，自分に適した職業を見つけることを目的として創られた新教育的なガイダンス理論の流れとの間で葛藤が生じていた。

1950年前後に城戸幡太郎や宮原誠一らが提唱した生産主義教育論はそのいずれにも抵抗しようとした。宮原（1949）は，アメリカから導入された社会科を中心とした新教育は，封建的な社会観を前提とした旧来的な教育観と比較すれば進歩的であるものの，富裕な新中間層向けの消費主義的な性格が強く，また，米国の支配への馴化を促すものであると考えた。宮原は，米国への従属状態を脱却するために国内の生産力を増強する必要があるとし，そのために公教育全体を近代的な生産システムの発展に寄与できる科学的生産人の養成をめざすものへと転換すべきと主張した。産業計画に応じて必要な労働者を養成する教育計画を立てることを主張し，教育の複線化は前提となっていた。

宮原の生産主義教育論は理念先行型の教育構想であったが（船山 1958），近代的な技術教育を中心に据えた職業科の創出をめざした職業教育研究会（後の産業教育研究連盟）は生産主義教育論に賛同し，それを具現化するカリキュラムを考案・提示しようとした。職業教育研究会は啓発的経験だけを繰り返す職業科では，技術革新を担える近代的な労働者を養成することができないと主張した。そして，今後の日本社会の発展を見据え，近代工業に必要な生産技術を体系的・理論的に学ぶことのできる教育の創出を主張した。職業教育研究会には，池田種生のような戦前からの教育運動の闘士から，当時は文部省事務官であった長谷川淳まで幅広い政治的立場の担い手が参加しており，文部省と一定の距離を保ちつつも，普通教育としての技術教育の創出をめざし，その環境整備のために政策にも積極的にコミットした（松田 2020）。

　1951 年の産業教育振興法後に招集された中央産業教育審議会には，民間教育運動陣営の宮原誠一らも招集され[2]，生産主義教育論をベースにした第一次建議を発表することとなった。科学的・理論的な生産技術教育を中心に据えたカリキュラムをつくるという方向性が文部省の審議会にて提唱されたのである。この第一次建議は体験主義的なトライアウトを指向する文部省からないがしろにされたものの，産業教育研究連盟は自らのネットワークを通じて第一次建議の意義を広めようとした。さらに，職業科を生産技術教育の中心に据え，他教科をふくめた教育課程全体を産業教育へと転換することを求めた。

　1950 年代後半には，財界の意向を受けて科学技術教育振興が提唱され，教育課程全体を科学的・体系的なものへと改革する動きが強まった。職業指導を中心に構成されていた職業科は，いくつかの紆余曲折を経て，1958 年学習指導要領にて，工業領域を中心に据えた体系的な生産技術の獲得をめざした技術領域を含む「技術・家庭科」へと再編された。この改訂について，産業教育研究連盟は，性格の異なる技術科と家庭科とを合併するなどの限界はあると指摘しつつも，自分たちが求めてきた方向と重なるものであるとの認識を示した。技術・家庭科の創設で，曲がりなりにも生産技術教育に特化した教科が中学校の普通教育カリキュラムのなかに位置づくこととなったからである。産業教育研究連盟は，時間数が少なく学習定員が多いなど体系的な技術教育を行うには不十分であるとはいえ，技術・家庭科という枠を足がかりに産業教育を発展さ

せることを期待した (松田 2020)。

　ただし，この学習指導要領改訂によって，職業指導は，教科教育である技術・家庭科と切り離され，特別活動領域に位置づけられた。中学校教育において，就職者を意識した知識や技術の伝達を行う枠が失われることとなる。1960年代には高校進学率が急上昇し，中学校教育全体が高校受験向けにシフトしていったが，入試教科の埒外にある技術・家庭科は周辺化していった。

3. 高校教育機会の拡大と単線的教育システムの確立

　1960年代には高校教育機会が爆発的に拡大し，職業教育の主要舞台は中学校から高等学校に移行した。この時期の教育政策の代名詞であるマンパワーポリシーの特徴は2つある。第一に，教育を経済成長に貢献させるべく，高校職業学科を増設するなど，労働市場の職業的専門分化に教育分化を対応させようとしたことである。中卒後の後期中等教育を多様化／複線化し，生徒それぞれの進路分化を促すと同時に，その進路に適した教育を用意しようとした。その過程で，企業の技能訓練を高校の単位として認定することを可能とする制度をつくるなど，産業と学校とが連携した労働者養成も一部めざされた。第二に，能力主義の理念を前面に出し，個々人の能力の発揮を求めると同時に，教育機会をそれぞれの能力に適したものへと分化させようとした。1963年の経済審議会答申では「技術革新の時代にあってはハイタレント・マンパワーの重要性が高まっている」とし，優秀な生徒を早期に発掘し，その能力をできるかぎり伸長させることをめざした。以上のように，この時期の後期中等教育政策は「多様化」として把握されるが，その多様化には，職業的専門分化に即した多様化と，一元的な能力尺度に即した序列化の両者が混在していた (松田 2002)。

　結果的にみれば，高度成長期を通じて，職業分化に即した教育分化が根付かず，後者の一元的尺度に基づく分化だけが進展した。大企業を中心に労働力確保のために，新規高卒者を出身学科を重要視しない「フレッシュマン」として採用し，「職務」より「職能」を重視する能力主義管理が形成され，その尺度として抽象的一元的な学力が重視されるようになったからである (乾 1990)。企業別組合が支配的で，産業的規制の弱い日本社会では，公共的な職業教育・訓

練の基盤となる職種別労働市場の形成は困難であった。このことは，マンパワー
ポリシーの想定以上に，労働者に対する企業の支配が強い社会がつくられたこ
とを意味する（渡辺 1991）。高校増設を担う都道府県も，そうした企業社会の
論理に抵抗してまで，職業的分化に即した学科創出を進めることはなかった。

　こうした政策と実態のズレ，複線的な多様化と一元的な多様化のズレと重な
りを同時代的に把握することは容易ではなく，民間教育運動の側もある種の誤
解をもとに運動を展開していった。あらかじめ指摘しておくが，民間教育運動
の担い手たちが，理論的に，一元的能力主義の孕む問題を理解できていなかっ
たわけではない（松田 2014b）。戦後教育運動の理論的主導者であった堀尾輝久
は，「平等思想と切断された教育の機会均等（教育の機会均等の体制的理解）をて
ことする，体制内部の流動化は，体制それ自体の安定化に役立つ。だから，義
務教育思想と結びついた教育体系の一元化と公開化は，それによって下層階級
の有能な人材を体制内部に吸収馴化し，階級に流動性を与えることによって支
配に柔軟性を与え，そのことによって資本主義的階級体制の安定化に寄与して
いるという側面にこそ注意が向けられなければならない」（堀尾 1971：235）と
主張している。単線的な教育制度が，複線的な教育制度以上に問題を孕んでい
るという明確な認識がある。しかしながら，理論的には看取していたとはいえ，
日本社会に，社会的流動性の推進を批判する思想的基盤，階級的基盤は成熟し
ていなかった。日本の労働者階級は，おおむね，自分たちの子どもが新中間層
へと階層上昇することを望み（氏原 1966），その回路として高校教育が存在し
ていた。

　当時隆盛した高校全入運動は，総合制・男女共学・小学区制という 1960 年
代の後期中等教育の多様化に対抗する理念を掲げた。この理念は，進路分化に
応じて教育機関を創出しようとする政策に対して，「全面発達」を掲げ，一人
ひとりの子どもの個性を発揮した進路形成が可能となる高校教育の創出を求め
るものである。子どもたちの進路と学習を分断する学科の多様化を批判し，共
通課程と選択科目で構成された総合制の実現を求めた。

　もっとも総合制を日本社会の文脈に即して，どのように作っていくのかにつ
いて一致した見解はなかった。1970 年代に入ると，民間教育運動の到達点と
しての『日本の教育改革を求めて』が教育制度検討委員会によって発表された。

そこで高校教育改革案として提示された地域総合高等学校は，技術教育研究会の原正敏から実質的な職業課程の否定案だと批判されることとなるが，それを契機に総合制をめぐる議論がなされることとなった（技術教育研究会編 1974）。技術教育研究会の佐々木享は，社会主義国の総合技術教育と戦後の高等学校の総合制を重ねる考え方を否定し，両者は無関係であることを主張したうえで，高校全入運動でなされる「職業高校よりも普通科増設を」という要求は，職業高校と職業教育に対する狭隘な見方に基づいていると批判し，早期に狭い範囲の専門分化に陥りがちな政府主導の職業教育を批判することと，職業教育自体を否定することとはまったく別ものであると主張した。佐々木にとっては，「高度な普通教育及び専門教育」という学校教育法第 52 条に示された高校教育の目的にかなうことができるのは，職業高校にほかならなかった。一方，全国進路指導研究会の池上正道は，佐々木を批判し，労働と教育の統合は必要であり，部分的にも実現可能であると主張し，普通科高校の増設を求める高校全入運動の主張を支持した。高等学校教育全体を職業教育としてではなく，総合技術教育として組み直していくことが必要だと考えるからである。ただ，佐々木にせよ，池上にせよ，あくまで普通教育の再編に関心を向けており，複線化された教育を指向してはいない。

　1970 年代に入ると，職業高校の不本意入学者が注目を集め，文部省は 1960年代後半の後期中等教育の多様化政策を改めた。職業的専門分化に即して教育を分化させるのではなく，変動する労働過程に柔軟に対応する労働力の養成が主張された（松田 2002）。政策の基調は生涯学習へと変容していった。

　こうした政策転換により，1960 年代の民間教育運動の主張が一定程度実現しているかのように見えるが，実際には，普通科中心の教育機会の拡大要求が，行き詰まりを見せていた。高校進学率が 90％を超え，高校全入運動としても「高等教育進学率拡充運動に邁進していくのか，それとは異なる方向性で教育の内実を深める運動へと転換していくかの岐路に立たされ」（小川・伊ヶ崎編 1971）た。また，民間教育運動の担い手たちの多くが，単線的な教育システムのなかにジェンダー差が組み込まれていたことに自覚的でなかった。1960 年代には性別役割分業に基づいた近代家族制度，それと連動した企業の性差別的な雇用システムが形成されていったが（木本 1995），その克服は主たる課題として認

識されておらず，技術教育研究者から技術・家庭科が男女別修で，女子に技術
教育が保障されていないことについての批判が表明されている程度であった
（たとえば，清原1991）。あくまで教育を平等にすれば，社会も平等になるとい
うナイーブな想定で教育が構想されており，また，職業の外部の生活を平等化
しなければ，職業世界での平等も成立しないという視点も弱かった。

4. 単線的教育システムにおける排除と抗い

1970年代には，高校進学率が90％を超え，大学進学率が40％近くに達する
一方で，新規高卒労働力を量的に確保するために高等教育進学率抑制政策がと
られた。1975年には専修専門学校令が施行され，これ以降，高等教育機関と
は異なるポスト後期中等教育機関が拡大した。公的支援が脆弱な民間セクター
で高校教育以後の職業教育を行う体制が作られることとなる。また，1980年
代以降の第二次高校増設期に創設された高校の大部分は，普通科高校であった。
前節で述べた政府の政策転換に加えて，社会階層中上位層の普通科要求の影響
力が強かったこと，また，普通科増設の方が財政的負担が軽かったことなどが
指摘されている（本田・堤2014）。いずれにせよ，高度成長期にはおおよそ普通
科6：職業学科4で推移していた高校生徒数割合は，1990年に至る15年で職
業学科の生徒割合は25％にまで落ち込んだ。1978年改訂学習指導要領で，職
業課程のカリキュラムの専門性が低下し，普通科と職業科の分類も弱まったこ
ともあいまって，高等学校の内実は普通科中心の単線的なものへと変化して
いった（松田2002）。1980年代以降も新規学卒労働市場は基本的に潤沢で，企
業内教育を通じて労働に必要な知識や技術を獲得することが一般的であったこ
とが，高校教育全体の普通科化を許容した。

ただし，普通科中心の単線的な教育システムの形成は，高校の偏差値ランク
を軸としたヒエラルキー化をもたらし，普通学力を通じた「競争の教育」（久
冨1993）が昂進した。1960年代の民間教育運動の主たる課題が普通科／職業
科をめぐる「差別」・「選別」の克服であったのに対して，1970年代以降の主た
る課題は普通教育を中心とした偏差値序列がもたらす問題の克服となった[3]。
そうした状況変化を前に，普通学力偏差値によるヒエラルキーの克服は，教師

の自由を確保し，教室レベルの実践の自由を確保するだけではできないという認識を前提にした議論が登場した。

　黒崎勲は，教育における選抜をできるだけ回避しようとするそれまでの民間教育運動のスタンスについて，「教育の課題を発達の保障ないし共通教養の形成に限定し，社会的分業への分化という機能を学校制度の課題の外におこうとするものとなりかねない」（黒崎 1979：184-185）と批判した。だからといって，職業的分化に教育を適合させようとする政策は，まさに生産に対する教育の従属として肯定することはできないとも指摘する。黒崎は「教育理念の多様化」を掲げ，「教育に対する職業的養成を無視する」ことなく，「個人の発達の多様な要求と職業的養成とを統合しようとするさまざまな教育理念をみとめ」ることで，教育者は「個人の発達の多様な要求と社会的要請とを統合する自らの教育理念にもとづいて教育活動をおこなう自由をもつことになる」（黒崎 1993：241）と主張する。黒崎は，能力主義という問題を，学校と職業世界の接合・切断をめぐる問題としてだけではなく，より根底的に両者が個人還元的な能力観を生み出している問題として理解すべきと指摘したうえで，何らかの集合的なアイデンティティを形成することを教育の課題として据えることを主張する。職業世界に集合的なアイデンティティを形成する基盤となる職能団体・労働組合が脆弱で労働者が個人化している日本社会にあって，そこから相対的に独自な学校教育をこそ連帯の基盤として位置づけようとした。

　一方，乾（1990）は，1990年代に直面している教育課題を普通学力という抽象的能力によって一元化された能力主義秩序にあると指摘した。そこでは，高度成長期に想定されていた職業学科などに象徴されたような専門分化にともなう「特殊化のもつ教育的非価値性」よりは，むしろ「職業準備としての抽象化」こそ問題になっているとする。自分の職業を主体的に選択する契機が失われているからである（乾 1990：212）。そのうえで，いかなる進路にも対応可能な抽象的一般的な能力というかたちで教育目標を設定するのではなく，子どもたちが何らかの選択をする，いわば進路の可能性を縮減することを教育の課題として設定する必要性を提起する。乾は，熊沢誠（1993）の提唱する「複線コース」肯定論に依拠し，三流大学卒以下の「地味なノンエリートの仕事につく若者たち」が「その仕事でも胸を張ってやっていけるという展望」を与えることをめ

ざす教育を創出することを主張する。より具体的には「15～16歳前後での一定の進路分化を含んだ制度理念が構想されるべき」とし、「高卒後の専門学校や公共・企業内等さまざまな職業訓練のなかでの本格的な職業技能形成への渡りを展望してのアイデンティティ選択を促すことができる」ような分化と学習が準備される必要があると主張した（乾 1996：237-238）。

こうした下からの複線化構想、いわば普通教育からの排除としてではなく、普通教育からの自由への契機として職業教育を捉えるスタンスは、「競争の教育」から疎外された生徒たちの集う学校現場でも生まれていた。技術教育研究会会員で工業高校の工業の教師である斉藤武雄は、受験学力という一元的な物差しを内面化して工業高校に入学してくる生徒たちにとって、専門高校に用意されている実習は、受け身のままでも過ごせることの多い座学とは異なり、能動的かつ目的意識的に目の前にある対象物に働きかけることを求めるため、学習観の転換をもたらすと指摘する。また、獲得する「学力」の中身の社会的な有用性が見えやすく、自分たちが学んでいる技術の延長に今日の生活の基盤があるという実感を生み出し、「勉強ができないダメな人間」という「自己否定感」が、「主権者としての誇り」へと変化するという（斉藤 1994：60）。

全国生活指導研究協議会の実践家である高木安夫（2005）は、中卒で就職する「ツッパリたち」のために、就職クラスを開設し、1日2時間程度通常の教室とは異なる場所で、数学の基礎的計算力、連絡のメモ練習、電話応対、実用的な漢字学習など、就労に必要なことを学習できる場をつくっていく。高校受験に傾注する支配的な学校秩序に適応させようとするのではなく、「誇り高きツッパリになれ」という実践記録のタイトルが象徴するように、彼らの世界に即した移行を支援する場に学校を作りなおす取り組みである。

以上の工業高校の事例と中学校の事例を一括りにすることはできないが、特定の進路へと水路づける教育が、職業世界に役立つ知識や技術を伝達することだけでなく、既存の普通学力偏差値に基づいた競争から疎外されてきた子どもの自己を回復する効用をもつことを意識した実践が展開されていった。

5. 単線的教育システムの融解と再編

　1990年代後半以降，職業教育をめぐる状況は大きく変容する。グローバル化によって，企業社会の競争秩序と普通教育を中心とした競争秩序が連動することで循環してきた社会のあり方が動揺したからである。学校から仕事への「間断無き移行」が困難に直面し，とりわけ非正規労働に従事する若者が増加した。正社員の労働条件も悪化し，離転職を余儀なくされる若者が増え，企業内教育も収縮した。工業化社会からポスト工業化社会（小熊2019）へと，定型的な知識ではなく，柔軟な能力が求められる時代への変容が指摘されるようになる。

　こうした事態に対して，第一に，1990年代末以降，キャリア教育が推進されるようになる。1960年代のマンパワーポリシーのように教育の分化と職業の分化を対応させようとすることとは異なり，職業世界が流動化することを前提に，自らのキャリアを形成する資質や能力を獲得させることに特徴がある。体系的な知識や技術の獲得は重視されず，どんな状況でも対応でき，新しく学び続ける主体の創出がめざされる。第二に，高校教育，とりわけ普通科の多様化を進めたことである。この多様化とは，1960年代の学科の多様化でもなければ，黒崎勲が指摘したような教育理念の多様化が実現したものでもない。むしろ，既存の全日制・普通科の高校教育というフルセット型の高校教育のあり方を相対化し，生徒個々人のペースで通学可能な，通信制高校・単位制高校の増加に重点がおかれている。専門学科を創出するよりは，個々の子どもが自分のスタイルにあったカリキュラムを選択できる仕組みにしようとしている。第三に，こうした高校の多様化が進められる一方で，専門的な職業教育を充実させる動きは決して強くない。技術教育研究会など工業系の教育を専門とする民間教育運動団体が一貫して批判してきたように，職業教育と普通教育との差別化は行うが，職業教育の専門化や体系化には消極的である戦後の日本の教育政策のあり方は変わっていない。

　ところで，こうした状況に対して，職業教育の意義を強く訴えてきたのは，民間教育運動団体の外部にいる教育・労働研究者たちであった（本田2009など）。1990年代以降，戦後の民間教育運動を支えてきた「団塊の世代」が退職を迎え

ることもあいまって，民間教育運動団体のプレゼンスは弱まりつつある。「国家の教育権」対「国民の教育権」といった民間教育運動団体の理念は，もはや多くの教師に共有されてはいない（松田 2018）。かつてのように，文部科学省に抵抗して学校現場で教育課程の自主編成をめざせるほどの勢力はない。とはいえ，民間教育運動はその影響力を弱めつつも，点在する実践家の緩やかなネットワークとして機能している。そこでは，戦後の規範的な職業教育観や普通教育観を相対化し，社会的に不利な職業に就く若者の存在をなくそうとするのではなく，むしろ，そのことを所与のものとした実践がつくりだされている。

　第一に，ノンエリートの若者たちに必要な教育が自覚的に追求されている。前節でも述べたように，これまでにも職業高校や普通科困難校で，進学指向の強いエリート高校とは一線を画した実践が追求されてきた。とはいえ，（理論的には提起されていたとはいえ）そうした「ノンエリート」という層の形成を意識した実践は決して一般的ではなかった。2009 年に技術教育研究会の会員が編者となって『ノンキャリア教育としての職業指導』というタイトルの書籍を出版した。それによれば，非進学校の生徒の多くが卒業後直ちに就職するか，卒業後の職業（資格）を明確に意識して専門学校を選択しなければならず，職業選択や職業に関する指導を必要としている。しかも，生徒たちが参入する職場の労働環境はかなり厳しい。非進学校の生徒たちにこそ職業指導が求められていると同時に，「相当程度系統的で継続的な職業教育」の必要性があると主張する（斉藤ほか編 2009：9-10）。また，正社員就職を規範化してきたこれまでの進路指導のあり方を反省し，非正規労働に就かせないことをめざすのではなく，非正規労働に就く生徒たちに必要な知識や技術を伝達することを主とした実践も蓄積されつつある。このことは，労働世界における主たる分断線が，ブルーカラーとホワイトカラー，大企業と中小企業の間ではなく，正規労働と非正規労働との間に形成されるようになったことと関わっている。高校生活指導研究協議会の井沼淳一郎（2008）は，労働基本権も知らずに，アルバイト先で「言われるまま」に働いている高校生に，自分の働き方を客観化するために「アルバイトの雇用契約書をもらってくる」という課題を出した。スムーズに雇用契約書を受けとれた生徒はほとんどおらず，また受けとった雇用契約書もずさんなものが多かった。これらを教室で検討するなかで生徒たちが労働者としての

主体性を獲得していくのだが，興味深いのは生徒が働いている職場にも変化を
もたらしていることである。民間教育運動において，生産と教育の融合は警戒
されてきたが，生産に対する教育的介入ともいえる動きが生じている。

　第二に，就労自活に限定されない自立のあり方を模索していることである。
この指向性は，学校の教師たちの発想からではなく，フリースクールやセルフ・
ヘルプグループ，あるいは若者支援に関わる組織などの現場で蓄積されてきた
実践から生まれてきた。不登校の子どもやひきこもりの若者の支援に携わって
きた佐藤洋作（2012）は，「教育からの排除」を経験してきた若者たちの多くが，
「仕事からの排除」を必然として受け止めてしまうと指摘したうえで，働ける〈職
業的自立〉のためには，働ける〈社会的自立〉が必要であると指摘する。その
ために，所得保障のついた職業訓練プログラムなど，安定した就業状態へとス
モールステップで橋渡ししていく，労働と教育と福祉が重なる機能をもったオ
ルタナティブな教育システムが必要だと主張する（佐藤 2012：229）。近年行政
主導で拡がりつつある「校内居場所カフェ」のような取り組みも，学校から排
除されてきた子どもたちにとっての居場所を再度学校のなかに作り直そうとし
ており，職業的自立と社会的自立の両者を課題にしている。既存の学校教育の
枠を超えたさまざまな担い手たちが若者の自立を支える取り組みを進めており
（たとえば，日本生活指導学会・照本編 2019，杉田・谷口編 2020），とりわけ生活
指導を志す教師たちはその流れに合流しようとしている。

　もちろん，以上の2つの方向性だけで，現在の若者の「はたらくこと」をめ
ぐる危機を克服することは難しい。体系的かつ専門的な職業教育を公的に保障
する動きには至っていないからである。公的な職業訓練を充実させるための政
策転換には，とりわけ現代の状況を鑑みれば，不安定化する労働市場のもとで，
企業内組合からも疎外されている労働者たちが職業訓練を労働者の権利として
捉え，要求するための集合的基盤の創出が不可欠である[4]。現在までのところ，
その展望は明確な像を結んではいない。とはいえ，上述のような実践は不安化
する社会における若者の集合的基盤の創出に関わっている可能性がある。

【註】
　1）なお，国際比較の観点から見ても，保守政党の長期支配が日本の職業訓練機関の

脆弱さを生みだしている可能性が指摘されている（本田 2016，多喜 2020 など）。保守政権が推進しようとした職業教育政策を教育運動が食い止めてきたという見方はいったん相対化される必要がある。

2) 産業教育を警戒する民間教育運動勢力の批判をかわす狙いがあったと指摘される（清原 1991）。

3) たとえば，全国進路指導研究会は，1960 年代には教科教育から切り離された進路指導による子どもの進路の振り分けを批判したが，1970 年代以降は教科教育それ自体が進路を分化させる実態を問題化するようになる（松田 2014a）。

4) この点に関わって，コロナ禍において首都圏青年ユニオンがめざましい活躍を見せている（栗原 2020）。

【引用・参考文献】

乾彰夫（1990）『日本の教育と企業社会』大月書店．

乾彰夫（1996）「進路選択とアイデンティティの形成」堀尾輝久ほか編『講座学校 第 4 巻 子どもの癒しと学校』柏書房, 212-242.

乾彰夫（2010）『〈学校から仕事へ〉の変容と若者たち』青木書店．

井沼淳一郎（2008）「アルバイトで雇用契約書をもらってみる」『高校生活指導』2008 年夏号, 20-25.

氏原正治郎（1966）『日本労働問題研究』東京大学出版会．

小川利夫・伊ヶ崎暁生編（1971）『戦後民主主義教育の思想と構造』青木書店．

海後宗臣（1951）『新教育の進路』明治図書出版.（『海後宗臣著作集 第 5 巻 教育内容・方法論』東京書籍, 1980 年に再録）．

小熊英二編（2019）『平成史［完全版］』河出書房新社．

技術教育研究会編（1974）『総合技術教育と現代日本の民主教育』鳩の森書房．

木本喜美子（1995）『家族・ジェンダー・企業社会』ミネルヴァ書房．

清原道寿（1991）『中学校技術教育の成立と課題』国土社．

久冨善之（1993）『競争の教育』旬報社．

熊沢誠（1993）『働き者たち泣き笑顔』有斐閣．

栗原耕平（2020）「コロナ禍における飲食店ユニオンの運動とその基盤」『人間と教育』108 号, 92-97.

黒崎勲（1979）「学校制度の分化と能力に応ずる教育」『岩波講座 子どもの発達と教育 7 発達の保障と教育』岩波書店, 182-201.

黒崎勲（1993）「中等教育の平等化と個性化」教育科学研究会『現代社会と教育』編集委員会編『現代社会と教育 3 学校』大月書店, 214-241.

国立教育研究所（1974）『日本近代教育百年史 10 産業教育 (2)』教育研究振興会．

児美川孝一郎（2014）「若者はいつ, どこで,「職業」を学ぶのか」教育科学研究会編『戦後日本の教育と教育学』かもがわ出版, 104-127.

斉藤武雄（1994）「工業高校で学ぶことに誇りをもたせたい」『教育』1994 年 12 月号,

56-63.

斉藤武雄・田中喜美・佐々木英一・依田有弘編（2009）『ノンキャリア教育としての職業指導』学文社.

佐々木輝雄（1977）「戦後日本における労働者教育運動の内的矛盾について」『職業訓練研究』第 1 巻（『佐々木輝雄職業教育論集　第 3 巻　職業訓練の課題』多摩出版, 1987 年, 215-254 に再録）.

佐藤洋作（2012）「「学校から社会へ」の移行を支援する」竹内常一編『教育と福祉の出会うところ　子ども・若者としあわせをひらく』山吹書店, 206-230.

隅谷三喜男・古賀比呂志ほか編（1978）『日本職業訓練発展史《戦後編》』日本労働協会.

杉田真衣・谷口由希子編（2020）『大人になる・社会をつくる』明石書店.

多喜弘文（2020）『学校教育と不平等の比較社会学』ミネルヴァ書房.

高木安夫（2005）「誇り高きツッパリになれ」全生研近畿地区全国委員連絡会編『ゆきづまる中学校実践をきりひらく』クリエイツかもがわ, 84-134.

寺田盛紀（2009）『日本の職業教育』晃洋書房.

日本生活指導学会・照本祥敬編（2019）『自立支援とは何だろう？』高文研.

船山謙次（1958）『戦後日本教育論争史 —— 戦後教育思想の展望』東洋館出版社.

堀尾輝久（1971）『現代教育の思想と構造』岩波書店.

本田由紀（2009）『教育の職業的意義』ちくま新書.

本田由紀（2016）「教育と職業との関係をどうつなぐか」志水宏吉編『社会のなかの教育』岩波書店, 169-198.

本田由紀（2020）『教育は何を評価してきたのか』岩波新書.

本田由紀・堤孝晃（2014）「1970 年代における高等学校政策の転換の背景を問い直す」『歴史と経済』56 巻 3 号, 23-33.

松田洋介（2002）「1970 年代高等学校政策の再検討」『〈教育と社会〉研究』第 12 号, 32-40.

松田洋介（2013）「職業文化をつくる教育」久冨善之・小澤浩明・山田哲也・松田洋介編『ペダゴジーの社会学』学文社, 78-98.

松田洋介（2014a）「「閉じられた競争」の成立と進路指導問題の変容」『教育目標・評価学会紀要』第 24 号, 32-39.

松田洋介（2014b）「教科研は教育の平等をいかに追求してきたのか」教育科学研究会編『戦後日本の教育と教育学』かもがわ出版, 82-103.

松田洋介（2018）「闘争なき時代における教師の政治意識」久冨善之・長谷川裕・福島裕敏編『教師の責任と教職倫理』勁草書房, 292-313.

松田洋介（2020）「普通教育としての職業教育をつくる」木村元編『境界線の学校史』東京大学出版会.

宮原誠一（1949）「生産主義教育論」『中央公論』1949 年 7 月号（『宮原誠一教育論集 第 1 巻　教育と社会』国土社, 1976 年, 112-130 に再録）.

渡辺治（1991）『企業支配と国家』青木書店.

第8章

スウェーデン「万人のための高校」における教育と職業

本所 恵

　スウェーデンの高校に通う日本人の女子生徒に出会った。8年前に家族で日本からスウェーデンに移住したという彼女は，「将来どこで働きたい？」と問われると，遠慮がちに，しかしきっぱりと「場所はわかりませんが，少なくとも日本では働きたくありません」と応じた。彼女がそう言い切るのは，自らの父親の働き方や生活が，日本にいた時とスウェーデンにいる今とであまりに違うからだという。彼女の父親は，日本ではほぼ毎日，朝早く子どもが起きる前に仕事に出て，夜は子どもが寝た後遅くに帰宅していたそうだ。「週末はよく遊んでくれて優しい父でしたが，顔を合わせるのは週末だけでした。でもスウェーデンでは，だいたい毎日夕方6時に帰宅して，一緒に夕食をとったりできます。仕事ばかりより，そういう生活の方がいいです」。実感を込めて笑顔で語る彼女の話からは，幸せな家族生活が垣間見えた。

　毎日家族揃って夕食をとることは，スウェーデンでは特別な話ではない。両親ともに朝8時や9時に出勤し，夕方5時頃に退社するのはごく一般的な光景だ。遅くまで残業する姿はほとんど見られない。OECDが実施する幸福度の国際比較で用いられるワーク・ライフ・バランスに関する指標「週50時間以上働く長時間労働者」の割合は，OECD平均13%，日本が20%にのぼるところ，スウェーデンは1%にすぎない（OECD 2017）。こうした働き方の違いは，両国の人々の仕事に対する姿勢の違いを端的に表している。

　本章では，スウェーデンでの人々の働き方や労働観を見たうえで，そのような生活に向けて準備を行う学校教育の様子を明らかにしたい。焦点を合わせるのは，現在，社会で働くには不可欠と言われる高校教育である。とくに，高校入学に必要な学力要件を満たさない生徒が入る「イントロダクション・プログラム」を取り上げる。このプログラムに通う生徒の多くは高校修了が困難で，社会において「周辺」にはじき出されるリスクが高い。彼らに対する教育や，

そこでの学習と職業との関連を検討することで，スウェーデンに特徴的な教育と職業との結びつき，および理想と現状が見えてくる。

1. スウェーデンにおける労働

(1) 言わずもがなのワーク・ライフ・バランス

　スウェーデンは世界的に見ても充実したワーク・ライフ・バランスの環境が整っている。ただしそれは，「ワーク・ライフ・バランス」が明示的に追求されたのではなく，女性の社会進出が進められ，ジェンダー平等がめざされるなかで，事実上実現してきたものだった（篠田 2015）。

　1960 年代以降，女性の社会進出が進み，課税制度の見直し，育児・家事労働の社会化，男性の育児休業取得推進などによって政府がそれを後押しした。たとえば税制については，1971 年に夫婦合算から個人単位課税となった。配偶者控除の制度もない。つまり，結婚したからといって，仕事を辞める理由にはなりにくい。企業も並行して，短時間勤務やフレックスタイム制など，女性が働きやすい職場環境を整備した。こうした柔軟な働き方は，女性に限らずすべての人に活用され，子育て中でも多くの夫婦が共働きを続ける現在のような暮らしが広まった。

　家事分担が女性に偏りがちという批判は今も存在するが，社会的には，育児休業の分担などによって夫婦平等に家庭と仕事を両立させるシステムが追求されている。育児休業手当は国から 16 ヵ月分給付されるが，そのうち 3 ヵ月間の育児休暇は父親のみが取ることができる（湯本・佐藤 2010）。平日でも町でベビーカーを引いたり，幼い子どもを公園に連れてきている男性をよく見かける。幼稚園や小学校への送迎を行う父親も多い。さまざまな努力の結果として，男女とも当然のように育児に参加する環境が整えられているのだ。

　育児休暇に限らず，年 25 日の長期休暇やその他の有給休暇も充実しており，実際に多くの人々は休暇を取る。また，勤務中にも適度な休憩を取る権利があり，多くの職場では，毎日昼休みに加えて午前中と午後にコーヒータイムがある。スウェーデンの人々がフィーカ（fika）と呼ぶこのコーヒータイムは，単なる休憩という意味合いを超えて，重要なスウェーデン文化として根付いている。

（2）仕事の価値

このように休暇や休憩が大切にされているが，一方で，仕事の重要性も強く認識されている。スウェーデン人の文化や価値観を分析したヘルリッツは，スウェーデンでは仕事がアイデンティティの重要な部分を形成していることが多いと記している（ヘルリッツ 2005）。

労働は「単なる義務としてのほかに人間としての権利ともみなされ」，「人間の価値はある程度は仕事をすることにおいて測られる」とヘルリッツはいう。たとえ重度の障害のある人でも，公的な支援を受ける企業から働く場が提供され，社会参加が期待される。1980 年に設立された国営会社のサムハル（Samhall）は，2020 年には約 2 万人の障害者を雇用している（福島 2019）。雇用の機会を提供するのみではなく，就労を通じて生産性を高め，サムハル以外で働けるようになることをめざしており，毎年 1500 人の就職を数値目標として掲げている（Samhall 2020）。

すべての人にとって働くことが重要であるからこそ，誰もが働けるような労働環境が作られてきたといえよう。その背景として，スウェーデンでは 1950 年代から積極的労働市場政策と呼ばれる政策が展開されてきた（宮本 1999）。積極的労働市場政策では，失業者に対して手当支給を充実させるよりも，教育訓練や職業紹介を行い，同時に雇用主への助成金支給などによって積極的に労働市場へ働きかけ，就職機会の拡大を図ることを優先する。つまりそこでは，全員が仕事に就くことを期待される。

すべての人が仕事をもつ前提として，誰もが職業につながる教育・訓練を受けられるように，各産業分野の基礎的な職業教育が，高校と成人教育を中心として公教育に組み込まれた。そして，職業教育カリキュラムに産業界の意見が反映されたり，各産業分野の人材需要予測に基づいて生徒数が調整されるなど，さまざまな側面において職業と教育は結びついてきた（本所 2016）。

2. 学校と職業

（1）職業選択につながる進路選択

現在でも，勤労観の育成や職業への準備は重要な教育目標のひとつとされて

おり，初等中等教育には将来の職業を考える機会が多く組み込まれている。中学校では，PRAO（praktisk arbetslivsorientering）と呼ばれる職業体験が行われ，すべての生徒が 10 日以上，さまざまな職場に赴いて体験学習を行う。PRAO は，現在は必修ではないが，多くの学校が実施している。中学生は，学校の食堂のスタッフとして数日間働いたり，親や知り合いの職場に行ったり，近隣の会社に行ったりする。

　中学生にとって実際の職業選択は当分先だが，彼らの目前には高校の学科選択が迫っている。スウェーデンでは，義務教育を終えたすべての 10 代の若者は無償で高校教育をうけることができ，ほぼすべての生徒が中学卒業直後に高校に進学する。高校は，大学進学希望者向けの 6 つの進学系学科と，就職希望者向けの 12 の職業系学科に分かれている（表 8-1）。全国どの地域に住んでいても生徒はこれら 18 学科から希望学科を選択できるため，これらの学科は「ナショナル・プログラム」と呼ばれる。

　職業系学科の種類を見れば，職業が明確に意識されていることがわかる。各学科の説明には将来の職業例が明記されることが多く，実際に学科選択の際に生徒は職業を考えるよう促される。ただし，高校入学時の学科選択がその後の人生を完全に決定するわけではない。在学中に学科を変更したくなれば，修得した単位を引き継いで学科を変更できるし，卒業後や，いったん仕事に就いた

表 8-1　スウェーデンの高校の学科（ナショナル・プログラム）

進学系学科	職業系学科
経済	児童・レクリエーション
芸術	建築・設備
人文	電子工学・エネルギー
自然科学	自動車・運輸
社会科学	商業・経営
技術	手工芸
	ホテル・ツーリズム
	工業技術
	自然資源活用
	レストラン・食材
	空調・湿度管理
	福祉・介護

出典：Skolverket（2021）をもとに筆者作成

後でも，成人教育機関で学び直すこともできる。

（2）高校修了と職業

　近年，社会で働くには高校教育が不可欠と言われる。しかし現実には，厳密な高校修了率はそれほど高くない。高校修了の認定要件は，3 年間の在籍，2500 単位以上の履修，そのうちいくつかの定められた科目（全学科共通に，スウェーデン語と英語と数学の基礎科目および高校の卒業プロジェクト。加えて，職業系学科は各学科の専門教科 400 単位以上，進学系学科はスウェーデン語および英語の発展科目）を含む 2250 単位以上の修得である。なお，教科「スウェーデン語」について，スウェーデン語を母語としない生徒は「第二言語としてのスウェーデン語」という教科を履修するが，扱いは「スウェーデン語」と同じである。本章ではこれらを合わせて「スウェーデン語」と表記している。

　この修了要件を入学後 4 年以内に満たした生徒は，2014 年度の進学系学科入学生で 82.2%，職業系学科では 75.8% だった（Skolverket 2018）。約 7% の生徒は，在籍と履修条件は満たしたものの成績不足で修了はできず，約 14% の生徒は中途退学していた。こうした生徒には，将来成人教育機関で該当科目を履修・修得して高校教育を修了する道が残されているが，社会的に不安定な立場に置かれるリスクは非常に高い。

　高校修了の困難さは，多くの場合，高校入学時すでに顕在化している。スウェーデンの高校には日本と違って原則的に入試がなく，生徒の希望に沿って進学先が決定される。特定の学校・学科への入学志願者が多すぎる場合には，中学校の成績を点数換算して得点の高い生徒から入学が認められ，入学選抜のために学力試験が行われることはない。例外的に，音楽やスポーツなど特定の技能を必要とする特別コースで実技試験が行われる程度である。

　しかし，高校入学のためには中学校で一定の成績をとっておかなくてはならない。具体的には，職業系学科に入るにはスウェーデン語，英語，数学を含む 8 教科，進学系学科に入るにはさらに 4 教科多い計 12 教科を修得している必要がある。高校修了が困難な生徒は，入学時にこの要件を満たしていないことが多い。そうした生徒は全国で 15% 以上いる。実は，この生徒たちは上述した修了率の母数に入っていない。高校入学要件を満たさない生徒は，正規の学

科であるナショナル・プログラムには入れず，イントロダクション・プログラムに在籍するからである。イントロダクション・プログラム入学生のうち，4年で高校教育を修了した生徒は15.4%にとどまる（Skolverket 2018）。

　ただし，高校入学要件を満たさない生徒も含めて，すべての若者に高校教育を受ける権利がある。そして，公教育では，各生徒の異なるニーズに配慮することが学校教育法で定められている。イントロダクション・プログラムは，こうした権利保障や多様性への対応に重要な役割を果たしているといえる。

（3）イントロダクション・プログラムの概要

　イントロダクション・プログラムでは，高校入学要件である中学校レベルのスウェーデン語，英語，数学などの科目を履修・修得し，要件を満たして正規の高校の学科に入ることが大きな目的とされる。ただし同時に，各生徒のニーズに応じて必要な教育を行うことが重視されており，必修科目や標準履修単位数の制限なく柔軟なカリキュラム編成が可能になっている。たとえば，入学時すでに，3年かけても高校入学要件を満たせなさそうな生徒や，登校困難な生徒，学習意欲がない生徒には，入学時から，就労や成人教育機関での学習につなげることをめざして教育が行われる。

　現在，イントロダクション・プログラムには，生徒の異なるニーズに対応し，異なる目的と内容をもつ4種類のコースが設定されている。生徒は入学時に以下のいずれかのコースを選ぶ（Skolverket 2021）。

　「職業イントロダクション」コースは，中学校レベルの教科を学びながら，高校レベルの職業科目を多く履修できる。そのため，正規の学科へ転入することをめざさずに，就職をめざして3年間学習することができる。

　「個別」コースでは，中学校レベルの教科のほか，可能であれば高校レベルの科目や実習を履修するなど，かなり柔軟にカリキュラムが編成できる。

　「学科に沿った選択」コースでは，中学校レベルの教科履修に並行して，各生徒に可能な範囲でナショナル・プログラムの専門科目を履修できる。

　「言語イントロダクション」コースは，スウェーデンに移住して数年の若者を対象とし，生徒の能力に応じたスウェーデン語科目を中心に，その他中学校レベルの教科，可能であれば高校の教科を履修できる。

ただし各コースとも全国的な教育課程の制限はほとんどなく，実際の運用は各地方自治体や学校に任されている。次節では，具体的な教育の内実を知るために，ウプサラ市にある高校の事例を紹介する。なお，教育課程の再編や学校の統廃合等によって実際の姿は常に更新されているが，以下の事例は調査を行った 2018 年度時点のものである。

3. イントロダクション・プログラムの教育

（1）高校間の連携

　ストックホルムの北 70km にあるウプサラ市には，高校が公私合わせて計 25 校あり，そのうち 17 校（うち，公立 10 校）がイントロダクション・プログラムを設置している。なお，スウェーデンの私立学校は，生徒数等に応じた公費補助を受けて運営されており，生徒から授業料の徴収はない。

　市内のイントロダクション・プログラムをもつ公立高校は，それぞれ異なる役割を担って連携している。たとえば，中心的役割を担うウーベン高校は，イントロダクション・プログラムのみの学校で，高校中退者の受入校や更生施設など複数の部門をもち，生徒数は合計 200 人ほどになる。入学要件を満たさない生徒を受け入れ，生徒の希望と他の高校の特徴を鑑みて所属校を振り分ける役割も担う。ウプサラ職業高校ヤッラは，多くの職業系学科（ナショナル・プログラム）をもっており，そのうち自動車・運輸分野と自然資源活用分野について，職業イントロダクションも置いている。ルンデルスカ高校は，複数の進学系学科をもつ伝統校だが，学習障害などの診断を受けた生徒のためのリソースセンターをもっており，そのセンターにイントロダクション・プログラムのクラスがある。2015 年開設のスプリント高校では，移民の子弟のための言語イントロダクションを専門的に提供している。このように，多様な学校が連携することで，各生徒のニーズや状況に合った教育を受けられるようにしている（ウプサラ市教育委員会高校イントロダクション・プログラム担当官 Cecilia Fernvall 氏，およびイントロダクション・プログラム長 Ema Ågren 氏，Andreas Widmark 氏，Lena Sahlin 氏，Johan Furenborn 氏へのインタビュー　2018 年 9 月 14 日）。

(2) 個別化された教育課程

　高校の正規学科では，標準履修単位が2500単位で，このうち，600〜750単位が全学科共通の必修教科，200単位が個人選択科目，100単位が卒業プロジェクト，そして残りが各学科の専門教科と規定されている。しかしこの規定はイントロダクション・プログラムには適用されない。つまりイントロダクション・プログラムに必修教科はなく，生徒が各々の必要に応じて個別に履修計画を立てる。どの学校でも新入生はまず進路カウンセラーと面談し，自分のカリキュラムやスケジュールを決定する。徹底したカリキュラムの個別化が行われているのである。

　ただし，高校で履修する教科目はすべて，全国共通のシラバスで目標，単位数，主な内容，評価基準が定められており，成績も全国共通に絶対評価のA〜Fでつけられる。中学校も同様である。イントロダクション・プログラムでも，中学校か高校の全国共通シラバスに則った教科目が提供される。つまり，履修科目の選択や学習ペースに関しては徹底した個別化が行われるが，各教科・科目の学習内容や目標，評価の仕方は共通なのだ。個別化を可能にしているのは，こうした共通の枠組みともいえる。

　いくつかの学校や生徒の具体例を見てみよう。ウーベン高校では，スウェーデン語，英語，数学，宗教，歴史，社会，地理，家庭科，生物，音楽，美術，化学，物理の授業を提供している。最近，スウェーデン語は高校レベルの科目を履修できるようになったが，ほかはすべて中学校レベルである。ウプサラ市では原則として，イントロダクション・プログラムの生徒は全員，はじめの1年間は中学校での未修得教科を履修して高校入学要件を満たすことがめざされており，ウーベン高校の提供科目はこの目的に沿うものである。各生徒は自分の未修得教科を履修するので，時間割は1人ずつまったく異なる。そして同じ生徒でも，曜日ごとに授業の数や時間帯が異なる。たとえば，今年入学したリンダ（本文中の生徒名はすべて仮名）は，月曜日から木曜日の午前中と木曜日午後を使って数学，英語，スウェーデン語をそれぞれ週4時間学び，金曜日に美術を2時間学んでいるため，週5日学校に通う。一方，同じクラスのアルビンは，水曜日午後に社会科，金曜日に宗教と歴史を各2時間学習するのみだ。火曜日午後には，全員共通の学習支援の時間と担任教師との時間があるので，学

校に来るのは多くても週3日だ。

　ウーベン高校では中学校レベルの授業が中心なので，1年間で正規の学科に転入できなかった場合，別の高校に移る生徒も多い。3年間在籍した後に就職することを念頭において，職業教育を受けられる学校もあるからだ。ウプサラ職業高校ヤッラは，そうした学校のひとつである。ヤッラ高校のイントロダクション・プログラムは各学年1クラスで，1〜3年の全3クラスがある。生徒の約半数は2年進級時，すなわち高校入学要件を満たすために1年間他の学校で中学校レベルの学習を行った後に，転入してくる。転入者には，高校入学要件を満たせなかった生徒のみならず，要件を満たしたのにナショナル・プログラムでは学習が継続困難と考えて自主的に選択する生徒もいるという。そして全生徒がこの学校で高校卒業を迎える。

　ヤッラ高校のイントロダクション・プログラムでは，中学校レベルのスウェーデン語，英語，数学の他，高校レベルの科目を多く履修できる。大きな特徴は職業科目だ。職業科目については，イントロダクション・プログラムの生徒と，ナショナル・プログラムの生徒とが同じクラスで学ぶこともある。イントロダクション・プログラムの生徒は3年間で1600単位（ナショナル・プログラムの64%）以上を履修するが，必修科目を履修しなくてもよい。実際に，必修科目をすべて修得する生徒はほぼおらず，高校教育を修了する生徒も非常にまれである。

　生徒のカリキュラムはヤッラ高校でも個別に編成される。たとえば，チャーリーは在籍して3年目になるがほとんど学校に来ておらず，今までに履修した科目は7科目，修了したのは1科目だけだ。一方で，同じく3年目のヨハンは，中学校レベルのスウェーデン語を2年間かけて修得するのと並行して，高校レベルの英語，数学，理科，社会，体育，宗教の単位を取り，林業や動物に関する基礎専門科目を履修して，3年目の今年は高校の卒業プロジェクトも履修している。こうした個別カリキュラムはウーベン高校と共通しているが，異なる点として，ヤッラ高校では職業専門科目をあらかじめ複数まとめて提供している。もちろん各科目は単独でも履修・修得できるが，まとめて履修することで職業能力の育成を行い，卒業後の就職につなげやすいためだ。

（3）授業での個別化と学習環境の整備

履修科目だけではなく，授業中の学習も個別化されている。同じ授業を受けていても，生徒ごとに学習ペースや到達度が大きく異なるため，異なる難易度の課題を用意したり，学習ペースを生徒にゆだねたりしている場合が多い。

たとえば，ヤッラ高校の英語では，科目内の課題がすべてリストアップされてあらかじめ配布されていた（ヤッラ高校でのインタビュー　2018年10月25日）。①教科書8〜10ページを読む，②11ページの練習問題Aを解く，③練習問題C1をノートに解く，④12ページに進み，教師からワークシートをもらって練習問題Dを解く，⑤13ページの練習問題E，F，Hを解く，といった具合に，各単元10課題程度が記されていた。生徒は科目の全体像と現在の進捗状況を知ることができ，それぞれ自分のペースで学習を進め，必要に応じて教師の支援を得る。各生徒に合った教育を保障しながら，すべての生徒が自立的に学習を進められるようにするための工夫である。

教室には，学習環境についてもさまざまな配慮がある。ウーベン高校では，どの教室のホワイトボードにも，左端に，日時，授業の目標，課題，評価を書く共通の枠があった。教室や教科が違っても，共通の項目があることで生徒は安心して学習の準備ができる。集団での学習になじめない生徒のためには，視界を遮る卓上パーテーションが用意されたり，教室の隣に小部屋があったりして，空間を閉じせるようにしていた。生徒が集中できるように，教室の掲示や装飾はほとんどない。教室の入口には，落ち着かない生徒が握るための柔らかなボールなどが置いてあった。ADHDや自閉症などの神経発達症を考慮しながら，特別支援教員がリードして学校内の学習環境を整えているという。

（4）社会的・心理的問題への対応

イントロダクション・プログラムでは，カリキュラムの個別化や学習環境の整備によって，すべての生徒に有益な教育を提供しようとしている。しかしながら多くの場合，生徒が困難を抱えているのは学習面だけではない。コミュニケーションに困難をもつ生徒，家庭に問題を抱えている生徒，心理的に問題がある生徒など多様で，さまざまな側面からの支援が必要だ。

こうした問題に対応するのは，まず，各生徒のメンター，つまり担任教師だ。

一般的に高校では，学科やコースを同じくする数十人を1クラスとして1人の
メンターが担任する，日本の学級担任のような形をとるが，イントロダクショ
ン・プログラムは生徒間のカリキュラムの共通性が低く，生徒の転出入も多い
ため事情が異なる。

　ウーベン高校では，各教師が10人程度の生徒のメンターをしている。メン
ターは，その生徒が履修している科目の教師のなかから選ばれる。一方ヤッラ
高校では，生徒全員分のメンター業務を1人の教師が専門的に受け持っている。
メンター教師は教科の授業をせず，生徒のさまざまな相談にのったり，出席状
況を確認したりする。多様な問題にすべて対応するため，つねに個別面談など
で忙しいが，そのおかげで他の教師は担当教科の授業に集中できる。いずれの
形態であれ，生徒が授業以外のことを相談でき，学校生活全般についてフォロー
アップを受けられるメンターの存在は重要だ。

　ただし，メンターが生徒の多様な問題の対策・解決を抱え込むことはない。
むしろメンターは，問題状況の把握を行い，状況に応じて必要な専門家に引き
継ぐ役を担う。スウェーデンの学校では，学校長を中心として，学校看護師や
学校医，心理カウンセラー，学校福祉士，特別支援員，進路カウンセラー等が，
生徒の心身の健康に関する課題に対応する「生徒保健チーム」を作っており，
メンターは欠席の多い生徒などをこのチームに報告して，専門的に必要な対応
を依頼する (Socialstyrelsen & Skolverket 2016)。生徒保健チームにメンターは入っ
ていない。明確な役割分担と専門家による対応が行われているのだ。中学・高
校生にはとくに心理面での問題を抱える生徒が多く，心理カウンセラーの個人
面談には長いウェイティングリストができている。

(5) 中退生徒へのセーフティーネット

　学習面での配慮，心身のヘルスケアや社会面などにわたる支援があっても，
中退に至る生徒はいる。そのような生徒に対しても，セーフティーネットが存
在する。地方自治体は20歳未満で高校未修了の居住者全員をフォローアップ
し，教育や実習など将来につながる活動を提供する義務がある (Skolverket
2016)。対象者は全国の17〜20歳の2割弱にものぼる。

　ウプサラ市で高校中退者を受け入れているのは，ウーベン高校の一部門「ア

ンドラ・チャンセン」（スウェーデン語で「セカンド・チャンス」という意味）である。その名が示す通り，高校中退者が再度学校での学習に挑戦する場である。制度的にはイントロダクション・プログラムの個別コースだが，高校中退者のみを対象とする特別な学校だ。スウェーデン語，英語，数学の教師3名に，校長，心理カウンセラー，職業指導担当と課外活動担当の7名のスタッフで運営されている（アンドラ・チャンセン教師Caroline Texhammar氏へのインタビュー2018年9月12日）。生徒数は，新学期には約40名弱だが，年間を通して転入出があり，最大70名ほどになる。

　転入者はまず学力診断を受け，個人のカリキュラムを作成する。授業は週5日，毎日5時間用意されているが，各生徒が自分のペースで必要な量の学習を計画するため，週2時間授業の生徒も，週15時間授業の生徒もいる。学校を長期欠席していた生徒であれば，週2時間程度からはじめて，次第に時数を増やしていく。多くの生徒は，週4日12時間ほど授業を受けているという。授業といっても，多くの生徒が一斉に同じ内容を教師から教わるのではない。教師は教室にいるが，学習はすべて個別だ。各自で学習を進め，質問があれば教師に聞く。履修できるのは中学校レベルのスウェーデン語，英語，数学の3教科。どれも，課題や学習目標があらかじめリストアップされていて，生徒は全体像と自分の進捗を確認しながら，各自で学習する。実に静かな「授業」である。

　このように各生徒に無理のない個別カリキュラムを用意しても，完全に出席できる生徒は少ない。一授業に生徒はたいてい10人以下で，新学期には1人のこともあるという。ほとんどの生徒は学校にネガティブな印象をもっており，カリキュラムや環境が用意されていても毎日通うのは簡単ではない。そのような生徒に対してアンドラ・チャンセンは，学校と家庭との中間的な場所になることを心がけ，無理強いせずに各生徒の学習を支援し，自己肯定感を育むことをめざしている。

　半数弱の生徒は，1年間在籍した後に，一定の成績を得て他の高校に転出していくという。3年間通った後，就職したり成人教育に移行する生徒もいる。それぞれの困難は多様で大きいが，生徒の状況に応じた柔軟なカリキュラム編成が，学習を支え，社会生活につなげる役割を担っている。

4. 社会的包摂の実現をめざして

　本章では，スウェーデンにおける教育と職業との結びつきを検討するために，高校のイントロダクション・プログラムに焦点を合わせた。イントロダクション・プログラムでは，カリキュラムの個別化や学習環境の整備，多面的・専門的な支援によって，高校での学習が困難な生徒にも学習機会を保障し，学力レベルに応じた教育を行っていた。ただしそれは，やみくもに高校入学や修了をめざして生徒を中学校段階にとどめておくものではなく，一方で，就職だけを考えて単純な職業訓練を行うものでもなかった。あくまでも，仕事をしながら社会参加し，必要に応じて学習も行い，健康的に暮らす成人の生活を念頭において，そうした社会的自立の準備を行おうとしていた。そのために，公教育の制度のなかで，各生徒の状況に応じながら学習を支援していたのである。

　イントロダクション・プログラムに入る生徒は，学力面だけでなく社会的，精神的にさまざまな困難を抱えていることが多い。そうした生徒たちに対し，通常の生徒たちよりも手厚い支援を行うことで，社会的にも将来の失業や社会的排除の予防にもなる。多様な問題を抱える生徒たちに粘り強く寄り添い，社会参加への道をつける教育は，福祉的要素が強く，社会的包摂にとって不可欠といえよう。すべての人に社会参加や労働の機会が保障されるべきであり，その前提となる教育もまた，すべての人に保障されるべきであるという理念が，ここには存在している。

　もっとも，こうした理念は理解できても，現実には常に苦労が絶えない。イントロダクション・プログラムは正規の学科よりも多くの費用とリソースが必要である。学習を個別化し，環境を整え，支援の手を尽くしても，社会の変化を映し出して，問題は多様化・複雑化する。そのうえ，生徒が卒業後にフルタイムの安定した職業につけることは少なく，高校修了率や出席率も正規の学科よりはるかに劣るため，教育の成果が評価されにくい。このような困難な現実を前に，その運営はたびたび苦境に立たされる。イントロダクション・プログラムは，スウェーデンの教育と労働に通底する，社会的包摂の理念を実現する挑戦であるといえよう。その実践は，遠い国に住む我々にも，自らの望む社会

像，そしてそれを具体化しようとする姿を真摯に問いかけている。

【引用・参考文献】

篠田武司 (2015)「スウェーデンにみる「ワーク・ライフ・バランス」」岡澤憲芙編『北欧学のフロンティア——その成果と可能性』ミネルヴァ書房.

福島淑彦 (2019)「スウェーデンの障害者労働市場」『北ヨーロッパ研究』15, 25-34.

藤岡純一(2016)『スウェーデンにおける社会的包摂の福祉・財政』中央法規.

ヘルリッツ, G, 今福仁 (訳) (2005)『スウェーデン人——我々は，いかに，また，なぜ』新評論 (Herlitz, G. (2003) *Svenskar: Hur vi är och varför.* Uppsala: Uppsala Publishing House).

本所恵 (2016)『スウェーデンにおける高校の教育課程改革——専門性に結びついた共通性の模索』新評論.

宮本太郎 (1999)『福祉国家という戦略——スウェーデンモデルの政治経済学』法律文化社.

湯本健治・佐藤吉宗 (2010)『スウェーデン・パラドックス——高福祉，高競争力経済の真実』日本経済新聞出版社.

OECD (2017). *How's Life? 2017 Measuring Well-being.* OECD.

Samhall AB ウェブサイト
https://samhall.se (2021 年 7 月 2 日閲覧)

Skolverket (2014). *Vad Ungdomar Gör Efter Gymnasieskolan: En Registerstudie (rapport 411).* Skolverket.

Skolverket (2016). *Kommunernas Aktivitetsansvar för Ungdomar (allmänna råd).* Skolverket.

Skolverket (2018). *Slutförd utbildning och studieresultat: examen, studiebevis och grundläggande behörighet: inom 3 respektive 4 år för elever som började år 2014.* (Sveriges Officiella Statistik).
https://www.skolverket.se/skolutveckling/statistik/sok-statistik-om-forskola-skola-och-vuxenutbildning?sok=SokC&verkform=Gymnasieskolan&omrade=Betyg% 20 och% 20 studieresultat&lasar=2017/18&run=1 (2021 年 7 月 2 日閲覧)

Skolverket (2021). *Gymnasieprogrammen.*
https://www.skolverket.se/undervisning/gymnasieskolan/laroplan-program-och-amnen-i-gymnasieskolan/gymnasieprogrammen (2021 年 7 月 2 日閲覧)

Socialstyrelsen & Skolverket (2016). *Vägledning för Elevhälsan. [3:e upplagd].*
https://www.socialstyrelsen.se/globalassets/sharepoint-dokument/artikelkatalog/vagledning/2016-11-4.pdf (2021 年 7 月 2 日閲覧)

第9章

学びの場から〈はたらく〉ことを問い直す

西岡 加名恵・川地 亜弥子

1. 〈はたらく〉ことの教育をめぐる論点

　学校において〈はたらく〉ことを教える場合，どのような教育目標を設定するとよいのだろうか。本章では，この問いについて，現代日本における実践の到達点から，求められる目標像を検討しよう。

　〈はたらく〉ことを教えるという場合，多くの読者がまず思い浮かべるのはキャリア教育だろう。しかしキャリア教育について児美川孝一郎は，職業や仕事の現状についての理解を深める学習に十分に力を入れず，狭い視野のまま「やりたいこと」探しや「キャリアプラン」を立てさせがちである点，また職場体験をさせても一過性のイベントにとどまりがちな点などを問題視している（児美川 2013）。そのうえで，「労働についての学習」「職業についての学習」「労働者の権利についての学習」「自己の生き方を設計し，わがものとするための学習」「シティズンシップ教育」「専門的な知識や技術の基礎の獲得」から構成されるような「権利としてのキャリア教育」を提唱している（児美川 2007）。

　また本田由紀は，「教育の職業的意義」に可能性を見いだし，職業教育において〈適応〉と〈抵抗〉の両面を教えることを重視している。また，職業教育総論（共通教養）と職業教育各論のあり方を提案している（本田 2009）。

　児美川や本田の提案は，〈はたらく〉ことの教育が，従来のキャリア教育の枠にはとどまらないことを示している。本章では，①〈はたらく〉ことについての理解を深め，自分づくりを促す，②特定の職業に向けた専門性をみがく，③職場のあり方そのものを教育から問い直すという3つの柱で実践例を紹介し，〈はたらく〉ことをめぐる目標設定を検討してみよう。

2. 世界や地域とつながり，働くことの理解を深め，自分をつくる

(1) 地域とつながるカリキュラム改革の試み

　進路多様高校が，生徒たちの世界観や生き方の転換を促すために，地域とつながることによってカリキュラム改革を進めた例がある。A高校は，過去3年間の転退学率が約28%という学校であった。しかし，2016年度より「地域に基づく美術教育 (Community-based Art Education)」や「コミュニティに関与する学習 (Community-Engaged Learning)」といった考え方を手がかりとして，学校を地域社会に開くことによって質の高い教育を行うことがめざされた。

　具体的には，各教科の「本質的な学び」を明確にしたうえで，その学びを追求できるような「人と人，人と地域などとのつながり」「地域連携でできる内容」が模索されることとなった。各学年担当教員がチームとなり，1年目はできる活動を片っ端からやってみる，2年目は活動を精査するという形でカリキュラム改善が進められた。こうして，次のような活動が，1年目には43本，2年目には34本，取り組まれることとなった。

・地域ゆかりの文学を読み，そこに描かれた世界観を知る（国語科）
・地域の地場産業を知り，地域発展の手法を考える（地理歴史科）
・地域の特産物の栽培に取り組み，害獣「ハクビシンとのたたかい！」に挑む（理科）
・自分の生き方を振り返り，地域の教育環境について考える（家庭科）
・観光協会と連携し，外国人の方に英語でツアーガイドをする（英語科）
・小学生に英語を教える授業を計画し，実行する（英語部）

　「生徒と社会とのつながり」を追求する過程では，すでに行われていた体験活動（森林保全活動）が組み直され，発展した例も生まれた。一過性のイベントとして行われていた際には，生徒たちの振る舞いにへきえきしてしまった地域のNPOがいったんは連携の解消を申し出る事態に陥った。しかし，学校のニーズ（「[生徒が] 社会とつながる機会が欲しい」）とNPOのニーズ（「里山の保全活動に参加する若者を確保したい」，そのためには「活動をコーディネートする人を作る」

発想に転換する必要がある）が改めて捉え直され，NPOのメンバーのなかから教育活動に共感する方だけが再結集する形で関係が作り直された。

　こうして，第2学年の生徒全員を対象とする行事「森林保全活動」は通過点として位置づけ直され，関心をもった生徒については「有償ボランティア（交通費が支給される）」として活動に参加し続けることにより，学校設定科目「校外学習活動」の単位として認められる仕組みが生み出された（A高校では，生徒たちの多くが生活のためのアルバイトに追われており，無償ボランティアは到底，無理だという状況がある）。さらに，その活動に継続的に参加していた生徒の一人は，伐採した竹を美術部の作品制作に活用したいというアイデアを生み出し，NPOの方や他の美術部員，建築事務所で働くOGの協力も得ながら，文化祭で発表する作品を完成させていった（望月 2019）。

　地域とつながる活動を始めた当初は，活動に参加すること自体を怖がる生徒も少なくなかった。しかし地域の人々との交流のなかで，地域の人々も時には失敗しながら生きているというリアルな姿に触れて安堵する場面や，地域の人々から感謝されたり励まされたりする場面が生まれていった。自分自身も地域の人々の役に立てる実感が得られて喜びを感じることで，新しいことにもチャレンジする自信や勇気をもてるようになる生徒が増えた，と言う（望月 2018，ならびに望月未希氏へのインタビュー 2018 年 6 月 15 日より）。こうして，2019 年 3 月卒業時までに，当該学年の転退学率は 13％へと半減する，成績優良者や皆勤者が増加する，といった数字の変化も現れた。

　A高校の実践は，一つ一つの取り組みは小さいものでも，学校単位で積み重ねれば，生徒たちにインパクトを与えるカリキュラムを実現できることを示している。「地域とのつながり」という視点をさまざまな教科において，また特別活動や部活動において取り入れることは，生徒たちに地域で生きるという現実の世界についての認識を広げるのみならず，地域社会におけるさまざまな生活に参画し，貢献する機会を提供するものともなっている。それにより，かつては生徒自身で見限っていた自分の可能性を再発見することが可能になっていると言えるだろう。

(2) 障害がある青年の「二重の移行支援」――専攻科における生活を楽しむことと働くことの教育

　障害がある人たちは長い間，「永遠の子ども」（eternal childhood）扱いされ保護されるか，就労をせかされるかしてきた。障害がある人への公教育の保障はきわめて遅く，障害の有無によって義務教育の場から排除されなくなったのは養護学校が義務制となった1979年である。義務教育修了後の希望者全員進学はもっと遅く，1980年代末（1979年に入学し9年の義務教育を修了する頃）から1990年代において全国的に高等部への希望者全員進学運動が展開された。その後，高等養護学校にもいわゆる重度者の入学が認められるようになり，2000年度からの高等部訪問教育制度開始によってようやく希望者全員進学がかなえられた。

　現代では，さらに特別支援学校高等部卒業後の学びの場を広げる努力が進められている。障害がある若者にとって，高等部を出た後に学ぶ場は少ない。努力のなかで，2020年には特別支援学校中学部および中学校特別支援学級卒業者のうち98.2%が，教育訓練機関等を合わせると98.7%が進学している一方で，特別支援学校高等部本科卒業後は1.7%，教育訓練機関等を合わせても3.2%しか進学できていない（文部科学省2020）。高等学校在籍者の7割（現役の大学・短大への進学者は54.8%，専門学校への進学者を含めると71.1%。文部科学省2019）が進学等で学びを継続していることに対し，きわめて少ない。障害の有無にかかわらず青年期にも学ぶ権利が保障されるよう，こうした場の開設が進んでいるのである。

　鳥取大学は，2007年，国立大学の附属校として初めて養護学校高等部専攻科（現在は特別支援学校高等部専攻科）を開設した。その際に，「子どもから大人へ」と「学校から社会へ」の移行支援はつねにワンセットで「二重の移行支援」として構築することをめざし，「学校から社会へ」を「学校から仕事へ」に矮小化しないことが確認された（渡部2009：161）。愛称を「附養カレッジ」とし，今まで通っていた学校とは違う青年期の学びの場であることが意識されやすい空間作りをめざした。

　教育目標は端的にいえば「生活を楽しむ青年」である。教育課程はくらし，労働，余暇，教養，研究ゼミの5領域から成る。時間割は1コマ60分で，2

コマ続きで午前，午後の活動が組まれている。この教育課程は，教科も生活単元も，という立場から，青年期らしい内容を組んでいる。これは，知的障害児教育で長く「教科か生単（生活単元）か」の論争が続き，障害が重い子どもたちにはそのどちらも難しいとして自立活動の一元化へと進む傾向があったことを踏まえてのことだ。しかも個別支援計画の導入のなかで，細かな行動変容を求める風潮の広がりにも批判意識をもって，障害がある人の人格的自立の保障に焦点をあわせたものとなっている。そのため，働ける技能が身につきそうな人にはその技能を身につけ体力の限り働いてもらう，というような，過去の適応主義的な職業教育への青年期教育の矮小化にも明確な批判意識をもち，労働体験も組み込みながら，青年の自分づくりのための二重の移行支援を行っている。

これらの実践創造サイクルは，「ねらい（ねがい）を明らかに」・「実践を確かに」・「子どもを（より）深くとらえる」の3つで説明される（鳥取大学附属養護学校 2005：21）。PDSサイクルと構造は同じだが，Seeを「評価」とは言わず，評価はどのプロセスでも行われていることを確認した。教師の実践の自由を保障するために「どこからでも実践創造に入れる」ことを強調している（渡部 2009：130）。

職業に関わるアドミッションポリシーは，当初「いろんな職場体験をしてから，自分がやりたい仕事をみつけたい」であったのが，「いろんな職場体験をしてから，自分に合った仕事を見つけたい」へと変化している。「やりたい」ことがそのまま仕事になるとは限らない。専攻科の取り組みで自信をつけ，JR関係の仕事に就きたい，と希望していたAさんは，現場体験でJRでの就職は厳しいと知り，現実と向き合い，列車は趣味として楽しむことにし，仕事は実習で評価された大学食堂を選んだ（渡部 2009：161）。

このような職業選択は，「教養」の科目における生活費の課題等にも裏付けられている。食費，衣服費，交通費，学費，娯楽費，家賃，その他でおおよそ6〜10万円台だと計算し，自分が申請する障害基礎年金（2020年11月時点で1級月額約81,000円，2級月額約65,000円），これに食堂の賃金が月にいくらだから，自分が希望しているアパートで一人暮らしができると思う，というように，自分のくらしを設計していくのである。生活を楽しむために，どのくらい働き，どのように余暇を楽しむのか，どこで誰とどのように暮らすのかをトータルに

考えることを目標として指導していくのである。

3. 専門性をみがく——職業教育における「逆向き設計」

　特定の職業に向けた職業教育においては，その職において求められる内容や水準に基づいてカリキュラムが編成される必要がある。とくに資格に関わる職業教育においては，その資格が必要としている内容や水準を踏まえつつ，カリキュラムを「逆向き」に設計することが求められる。

　カリキュラムの「逆向き設計」を提案している論者に，ウィギンズ（Wiggins, G.）とマクタイ（McTighe, J.）がいる（ウィギンズ＆マクタイ 2012）。ウィギンズらは，カリキュラムを設計するに当たって，「求められている結果（目標）」，目標が達成されているかどうかを確認するうえで「承認できる証拠（評価方法）」，評価方法に対応できる力を身につけさせる「学習経験と指導（授業の進め方）」が三位一体のものとして対応するようにしなくてはならないと主張する。「逆向き」と呼ばれるのは，教育によって最終的（単元末・学年末・卒業時など）にもたらされる結果からさかのぼって単元や長期の指導計画を設計することを主張している点，また通常，指導が終わった後で考えられがちな評価方法を指導の前に構想することを提案している点からである。一定の内容や水準への到達を求める職業教育と「逆向き設計」論は，とくに親和性が高いと考えられる。

　ここで実際に，「逆向き設計」の発想を取り入れることによって看護教育のカリキュラム改善を図った実践例を紹介しよう。あじさい看護福祉専門学校では，当初，細かな行動目標を積み重ねるようなイメージでのカリキュラムが実践されていた。たとえば，単元「清潔ケア（清拭）」に関わっては，「行動を変えるときにはそのつど行う内容の説明をする」，「実施過程でたびたび苦痛の有無を尋ねる」といった目標が採用されていた。ところが実際の清拭の場面になると，頭が真っ白になって順番を忘れる，患者が返事をするのに疲れるほど苦痛の有無を尋ねる，複数のチューブにつながれている患者の状況に配慮することもなく患者自身で顔を拭くよう求める，といった学生の実態が見られることとなった。そこで当校の教師たちは，「患者にとってよい看護を提供する」という清潔ケアの目的に立ち返り，カリキュラム改革を進めていった。

「逆向き設計」論は，カリキュラムにおいて「本質的な問い」が入れ子状に存在していると捉える。学習者には，「本質的な問い」を問わざるをえない状況設定をしたパフォーマンス課題（知識やスキルを総合して使いこなすことを求めるような課題）を与え，そのような課題に繰り返し取り組むことで，身につけるべき「永続的理解」が徐々に深まっていくと考えられている。

　たとえば，先の「清潔ケア」に関して，あじさい看護福祉専門学校では，図9-1のような「本質的な問い」の入れ子構造を位置づけ，単元末にパフォーマンス課題を設定している。「あなたは，70代女性で胃がん手術後2日目の患者を受け持つ看護師です。患者の術後経過は良好で，バイタルサインは安定しています。しかし，体動時に創部痛と眩暈があり，ほとんど臥床状態です。自力で座位保持は困難です。左前腕部より持続点滴をしています。昨日は清潔ケアが行われていません。今朝，顔だけは自分で拭きましたが，微熱があり発汗が多く見られました。この患者さんの上半身の清拭と上着の交換を20分以内に実施してください」（糸賀2017：48）。

　1年生を対象とした実践にもかかわらず，将来，職場で出会うような難度の高い課題に直面させていることがわかる。さらに単元を通して，患者の状況が刻々と変わる様子を人形の設定によって再現し，繰り返し，その人形や互いのロールプレイで練習を重ねることで，患者の状況を五感で観察する力や臨機応変な判断力を身につけさせている。

　一方で，学生自身に，自らがめざす看護師像を明確にもたせるための指導も丁寧に行われている。たとえば，入学時ガイダンスやオリエンテーションでは，ロールモデルとなるような看護師の実践をビデオで見せたり，ナイチンゲールの著作集の抜粋を読んだりして，自分のめざす看護師像を徐々に具体化していっている。

　「看護専門職者とは，何を目的に，何を，どのように行う人なのか？」「自分はどのような看護師をめざすのか？」を問い続けた学生は，実習現場での看護のあり方を問い直す成長をも見せている。たとえば，使い捨ておしぼりで清拭を行う方針を採っている病院において，ある学生は，担当患者の状況を踏まえ，タオルを用いる判断を行った，という（糸賀暢子氏からのメール2018年6月5日）。

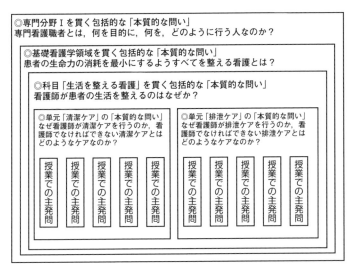

図9-1 「本質的な問い」の入れ子構造
出典：糸賀（2017：54）の図を踏まえて作成

4. 学びの場・働く場から労働を問い直す

(1) 格差社会を共同で生きることをめざして——授業で職場が変わる

高校生は学校の生徒であるだけでなく，すでに職場に欠かせない労働者にもなっている現実がある。安い賃金で働く高校生がいなければ職場が立ち行かない，つまり一人前の役割を担っている一方，高校生だということから子ども扱い，未熟な労働力扱いをされる。こうした問題を出発点に，宿題としてアルバイトの「雇用契約書をもらってみる」ことを課した現代社会の授業がある。

この単元を構想した井沼淳一郎は，①高校が「ダメな者（基準に届かない者）は切る」システムとなっており，良心的な教師でも「はんぶん自己責任」論に陥りやすいこと，②社会構造による暴力を明らかにする以上どう変えていくのかという市民的責任が浮上すること，③これらを提起しない実践は「高校生をしゃんとさせられない」，という問題意識から，個人の能力アップにとどまらない実践が必要だと考えた。これは，井沼が，湯浅誠の「溜め」概念について，金銭，人間関係，精神的つながり等の個々の要素に還元することは危険である

ことに気づき，社会構造とそれが個人にもたらす精神状態の両面を理解する言葉として湯浅が使っていることに注目したことにも関連している。井沼は，「一人ですべてを持つのではなく，仲間やネットワーク，ひいては社会が共有する形の知恵（資源）を増やし，共同して行使していくような生き方が提起できるのではないか」（井沼 2009：42）と考え，教科「現代社会」の実践を構想した。

　実際にはどうだったか。まず，高校生が契約書をもらうことによって，職場が変わっていった。契約書がない職場では新たに作成され，労働基準法第20条にある労働条件の明示の義務違反，最低賃金違反が改善された。なかには，契約書の例を持って行った生徒に，いい勉強になった，また教えてほしい，と述べた店長もあり，職場の人間関係にも変容が生じた。

　もらってきた契約書は，4人一組のグループで検討した。このことで，情報や知恵を共有し，雇用－労働関係について客観的に見る目が養われた。同時に，教室のなかの人間関係も変わっていった。地元で生きる子どもたちにとって，高校での人間関係は重要である。高校で，知識を駆使して職場を変えた経験を共有する人間関係がもてたことは，卒業後にも生きてくるものと思われる。

　井沼の取り組みは「権利としてのキャリア教育」，「抵抗」の側面を扱う教育と位置づけることができる。しかも，それは将来のためではなく，まさに今の生活を変えるものでもある。生きて働く知識や技能として，契約書，労働法について扱うにとどまらず，実際に使ってみる，動いてみる，情報を共有するなかで，誰が，何が助けになるのかも含めて学べるものとなっている。職場の現実は厳しく，学校で学ぶタテマエなど役に立たない，という思いをもっている生徒たちの職場観にもインパクトを与える授業だろう。

　もちろん，この学習は卒業後にも意義がある。これは，未来永劫使えるわけではないのだろうが，と井沼は控えめに語っているが，少なくともこの先10年，生かすことができる財産として，重要であろう（井沼淳一郎氏へのインタビュー2018年11月19日）。

（2）障害がある人の学びの場と働く場
①高等部における職業教育の貧困化
　日本において，障害のある人の青年期の職業教育は，就労・福祉就労の職場

での教育が中心であった。2000年度から，障害児教育における高等部進学が保障されるようになったものの，なかには次のような職業に関する授業も報告されている。行程分析と効率化を繰り返すことで効率的に作業できる環境を準備し，生徒に適応させ，大量の製品がストックされる。生徒の実態把握や授業の後の個々の生徒の成長，全体の成長は見ない（竹下2016：24-25）。1960年代の「学校工場方式」（大西1984）の復活とみる人は少なくないだろう。

　近年は，厚生労働省認定の技能検定ではない「掃除検定」「喫茶店検定」等の独特の「検定」が広がり，その合格をめざす授業も広がっている。仕事を分節化し，スモールステップで身につけさせ，できれば合格，というものである。喫茶店の仕事，掃除そのものに問題があるというよりも，手順から外れると評価されず，個々人のやり方の工夫は認めない方法であるところに問題がある。前節のあじさい看護福祉専門学校における学生の工夫のようなことは排除される。「検定」合格が第一の職業教育で，創造性をともなう専門性の追求や，ディーセントワーク（働きがいある人間らしい仕事）の保障が認められにくい実態が表れている。障害がある人を「生産的人材」として育て，社会保障などのコストカットをねらう動向に迎合しているだけだ，と言われても仕方がないであろう。

②作業所における10年以上にわたるとりくみ──働く場と働き方を選ぶ

　上記のような指導とは異なり，障害がある人の自分づくり，発達的な自由の拡大に焦点をあわせた，働く場での実践は多く存在する。以下では，福祉就労の場における実践について事例を取り上げ考察していこう。

　障害がある人に義務教育が保障される前から，人間らしく仲間と働くことの保障を求める運動が広がり，多数の作業所が開設された。いわば，能力によって労働の場への参加を差別されることはおかしい，という疑義申し立てが行われたのだ。その先駆けが，ゆたか共同作業所であった。就学を免除され学校教育が保障されず，家庭にいるか施設で保護される対象だと思われた人たちに，「どんなに障害が重くても，働くことを通して人間としてたくましく成長・発達する無限の可能性を持つ権利の主体者である」ことを原点とし，1969年に全国初の共同作業所として設立された。その後，1977年に共同作業所全国連絡会（共作連，現きょうされん）が結成され，作業所での実践が共有された。

　現在，作業所は障害者総合支援法（障害者の日常生活および社会生活を総合的

に支援するための法律）第5条14において就労継続支援（通常の事業所に雇用されることが困難な障害者につき，就労の機会を提供するとともに，生産活動その他の活動の機会の提供を通じて，その知識及び能力の向上のために必要な訓練その他の厚生労働省令で定める便宜を供与すること）と位置づけられ，雇用型であるA型事業所，非雇用型であるB型事業所に分けられる。

多くの作業所が，障害のある人の豊かな発達をめざし，重度重複障害の人も受け入れ，労働とともにレクリエーションなども行ってきた。激しい破壊行動がある人はなかなか行き先が見つからず，働き出してもトラブルでやめることもあるが，どんな人も受け入れようと，揺れながら実践を重ねた作業所もある。

よさのうみ福祉会の夢織りの郷つむぎ（以下つむぎ）は，生活介護，就労継続B型（福祉就労）の多機能型事業所である。就労系事業所に比べて，労働時間もゆったりとしている。このつむぎが，行動上の問題もあり攻撃的だと言われたAさんの進路として検討された。職員は，支援学校とは違い体制も厳しいなかで，「できれば違う事業所に行ってもらえればありがたい。（中略）しかし今断れば彼は地域で在宅になり，家庭も崩壊してしまう」（尾上 2018）と本音で語り合った結果，受け入れることにした。

5年目までは寝ていることの多かったAさんが，6年目，7年目には仕事をがんばり，「自主製品の販売会に行きたい」と希望まで伝えてくるようになった。一日中起きて作業するようになり，給料が10倍にもなった。8年目になると，一人で作業が行えるようになったが，「めんどくさい」と揺れる姿がみられるようになった。彼にとってのやりがいとは何かを問い直し，彼の望む体を使った仕事が保障できないだろうかと検討した。つむぎでは難しい。かといって，彼が望むリフレかやの里（別の作業所）の仕事は難しそうだ……。他の利用者とのトラブルもあるなかで揺れることもあったが，職員から「Bさんは調子が悪い時があって……腹が立つと思うけど，聞き流してくれへんか。Bさんが落ち着くためにもあなたが頼りなんや」と話され，信頼されるなかで，落ち着いていった。

13年目，Aさんはリフレでの2週間の実習の後，職員に問いかけられ，「手伝いに行くぐらいがよいと思う」と応えた。ずっと異動したいと願ってきたが，実習を経て決心がつかないようだった。職員から「曜日をわければどちらにも

行けるよ」と提案があり，しばらくして，週2回つむぎ，週3回リフレへ行くことにした。そのなかで，自分がつむぎに来た頃のことを振り返り，今の仲間との関係を職員に語るほどに自分を見つめることができるようになった。

　Aさんの姿から，障害がある人も働くことを通じて，悩み，揺れながら発達していくこと，しかも学校より長い時間をかけてそれが保障されていくことがわかる。Aさんだけが変わっていくのではなく，つむぎの職員も変わっていった。人間らしく仲間と働く，生きるとはどういうことか，それを実現するために何ができるのかを共に考える場として，事業所があるのだ。

　なお，事業所での就労は，十分な収入を得ることが難しく，この点は継続して議論すべき大きな課題である。特にB型で働くことは「福祉的就労」と呼ばれ，就労しているのに労働者ではなく福祉サービスの利用者，という位置づけになる。A型は雇用契約に基づき最低賃金が保障されるが，実際には平均賃金月額も低く，営利企業の参入によって一部の事業所での過重労働も指摘されている。障害者権利条約第27条「あらゆる形態の雇用に係る全ての事項に関し，障害に基づく差別を禁止すること」との条文に基づけば，就労継続支援事業をまず労働法制に位置づけなおし，そのうえで福祉的な支援を保障する制度設計が必要であると指摘されている（伊藤 2016:47）。労働を通じて十分な収入を手にすることができるように，制度を変えていくことが求められている。

③表現活動を仕事に——作業所の内外で発見される価値

　みぬま福祉会は，障害が重いために行き場のない人を守ろうと，「どんな障害があっても希望すればだれでも入れる施設づくり」を理念に，1984年に発足した。設立当初から，「一人ひとりが当たり前に生きていくために，どんなに重い障害があっても「働くことは権利」と位置づけた。みぬまの労働の定義は「お金を稼ぐこと」「社会につながること」「仲間の発達につながること」である（宮本 2018）。

　みぬまは，「工房集」を立ち上げた。それは福祉の現場にギャラリーがある施設の名前でもあり，みぬま福祉会の仲間の表現活動を社会につなげるアートプロジェクト名でもある。「そこを利用する仲間だけの施設だけではなく，新しい社会・歴史的価値を創るためにいろんな人が集まっていこう，そんな外に開かれた場所にしていこう」という思いを込めて，「集」と名付けた。

1992年，みぬまに入所したＣさんは，仕事場に入れるように働きかけると服を脱いで拒否する人であった。仕事をするようになってからも職員との関係が悪くなる一方であった。そこで，まずは仕事のことは考えず，仲良くなることにした。ただ隣に座る，散歩するといった活動のなかで，好きなものがあることがわかった。小さな紙に落書きをしている姿を見て，「お祭りのポスターに絵を描いて」と頼むとすんなり描いてくれ，「これを仕事にするしかない」という発想が生まれたという。「仕事に仲間を合わせるのではなく，仲間に合わせた仕事を見つけよう」という考えである。障害や能力に注目してできることを探すやり方の問題に気づき，むしろ「一人ひとりの表現を形にし，社会に発信し，お金にしていこう」と位置づけた。

　表現活動を通じて本人が変わっていったエピソードも興味深いのだが，ここでは職員の役割に注目しよう。職員は，指導，指示，注意という直接的な関わりではなく，環境設定や雰囲気づくりなど間接的な関わり，その人のもつ表現を引き出す関わり（声掛け，タイミング，距離感）を重視した。生まれた作品を社会につなげることは職員の責任だと位置づけ，日々の活動で生み出された作品を「カッコよく」社会につなげるにはどうしたらよいかや，「障害者が頑張っています」という見せ方にしないことに気を配ってきた。作品が芸術作品として買い取られるなかで，外からも，作者に会いたい，ボランティアをしたい，見学したいと多くの人が訪れた。みぬまでは，外に広げ，内で深めながら，こうした活動を続けていった。

　入所施設にいるＥさんは，本人が大切にしている想い出の写真を20年繰り返し触り見続け，そのことで擦れて角が丸くなり，人の顔が見えなくなった。好きで大事に何度も触っているからそうなったのである。Ｅさんのすり切れた写真は公募展で入賞したり，全国の美術館で巡回され，美術批評を受けるなど注目されている。Ｅさんは言語コミュニケーションが難しいのだが，取材の申し込みや授賞式の参加依頼があり，嬉しそうにしているそうだ。Ｅさんの事例は，作品としてはっきりした形があるかどうかが重要なのではなく（Ｅさんはたまたま写真に対してであったのでそれが「作品」となったが），切実な思い，願いが原点であり，形になるかどうかは副次的ではないかと投げかけている。

　人を中心にして仕事を考えることで，事業所の外でもその価値を認められ，

収入にもなる。みぬまの取り組みは，既存の仕事に適応させていく職業指導とは対極である。もちろん，今ある職場で障害者が働く場を広げていくこと，福祉と就労の両方を要求していくことは重要であり，障害者雇用率の水増しが官公庁でも行われていた実態を踏まえれば，今後も注意深く見ていかなければならない。しかし，それだけではなく，人に合わせることで仕事が生まれること，労働の場への参加の保障は権利保障であると同時に新たな〈はたらく〉の可能性の追求でもあることに，もっと光が当たってよいように思われる。

5. 到達点と残された課題

　以上，本章では教育の場，福祉の場に焦点をあて，働くことをめぐる実践について論じてきた。本田（2009）では，職業教育に〈適応〉と〈抵抗〉の両面をと論じられているが，本章の成果を踏まえれば，これに〈変革〉と〈創造〉の視点を加えることが必要ではないだろうか。

　抵抗することによって職場を変革することはもちろん重要である。一人ですべてをこなし効率的に生産することが必ずしもよい働き方とはかぎらない。休むこと，やらないこと，自分なりのやり方を模索し，他の人にも当たり前に助けてもらうこと。そもそも働く場とはどのような場であるべきか，私たちはなぜ働くのかを人とのつながりのなかで考えていく。そのことが，新しい価値の創造につながり，関わる人がそれぞれに自分をつくっていく。

　それは，労働を人間的なものに解放していく〈労働の解放〉だけでなく，私たちが豊かな自由時間を創造し働くことそのもののこだわりから解放されていく〈労働からの解放〉にもつながっていく（丸山 2018）。AIとの付き合い方も，この2つの解放の観点から考えていく必要があるだろう。

（1・2（1）・3　西岡 加名恵，2（2）・4・5　川地 亜弥子）

【引用・参考文献】
伊藤修毅（2016）「就労継続支援事業」『みんなのねがい』602, 47.
糸賀暢子（2017）「基礎看護技術の単元「清潔ケア」——「逆向き設計」による授業設計の実際」糸賀暢子・元田貴子・西岡加名恵『看護教育のためのパフォーマンス評価——ルーブリック作成からカリキュラム設計へ』医学書院.

井沼淳一郎（2009）「ひとりで「溜め」こむのか？ 共同の「溜め」をつくるのか？」『高校生活指導』秋号, 40-44.

ウィギンズ, G. & マクタイ, J., 西岡加名恵（訳）（2005=2012）『理解をもたらすカリキュラム設計 ―― 「逆向き設計」の理論と方法』日本標準.

大西成記（1984）「教育課程の内容と方法」三島敏男ほか編『障害児のための教育課程 1』労働旬報社.

尾上真由美（2018）「労働の場でゆっくりと成長したAさんの 13 年間」『障害者問題研究』46(2), 46-51.

児美川孝一郎（2007）『権利としてのキャリア教育』明石書店.

児美川孝一郎（2013）『キャリア教育のウソ』筑摩書房.

竹下忠彦（2016）「地域でいきいきと働く姿を想像して ―― 肢体不自由校から考える「働く」とは」『みんなのねがい』602, 24-25.

鳥取大学附属養護学校（2005）『「自分づくり」を支援する学校』明治図書.

鳥取大学附属特別支援学校・三木裕和監修（2017）『七転び八起きの「自分づくり」 ―― 知的障害青年期教育と高等部専攻科の挑戦』今井出版.

本田由紀（2009）『教育の職業的意義 ―― 若者，学校，社会をつなぐ』筑摩書房.

丸山啓史（2018）「発達保障と「労働」」越野和之・全障研研究推進委員会編『発達保障論の到達と論点』全障研出版部.

宮本恵美（2018）「仲間たちの表現活動を仕事にするみぬま福祉会の取り組み」『障害者問題研究』46(3), 42-49. みぬま福祉会ウェブサイトにも概要が示されている。「社会福祉法人みぬま福祉会について」
http://minuma-hukushi.com/about/（2021 年 7 月 2 日閲覧）

望月未希（2018）「講演 進路多様高校における，社会に開かれた教育を通したカリキュラム開発」（2018 年 12 月 15 日．京都大学オープン・コースウェア（http://ocw.kyoto-u.ac.jp/course/360/に掲載，2021 年 7 月 2 日閲覧）

望月未希（2019）「進路多様高校におけるカリキュラム開発」『中等教育の課題に教育方法学はどう取り組むか（教育方法 48）』図書文化社.

文部科学省（2019）「令和元年度学校基本調査」（2019 年 12 月発表）
https://www.mext.go.jp/b_menu/toukei/chousa01/kihon/kekka/k_detail/1419591_00001.htm（2021 年 7 月 2 日閲覧）

文部科学省（2020）「特別支援教育資料（令和元年度）」（2020 年 9 月発表）
https://www.mext.go.jp/a_menu/shotou/tokubetu/material/1406456_00008.htm（2021 年 7 月 2 日閲覧）

渡部昭男（2009）『障がい青年の自分づくり ―― 青年期教育と二重の移行支援』日本標準.

第Ⅱ部の小括
教育目標論がつなぐ〈はたらく〉ことと〈まなぶ〉こと

　第Ⅱ部では，〈はたらく〉ことをめぐる教育目標論について3つの問いを立て，それらについて政策・理論（第6章），歴史（第7章），国際比較（第8章），教育実践（第9章）の視点から答えをさぐってみた。この小括では，第Ⅱ部で提示された問いと答えを振り返りつつ，得られた示唆をまとめてみたい。

1. 3つの問い

　第Ⅱ部における3つの問いとは，次のようなものである。

　第一の問いは，〈まなぶ〉ことと〈はたらく〉ことの関係はどのようなものとして構想・実践され，それらはどのように評価されてきたのか，というものである。たとえば，職業教育や産業教育のように〈まなぶ〉ことは〈はたらく〉ことへの準備・移行過程ととらえる目標論もあれば，〈はたらく〉ことを通して自立と参加を経験し，自己と他者を承認するなど，自己目的的なまなびの場として構想・実践・評価する目標論もある。さらにはまた〈まなぶ〉ことと〈はたらく〉こととの矛盾や葛藤を意識化し，その克服と再構築をめざそうとする目標論もある。第一の問いを通して〈まなぶ〉ことと〈はたらく〉ことの多様な関係とその意味を位置づけ直し，あらたな時代の教育目標論を提示する。

　第二の問いは，〈はたらく〉ことと「能力」の関係はどのようなものになるのか，という問いである。近代社会とりわけ大量生産・大量消費の時代においては「能力」≒「職業的能力」≒「訓練可能性」という図式で説明されることもあったが，AI等の新しいテクノロジーによって労働が自動化され，国境を越えて労働力が移動する現代および近未来においては，獲得すべき「能力」の輪郭が不透明になってきている。また長寿化によって，「職業的能力」の長期化と「自立・参加・承認」の長期化が同時に求められるようにもなっている。教育目標論は，

めざす能力をどのように再定義していくかを問われている。

　第三の問いは，〈はたらく〉ことと「文化」との関係である。人びとが〈はたらく〉ことを通して「自立・参加・承認」を獲得していくとしたら，これまでの学校教育がめざしてきた「文化の担い手である」こととどのような共通点や連続性があるのか，またその場合どのような「文化」の担い手であることが重要なのか，ということである。これまで「文化の担い手である」とは「メインストリームとなる文化の担い手である」ことが前提とされてきたが，インターネットやSNSの汎用化によって，「文化」が多様化，個別化し，人びとが「文化」を共有することが難しい現代にあって，学校や地域社会は「文化」の担い手としてどのような役割を果たしうるのだろうか。

　以上のような3つの問いに，第Ⅱ部では，「〈はたらく〉ことと教育」の理論や政策，歴史，国際比較，実践をとりあげながら答えを見いだしている。

2. 各章からの示唆

　ここでは，各章を振り返りつつ，そこから得られた示唆をまとめてみよう。

(1) 第6章〈はたらく〉ことから教育目標を考える

　第6章では，まず，公教育政策において〈はたらく〉ことと〈まなぶ〉ことの関係がどのように構想されてきたかを振り返った。とりわけ，急速な技術革新を背景に，職業的移行をめざした職業教育から基礎的・汎用的能力の獲得をめざす「キャリア教育」への転換は，じつは同時代の技術の補完，活用として人間の労働や学習，能力を定義していくという文脈で連続していること，またそうした能力観は，技術の進展に伴って人間の能力を永続的に，無限に再定義せざるをえなくなり，〈はたらく〉ことと〈まなぶ〉ことの境界を不透明にすることを指摘した。

　また次に，教育学研究において〈はたらく〉ことと「能力」がどのように論じられてきているか，論点は何かを明らかにした。とりわけ本田由紀（2010）が「能力」の可視化と「能力」に則した処遇の整序・拡充の必要性を説くのに対し，小玉重夫（2010）は「能力主義」からの解放を訴える。小玉は「公教育としての

学校には, 有能性, 有用性志向の教育には還元されえない, 無能な者たちのための教育という面もあるのではないだろうか」と語る。

教育学研究においては,「能力」を中心として公教育の教育目標を構想する政策に対して, 一方では能力の可視化と処遇の整序を求める方向, また他方では能力からの解放を求める方向の両方向からの批判がなされている。

さらには,〈はたらく〉ことと「文化」との関係を, 公教育の周辺の議論から見てみた。〈はたらく〉ことを「助け合いでつくられるこの社会の一人になること」とみる池上彰 (2020) の議論, そして子どもを「ろう文化」の担い手として育てようとするろう者の生き方から,〈はたらく〉ことそのものが「文化」のひとつであることを見いだした。〈はたらく〉ことは社会と文化を支える一員になることを意味することをあらためて確認した。

(2) 第7章 職業教育論の戦後史——単線系教育システムのなかでの模索

第7章では, 第二次世界大戦後から現在に至る職業教育論を歴史的に振り返り, 論点を整理した。

第二次世界大戦後, 職業教育の主たる課題は新制中学校において職業教育と普通教育をいかに両立させるかにあり,「職業科」はその象徴であった。「職業科」を当時の文部省が職業指導を中心に構成しようとするのに対して, 宮原誠一や産業教育研究連盟の担い手たちは, 生産技術を体系的に学ぶ教科へと再編することをめざし, その方向性は一定程度実現した。1960年代は, 職業的専門分化に即した多様化と, 一元的な尺度に即したヒエラルキカルな多様化という2つの指向性をもつ教育政策が展開されるが, 後者のみが社会に浸透していった。民間教育運動団体は多様化と真っ向から対立する理念を提示した教育運動を展開したが,「普通教育」を中心とした偏差値序列の問題は克服できなかった。

1990年代以降は, 雇用が不安定化し, 学校から仕事への移行が困難になるなかで, 逆説的に, 民間教育運動のなかでも, ノンエリートを生きる若者たちに必要な教育が自覚的に追求されるようになった。また, 就労自活を「自立」の最低限の条件とは考えずに, さまざまなかたちでの自立のあり方を模索するようにもなった。とはいえ, こうした運動は, いまだ体系的かつ専門的な職業教育を実現する動きにはなっていないが, 活動じたいがひとつの文化をなして

いる。

　これら日本の職業教育の歴史をひもとくと，〈まなぶ〉ことと〈はたらく〉ことの歴史は，〈まなぶ〉ことが単線型の学校システムのなかでの一元的な目標に制約されるなかで，職業的専門分化に即した多様化をどのように指向していくかという試みの歴史であったといってよい。また 1990 年代以降，雇用が不安定化するなか，就労自活にこだわらないさまざまなかたちの自立のあり方が模索され，そうした担い手たちの活動そのものが「文化」として形づくられてきたことがわかる。

(3) 第8章　スウェーデン「万人のための高校」における教育と職業

　第8章では，スウェーデンにおける「はたらき方」や労働観をみたうえで，労働や生活に向けた準備を学校教育がどのようにおこなっているかを明らかにした。スウェーデンの人びとにとって〈はたらく〉ことは「単なる義務としてのほかに人間の権利ともみなされ」，「人間の価値はある程度は仕事をすることにおいて測られる」という。したがって，たとえ重度の障害のある人でも，公的な支援を受ける企業によって働く場が提供され，社会参加が期待される。つまり〈はたらく〉ことが権利であるがゆえに「誰もが働けるような環境を作ってきた」のだという。さらにそれは，〈はたらく〉前の高校教育が労働市場政策と強く結びつき，多様な学科選択と専門教育によって職業選択や社会参加の土台を育んでいる。たとえば，高校に入学する学業成績をもたない生徒にも「イントロダクション・プログラム」を用意して学習機会を保障し，カリキュラムの個別化や学習環境の整備，多面的・専門的な支援を提供している。高校入学や高校修了を重視しながらも，それに必要な成績向上や単位取得をやみくもにめざすのではなく，長期的な視点で各生徒の将来の社会参加を見据えている。

　こうしたスウェーデンのしくみからわかることは，〈まなぶ〉ことが万人に保障されるだけでなく，同時に〈はたらく〉ことへの移行そのものもすべての人の権利として保障されているということである。〈まなぶ〉ことと〈はたらく〉こととをつなぐ関係じたいに多様性をもたせることで，万人のアクセスを可能にしていることがわかる。

(4) 第9章　学びの場から〈はたらく〉ことを問い直す

　第9章では〈まなび〉の場において〈はたらく〉ことの教育がどのように実践されてきたかを教育目標論の観点から分析している。たとえばそのひとつは，「はたらくことについての理解を深め，自分づくりを促す」ことを目標とした実践である。「地域とのつながり」という視点を教科や特別活動，部活動において取り入れ，生徒にチャレンジさせることで，地域で生きるという現実の世界についての生徒の認識を広げ，地域社会における参画の経験と貢献の機会を提供している。そこでは，かつて生徒自身が見限っていた自分の可能性を再発見していくプロセスが明らかにされている。

　また，特別支援学校高等部専攻科における「生活を楽しむこととはたらくことの教育」もひとつの例である。そこでの教育目標は「生活を楽しむ青年」であり，教育課程は「くらし，労働，余暇，教養，研究ゼミ」から成るという。〈はたらく〉ことを労働に矮小化せず，「生活を楽しむために，どのくらい働き，どのように余暇を楽しむのか，どこで誰とどのように暮らすのかをトータルに考えることを目標として指導」している点が注目される。ここには，労働を人間的なものに解放していく〈労働の解放〉だけでなく，豊かな自由時間を創造し〈はたらく〉ことそのものへのこだわりから解放されていく〈労働からの解放〉も描かれている。ここで描かれた「地域とのつながり」や「豊かな自由時間を確保し生活を楽しむこと」とは，文化をつくるコミュニティに参加し，文化をともに創造することと言い換えることができる。ここにも〈はたらく〉こと・〈まなぶ〉ことと「文化」との新しい関係を見いだすことができる。

3. 今後に向けて

　このように，〈はたらく〉ことをめぐる教育目標論を見渡すと，〈はたらく〉ことと〈まなぶ〉ことについてのいくつかのヒントが得られるだろう。

　第一に，〈はたらく〉ことと福祉・教育・文化との連携・統合の重要性である。〈はたらく〉ことはこれまでも〈まなび〉の場である場合が多かったが，これに加えてケアの場であり，そして文化創造の場でもあるようなかたちが，今後ますます重要になってくると思われる。それは，新しいテクノロジーの登場によっ

て，あるいはグローバルな競争によって，労働からの疎外がさらに進む危険性があるからである。

また同時に，そうした〈はたらく〉ことと諸領域との連携・統合を促すための社会的基盤の整備やアーキテクチャが必要だということである。たとえば，アイヌ文化を継承する北海道の二風谷小学校では，アイヌ語とアイヌ文化は，継承すべき地域の文化であると同時に観光資源として位置づけられ，「総合的な学習の時間」等でその担い手を育てる実践をおこなっている。

第二は，そのような〈はたらく〉ことと福祉・教育・文化との連携・統合が進めば，これまでの能力観からの転換が迫られるということである。〈はたらく〉ことは同時に〈ケアをする〉こと，〈まなぶ〉こと，〈文化をつくる〉ことであるとするならば，公教育の目標についても，学校が外部の要求をそのまま引き受けるのではなく，「文化」をくぐらせてより人間的なかたち，教育的価値をもつものとして目標化していくことが求められる。

第三は，学校，とりわけメインストリームの文化を中心に展開されてきた公教育は，これから多様な場へと広がりを見せていくことが予想されることである。たとえば，NPOやフリースクールのほか，第8章，第9章でみたように，イントロダクション・プログラムや特別支援学校高等部専攻科など，現場の工夫と裁量が許される場で〈はたらく〉ことと〈ケアをする〉こと，〈まなぶ〉こと，〈文化をつくる〉こととの連携・統合が進んでいる。もちろん，学校と外部との境界は地域や担い手により一様ではないため，目標の共有をめぐる葛藤があらたに生じる可能性もあるが，これまでの公教育の範囲を超えてあらたな模索と創造，変革の試みがなされていくだろう。教育目標論は，そうした公教育の周辺領域からの提言を真摯に受けとめる，開かれた教育目標論であることが望まれている。

第 **III** 部

〈おさめる〉
ことをめぐる教育目標

第Ⅲ部への招待

〈おさめる〉という表現からは，社会で権威・権力をもつ少数集団が，多数の人びとを拘束することがらを決めて秩序をつくる＝「統治」というイメージをともなう。しかし，この第Ⅲ部では，個人が住民，市民，国民，さらにはグローバルな市民として，よりよき生を営めるように自分たちがすべきことがらに関して，討議や熟慮をしたうえで，合意・決定し，実行していく主体になるという意味を込めている。

21世紀に入って民主主義政治体制をとっている国家において，「いつのまにか政治が自分たちでは関与できないものになってしまい，逆に政治によって翻弄されている」という「政治的疎外感」が人びとの間に広がっている。そこから，自分は政治に何かをできるわけでもないと背を向けてしまう「政治的無力感」や，政治不信から他の集団への批判・攻撃に向かう「排外的感情」や，政治的局面を一挙に変えてくれる「カリスマ的リーダー」に期待・同一化する感情も生まれてきている。

日本においては，21世紀に入って短期間の政権交代はあったものの，小選挙区制度のもと保守政党の長期政権が続き，首相権限は大幅に強化され，国会で各法案が十分に審議され，熟慮された論戦が行われているとは言い難い状況が続いている。また，世界的な新自由主義の考え方は，日本の多くの人びとの価値観にも浸透している。経済の市場メカニズムを信頼し，政府の介入はできるだけ排除し，そのことによって企業が活力を取り戻し，経済活動が活発になることが自分の生活にも恩恵として反映されるだろうという考え方が，保守政党の長期政権を支えている。しかし，日本社会は財政に巨額の累積債務を抱え，人口減少・少子超高齢化社会に向かっている。持続可能な社会保障制度をどのようなものとして構想していくのか，異次元金融緩和後の経済政策について，その出口をどういう道筋で構想するのか，国民の負担はどうなるのか等につい

て，討議や熟慮をしたうえで，合意・決定し，実行していくことができる政治
が求められている。

　第III部では，自分たちがよりよく生きる社会における公共的な利益や価値，
政策とは何かについて，他者とともに熟慮や討議をし，合意・決定に参加し，
実行していく能力を身につけた市民を育成していくためには，学校教育は何が
できるのか，何をすべきなのかについて考察する。

　第10章では，戦後日本において「おさめること」に関わる人間形成の歴史
的変遷を追う。日常意識に根づきをもつ政治主体形成の実践の系譜が提起する
現代にも通じる教育的課題を析出する。

　第11章では，現代の政治経済政策にも強い影響力をもつだけではなく，学
校の公的な教育内容にも影響をあたえている新自由主義の見方・考え方を検討
する。そして，新自由主義の見方・考え方を批判的に捉えて克服しようとする
教育実践を取り上げその意義を論じる。

　第12章では，政治主体形成という教育目標論の具体化のなかで陥りがちな
難点を教育実践はどのように引き取るのかについて考察する。教室での合意形
成の困難の問題，意見表明できる「強い市民」という視点からだけで教育目標
を考えることが望ましいのかという課題が論じられる。

　第13章では，オーストラリアの事例をもとに，グローバルな課題となって
いる「持続可能性のための教育」という課題に対して，学校教育はどのような
目標を構想し，どのような取り組みが可能なのか検討する。

　第14章では，現代の日本の労働運動や福祉運動の分野での「人づくり」の
実践から，教育目標の構想に示唆する課題をまとめている。

　第III部の小括では，以上の検討を踏まえて，民主主義政治体制に必要とされ
る成員（市民）の能力の育成に関して学校教育が何をすべきか，何ができるか
について教育目標の観点から課題をまとめる。

第 10 章

〈おさめる〉ことをめぐる戦後教育史

——政治的教養と政治的活動はどう保障されてきたのか

平岡 さつき

本章では，戦後日本において〈おさめる〉ことに関わる人間形成，すなわち政治主体形成がどのようになされてきたのか，その歴史的変遷を追うことにする。まず，アジア太平洋戦争後の学校教育における社会科学（歴史学や政治学，経済学など）を母学問とする社会科，そのなかでも公民教育の展開や特徴をおさえる。次に，その特徴を深部で探るため，社会科学における政治主体形成の理論，とりわけ人びとの日常意識に根づきをもった政治主体形成を俎上に載せた先行研究に学び，その系譜に位置づくと考えられる 1940 年代後半〜50 年代の典型的な実践を取り上げて日本における政治主体形成の可能性を探る。さらに，一貫して「主権者教育」を自らの社会科実践の目標としてきた 1970〜80 年代の実践を取り上げて考察する。これらを通して現代の〈おさめる〉ことに関わる教育目標のあり方を検討したい。

1. 戦後民主主義理念を実現する「主体形成」の模索

（1）社会科の展開と公民教育の課題

〈おさめる〉ことに関わる人間形成，すなわち政治主体形成に関わって，1947 年に公布された教育基本法第 8 条および「改正」教育基本法第 14 条（2006年）では次のように規定されてきた。

「良識ある公民として必要な政治的教養は，教育上尊重されなければならない。法律に定める学校は，特定の政党を支持し，又はこれに反対するための政治教育その他政治的活動をしてはならない」

このような法のもとで〈おさめる〉ことに関わる人間形成を主として学校教育で担ってきた教科は戦後生まれの社会科である。

社会科の中心概念として要請されてきた「公民的資質」の育成はどのように

なされてきたのだろうか。おおよそ 10 年ごとに改訂されてきた学習指導要領の影響下で社会科は揺れ動くことになった。1940 年代後半には「社会科学と社会科の結合原則の自覚と形成」が課題視され，1950 年代には融合（総合）社会科への批判，克服が課題とされた。1960 年代には社会科学科論の提起がなされている。1970 年代には地域に根差す教育と「科学的社会認識形成の社会科論」の深化がめざされた（臼井 1982）。1980 年代後半以降「市民的資質」育成を具体化する研究が推進され，2000 年以降シティズンシップ教育の名のもとに展開されてきた。

　この歴史的過程において社会科実施 50 年の節目である 1996 年には，学校教育における公民教育が社会適応に傾斜したもので，社会の形成者を育成するという側面は不十分であるという指摘が噴出した（魚住，上田，二谷 1996）。それらのいうところに耳を傾けると次のようなものであった。公民教育は本来，現実社会への適応能力，態度の育成を促す一方で，今日的課題を的確に把握し，未来社会をも視野に入れて問題解決を志向するという内容で構成されている。この本来の目的を達成させるには，より望ましい社会の創造のために積極的，意欲的に参加し，行動する精神や態度の形成を促す「社会改造（形成）」のための教育的支援が望まれる。しかし実際は，既存の社会への適応，順応に傾斜しているのではないか，と。

　1940 年代後半から 1950 年代にかけて勝田守一は，「公民教育は，何を学習させるかということよりも，むしろどういう目標に向って，若い世代を育てて行くかという点に重要な問題がある」として，「いつも国家や社会の現実問題に面して，これをできるだけ人間的に合理的に解釈して行くという動的な姿」が肝要であるとした。そして，「社会改造（形成）」への参画能力・精神の目標構成を示して，「合法的な社会改造の意欲と能力」，「主体的な決断や態度決定」，「人間的で知的な行動の価値」，「自主的学習の習慣」，「思想の交換および表現の能力」，「批判力」などの開発・育成が不可欠な課題であると指摘していた（勝田 1947，1952）。

　にもかかわらず公民教育が社会への適応，順応に傾斜した原因を上田薫はのちに，教育の政治的中立，教員の政治活動の禁止を定めた教育二法の成立（1954年）にあったと指摘している（上田 1989）。また，1960 年代安全保障条約をめ

ぐる動向をうけて当時の文部省が出した通知「高等学校における政治的教養と政治的活動について」（1969年）も，この背景に関わる歴史認識として把握しておく必要があるだろう。通知には，「一部の生徒がいわゆる沖縄返還，安保反対等の問題について特定の政党や政治的団体の行なう集会やデモ行進に参加するなどの政治的活動を行なつたり，また政治的な背景をもつて授業妨害や学校封鎖を行なうなど学園の秩序を乱すような活動を行なつたりする事例が発生している」と，当時の文部省の認識が示され，高校生の政治活動はほぼ全面的に制限されていたのである。

　時代状況が大きく変化した今日，政治的主体形成の実状はどうなっているのだろうか。1950年に制定された公職選挙法は，2015年6月に初めて一部改正され，有権者の年齢は満20歳から18歳にひき下げられた。前述の1969年の通知以降，46年の時を経て文部科学省は2015年10月に「高等学校における政治的教養の教育と高等学校等の生徒による政治的活動等について（通知）」を出して，ほぼ全面的に制限されてきた高校生の政治活動のあり方の見直しを図った。また，「政治的教養は教育上尊重されるとともに，党派的政治教育その他政治的活動を行ってはならない旨，引き続き規定」としたうえで，同省は2016年3月に「「主権者教育の推進に関する検討チーム」中間まとめ」（最終まとめは6月）を出して，「主権者教育の目的」を次のように述べた。

　　　単に政治の仕組みについて必要な知識を習得させるにとどまらず，主権者として社会の中で自立し，他者と連携・協働しながら，社会を生き抜く力や地域の課題解決を社会の構成員の一人として主体的に担うことができる力を身に付けさせることとした（文部科学省2016）。

　そして，幼児期以降，各教育階梯における社会参画の態度を育むための体験的・実践的な学習プログラムを開発し，その成果を普及するとした。
　ここで改めて問うてみたい。社会科が任務としてきた「公民的資質」の内実は何なのか。社会科は，その役割を果たしてきたのだろうか。

(2) 戦後日本における社会科学の継承

　ところで，戦後日本で社会科学はどのように継承されてきたのだろうか。社会科学は日常意識においては蔽(おお)われてしまっている私たちの生きる世界の深い構造を開示する。私たちの通常の日常的な時空感覚を前提として，社会諸事象の因果関係を軸にして社会の動きを説明する学問である。

　戦後，社会科学では民主主義理念を実現する「主体形成」が模索された。そこでは，近代西欧社会的な市民性に依拠するもの（e.g.内田義彦）や，日本の「民衆」の日常生活倫理を軸とした主体形成に社会変革の契機を探るものなどがあった（e.g.安丸良夫）。内田は，近代西欧における社会科学的認識成立の構成要件，すなわち「市民的」意識形成の要件は，社会の状況に主体的に関わることや，公的な組織や制度は人間の生存や生活の保障のためにあると認識することであるとした。これらをとくに，主権者となるべき主要な要件としたのである（内田 1971）。

　このような近代西欧における社会科学的認識成立のあり方とは異なる日本人のありように着目したのが安丸良夫である。広く人びとの身辺的な生活世界から精神的に距離感のある政治や社会について，どのように認識形成が行われるかをテーマとして，日本における「自生の」社会科学を模索した。西欧市民社会のあり方とは異なる主体性のあり方や内在的な変革の契機を探ったのである。安丸は，日本の人びとの自己形成は，主に身辺的な生活世界で経験的に学んだ生活倫理を軸になされるとして，「通俗道徳」＝日常生活の律し方に表出されているとみた（安丸 1974）。日本における集権的で序列的な価値体系に吸収された生活規範としての「通俗道徳」的規制を問題としたのである。そして，極貧×「通俗道徳」の徹底の行き着く先に日常性を超越した教祖出口なおの生き方を通して「民衆的な通俗道徳の見地からする社会批判」の噴出を描いた（安丸 1977）。

　安丸によって描かれた日本人の精神構造の特徴は，先の「市民的」意識形成とは異なるものであるが，それこそが現代の日本人にも通底する課題への対応を想起させるとの指摘がある。それは，公的な組織や制度が人間の生存や生活の保障のために機能しているのかどうかと，制度のあり方のほうを問わないで自己を苛(さいな)む自己責任論である。2008年秋以降の世界的不況を背景に政策とし

てつくられた非正規雇用労働者の自己責任論に典型的に表れているというのである（寺田 2013：177）。

2. 日常意識に根づきをもつ政治主体形成の系譜にみられる実践

　ここで日本における「自生の」社会科学を求めた安丸良夫の系譜に位置づく政治主体形成の典型的実践として山形で展開された無着成恭編『山びこ学校』を取り上げよう。同書は，1948〜51 年までに山形県山元村（現・山上市）における中学校社会科の実践に基づく学級文集であり，生活綴方の学校教育における戦後復興のひとつとされてきた。子どもたちが携わった児童労働や自分の家や村の窮状が詩や作文にありのままに綴られている。そこにはリアルな現実認識と率直な意見表明がなされていた。厳しい現実に向き合い，窮状の原因を探り，打開する方法はないか課題解決を考えて行動した過程が叙述されている。この観点から，政治的主体形成の系譜のひとつと位置づけたい。

　次の(1)〜(6)は無着が『山びこ学校』の子どもたちに自身の行動を律する規準としてかかげた無着学級の「六か条のあいことば」である。

　　(1)いつも力をあわせて行こう。／ (2)かげでこそこそしないで行こう。／ (3)いいことを進んで実行しよう。／ (4)働くことがいちばんすきになろう。／ (5)なんでも，なぜ？　と考える人になろう。／ (6)いつでも，もっといい方法がないか，探そう（無着編 1970：432）。

　このような方針から経営されていた学級で綴られた『山びこ学校』に対して国分一太郎は，日本における政治主体形成のあり方に関わるとみられる視点から同書「解説」で次のように述べた。

　　（米式新教育方法，流行の総合カリキュラムつくり等が──引用者補足）封建的な意識を多分にのこし，また複雑な社会構造とそこから生まれているさまざまな考え方を内にふくめている日本の町や村の事情，そこでの人間形成に適さないこと，民主主義社会と，その社会にふさわしい人間的意識を，

これから形づくっていかなければならないという課題に適さないこと等になやんでいた。「もっと日本の事情にあったような，新しい日本人をつくるのにピッタリした方法はないものだろうか？」との戸まどいは，すべての教育者や社会教育者の間にあったのである（国分 1956 版「解説」：294）。

このように戦後民主主義理念や方法と，日本の地域の実情を踏まえた人間形成との関係を指摘したのは国分にとどまらなかった。佐野眞一は，「「山びこ学校」が提起しているのは，自己喪失症的な日本に対しての，また感動を失っている日本の教育界に対しての，根源的な問いである」（佐野 1992）と述べた。

このように，『山びこ学校』の取り組みを高く評価するものがある一方で，関係者からは厳しい実態が指摘された。無着の教え子は，「英語など社会科以外の学習は疎かにした。社会（生活）認識面でも欠陥をもつもので，農業問題に有効に対処できなかった」と糾弾する（佐藤 1960, 1970）。

無着自身も『山びこ学校』時代を振り返り，「ぼくが教えたこと，ぼくがかかげたあいことばに忠実であれば，より一層みじめな状況がそこに出現したであろう」と述べている（無着編 1970：432）。生活綴方の手法でリアルに現実の生活実態を認識しても，その現実を変革する術を教え得なかった遺恨を吐露したのである。

無着が東京の明星学園に異動した後の 1956～70 年の実践集『続・山びこ学校』で無着は，子どもたちが考える力をつけ，「個別的な現象をつらぬいているきまり，法則」を理解して，新たな課題に適用して解決できるように，「自然や社会の現象を法則としてとらえた知識を教えなければならない」と述べている（無着編 1970：2-3, 434）。同時期は，高度経済成長政策と連動して系統性重視へと教育課程の転換が図られ，教育の現代化が要請されていた。しかし，生活の課題に直面して課題解決の術がなかった悔恨のすえに教育科学研究会（国語部会）との出会いを通して無着が選んだのは，言語学や日本語研究などの科学的な方法を基盤とした日本語の教材開発という歩みだった。それはあくまでも思考言語としての日本語の習得と駆使であって，学校の「国語」科におさまるものではなかった（奥平 2016）。

寺田は，無着と教え子たちが，民主主義の理念を教育現場で身をもって定着

させようとしたのではないか，民主主義の感覚を日常意識として身につけていたのではないかと捉える。無着が求めた冷静な観察や率直な表現，何でも話し合って行動するという思考態度は，共同体の旧慣に寄りかかって相互の以心伝心をこととした日常意識や，天皇制軍国主義によってつくられた上意下達の意思形成とは相いれない物の考え方を育てるものだったと評価する（寺田 2013：41）。

　戦後「自己喪失症的な日本」にあって，日本社会の実情や日本人の人間形成に適した民主主義社会と人間的意識の形成という課題解決を探し求めていた人びとが，「新しい日本人をつくるのにピッタリした方法」，「事実に基づいた高度な論理的思考」の萌芽を『山びこ学校』に見いだしたという指摘は看過できない。日本自生の社会科学を求めた安丸の系譜に位置づく実践として『山びこ学校』を取りあげた理由である。

3.「主権者を育てる」安井俊夫の教育実践の意義

　次に 1970 年代から 80 年代に展開された安井俊夫の実践をみることにする。安井は社会科の目標を，主権者としての基礎的な力を培うことであるとした。そして，「その基礎的な力の一つは知識である。もう一つはその知識をひとごとにせず，どうしたらいいか自分も考え，判断する力である」と述べている（安井 1985）。自らの実践の目標を一貫して「主権者を育てる」ことにあるとした安井の中学校 1 年生の社会科「スパルタクスの反乱」の授業を取り上げよう（安井 1985）。「ローマ帝国」（2 時間扱い）の 1 時間目の授業は，紀元 79 年に噴火したヴェスヴィオ山の火山灰に埋もれたあと発掘されたポンペイの街並みを写した大判のグラビア教材を見せることから始まる。ローマ帝国の生産を支えていた 150 万人ともいわれる奴隷の生活に着目させ，奴隷たちが自由解放を求めて戦いを展開した「スパルタクスの反乱」を扱うことでローマ帝国の諸側面（ローマ軍，市民たちの生活，農場・生産等）に触れることができると考えた授業であった。

　授業のねらいは，奴隷たちが自由解放，祖国への帰還を願って戦いをくり広げたことをつかむことであった。奴隷たちの願いをつかんで初めて，子どもた

ちが自らの目をローマ社会のしくみに向けることができるとして，どうすれば
奴隷たちの願いが子どもたちにわかるのかと苦心している。安井は，「ひとご
とのように分析したり，解釈したりするのではなく，「ひどい！」「ゆるせない！」
と自らかかわっていく，そういう動きがなくてはならない。奴隷たちとともに
感じ，考えていくという視点である」(安井 1985：50) と述べている。

　そこで展開部では，まず奴隷たちが毎日働きながら何を考えていたのだろう
かと想像させ，次に反乱を起こすことの難しさを考えさせ，その難しさを乗り
越えて反乱のなかに身を投ずる奴隷たちの心情に寄り添うような授業が行われ
ている。そうすることによって奴隷たちの願い (自由解放・祖国帰還) がわかる
のではないかと考えたという。そして，剣闘士奴隷のスパルタクスたちが70
人で反乱に踏み切ったことや反乱の経過を追い，各地から 10 万人を超える奴
隷が参加したことを説明。その後に，「ローマ進軍か，アルプスを越えて祖国
に帰るか」,最後は悲劇に終わったが〈むだなことをした〉と思うか〈意味があっ
た〉と思うか，と発問して生徒の意見表明を促している。授業を通して生徒た
ちの想いは，「ローマ進軍」が 20 人を超えたのに対して「祖国に帰る」が 8 人
という結果に誘われることになった。

　この授業が歴史認識を正しく導くものであったのかをめぐり「歴史学と歴史
教育のあいだ」論争が勃発することとなった。歴史学者はローマ期の奴隷たち
が解放されて「帰郷」することが歴史認識として妥当であるとした (土井
1989)。「ハラハラドキドキ」奴隷の想いに共感する歴史学習を進めた結果，歴
史研究と乖離する認識を導くことになったこの実践の有効無効をめぐって，歴
史学者，教育学者，教育実践家がそれぞれ論戦を交えたのである (歴史学研究
会編 1993)。

　村井淳志は，安井が重視した「判断」について，それまでの「認識」への通過
点であるという解釈を退けて，その「判断」こそが「認識 (学ぶこと) と行動 (生
きること) を媒介する契機」であり，「行動なき知識と知識なき行動の両方を批
判する契機」であると捉えた (村井 1996：29)。「判断」はときに探究のプロセス
を切断するがゆえにつねに危険を伴うものであるとしつつ，安井が子どもに求
めたものを「小さな研究者」ではなく「小さな生活者」ではないかとみたのであ
る。このように「目標」との関係で安井の実践を論じなければ些末な議論とな

ると指摘していた (村井 1996:28)。村井は安井の実践を，「生活者としての知を重視する」ものであり，限られた情報と時間のなかで自らの責任において「判断」を迫られる状況を積極的に引き受け，一つひとつの判断局面を常に緊張感をもって迎える姿勢こそ最も重要な養うべき「主権者」としての資質と考えられていたと捉えた。後に村井は，安井の教え子たちからの証言によって，その実践が安井の主張どおり「主体を明確に打ち出す発言を引き出す」ものであったことを確認している。

　こうした安井の実践は，1980 年代以降，中学生の質の変化によって必ずしもうまくいかなくなったという。この安井の感慨を引き取った村井は，「主権者を育てる社会科」にとって，子どもの生活に即した民衆像（人間像）・歴史像の再構成が避けられない課題であるとしていた (村井 1996:61)。1970 年代後半以降，庶民＝被害者という図式が簡単に成立しなくなった社会状況や，国民（子ども）の社会意識の変化を捉える必要があるとしたのである。子どもの社会認識が深まれば深まるほど，搾取と被搾取といった単純な対抗図式で物事の把握ができなくなる。子どもたち自身がときに搾取とされた物の恩恵を被り，享受する側にあることを認識するためである。この時点での村井の指摘は重要であって，現代においても子どもの生活に影を落とす社会状況をどのように把握し，授業のなかにそれらを踏まえた生活者像（人間像）をどのように位置づけていくか課題となろう。

4.〈おさめる〉ことの教育目標論への歴史的示唆

　本章では，日本人に一般的にみられた政治概念に関わる受容の特質や，1940 年代から 80 年代にかけて行われた必ずしも多くはない政治主体形成に関わる実践事例をみてきた。このかん 1950 年代冷戦構造下のイデオロギー対立を背景とした教育の「非政治化・脱政治化」政策から，1990 年代以降の冷戦構造の終結，55 年体制の終焉を背景とした福祉国家構築への「再政治化」へと転換がはかられた (小玉 2016)。1970 年代後半ころに安井俊夫が気づいた子どもたちの質の変化や余儀なくされた実践の変容は，グローバル化，個人化，社会の流動化の進行を背景として，その移行期に認識されたものであったといえよう。

現代は,「自由な存在である個人に合わせて,制度を設計したり運営したりせよ,という声が高まった時代」であるといわれている (広田 2009)。

　個人化が進行する現代にあって,学校教育における教育課程の編成や教育目標の設定に求められるものは何か。本章で述べてきた日本における社会科学の特質や教育実践から政治主体形成にとって何を学ぶことができるだろうか。

　無着の綴方実践は,具体的な解決に導くものではなかったとはいえ,自分の言葉で生活事実や率直な想いを綴り,課題の存在や構造に気づき,それらの解決に向けて他者と話し合っていく方法をとっていた。このような思考・行動様式には現代に継承されるべきものがあるのではないか。現代においても社会にみられる既存の価値やそれに基づく行動様式を捉えなおし,改善を図っていく政治主体形成のスタート地点になりうると考えられるからである。

　いっぽう安井の実践は,時代を超えて,社会事象についてのフィジカルな課題把握や社会的当事者意識の形成のあり方について示唆的である。「生活者としての知を重視する」実践は,限られた情報と時間のなかで,自らの責任において「判断」を迫る状況をつくりだしていた。ただ,共通体験が必ずしも存在するわけではなく個人化が進む現代にあって,状況を積極的に引き受け,一つひとつの判断局面に対して当事者意識をもって思考・判断を培うような授業をどのようにつくっていけばよいのか。安井の授業にみられた「主体を明確に打ち出す発言を引き出す」実践は現代においても可能なのか。多様な個人がそれぞれの意思をもつ現代には,他者の意見を聴き,他者との違いを受け入れる姿勢がよりいっそう求められよう。そうした協働性を意識した環境設定は教師が担う重要な役割の一つと考えられる。

　1980 年代から続く新自由主義政策のもとで,集権的な秩序意識から自由な「個」としての人格的成長論を論じた寺田光雄は,課題群への視点として,集団帰属意識の存在と問題性,半周縁地域との関係性の把握,政治・経済・文化の中心と周縁性 (地域・階層・家族,制度など) の構造的な繋がりの把握,環境問題,差別・格差問題 (民族・性・地域・障害者など) とのコミットを重視している (寺田 2013:286, 382)。社会科はもとより学校内外の教育活動を通じて,こうした課題について探究できるようなアプローチが求められよう。

　日常意識においては蔽われて見えない私たちが生きる世界の深い構造を探究

し，私たちの日常的な感覚や知的な認識を前提として，主体的に社会に参画できるような学びが望まれる。学習者の生活や学習者自身の気づきからアプローチできるようなカリキュラム，指導過程や学習形態，学びの環境をどのように保障していくか。社会事象についてのフィジカルな課題把握（当事者意識）をどのようにして可能にするか。学習者どうしの協働性，討議や熟議，実行の継続性が重要となる。

　今日，諸課題への気づき，課題に関する情報収集，情報の正確な認識，自己判断や協働的な課題解決へと学びを保障するためには，必要に応じて学習者が安心して自らの実存的立脚点を表明できるような関係性や雰囲気が整っていることが前提となる。教育目標の構想には，これらのプロセスにおいて学習者自身が目標設定の主体として位置づけられ，個々人の協働性が図られることが望ましいのではないだろうか。

【引用・参考文献】

上田薫（1989）「批判的精神こそ社会科の原点」『歴史地理教育』No. 440,『歴史地理教育実践選集 1』（新興出版 1992）:224-234.

上田薫（1996）「社会科 50 年と今後の使命」『社会科教育研究』No. 74, 1-7.

魚住忠久（1996）「戦後 50 年と社会科 ── 『公民教育社会科』への回顧と展望」『社会科教育研究』No. 74, 30-38.

臼井嘉一（1982）「戦後社会科教育の総括と展望Ⅱ　社会科学と社会科をとらえる視点」『社会科教育論叢　日本社会科教育研究会年報』8-11.

内田義彦（1971）『社会認識の歩み』岩波書店.

奥平康照（2016）『「やまびこ学校」のゆくえ ── 戦後日本の教育思想を見返す』学術出版会.

勝田守一（1947）「慣習の形成 ── 公民教育の二つの問題について」『公民教育』1 (1)（1947　創刊号）.

勝田守一（1952）「社会科をどうするか ── シンポジウム"社会科の再検討"提案」『教育』2 (1)（1952）.

勝田守一（1972）『勝田守一著作集 第 1 巻 戦後教育と社会科』（国土社）:107-116, 250-260.

国分一太郎（1956）「解説」『山びこ学校』1956 年版所収，百合出版.

小玉重夫（2016）『教育政治学を開く』勁草書房.

佐藤藤三郎（1960）『25 歳になりました』百合出版.

佐藤藤三郎（1970）『底流からの証言』筑摩書房.

佐野眞一（1992）『遠い「山びこ」』文藝春秋.

寺田光雄（2013）『生活者と社会科学』新泉社.

土井正興（1989）「スパルタクス蜂起で子どもに何を問うか」『歴史地理教育実践選集 36』（新興出版 1992）：209-214.

二谷貞夫（1996）「社会科の本質とはなにか」『社会科教育研究』No. 76, 46-48.

広田照幸（2009）『自由への問い 5 教育 せめぎあう「教える」「学ぶ」「育てる」』岩波書店.

無着成恭編（1951）『山びこ学校』百合出版.

無着成恭編（1970）『続・山びこ学校』むぎ書房.

村井淳志（1996）『学力から意味へ』草土文化.

文部科学省（2016）「「主権者教育の推進に関する検討チーム」中間まとめ〜主権者として求められる力を育てるために〜」
https://www.mext.go.jp/component/a_menu/education/detail/__icsFiles/afield-file/2016/04/13/1369159_01.pdf（2021 年 7 月 2 日閲覧）

安井俊夫（1985）「「スパルタクスの反乱」の授業」『歴史地理教育実践選集 31』（新興出版 1992）：48-53.

安丸良夫（1974）『日本の近代化と民衆思想』青木書店.

安丸良夫（1977）『出口なお』朝日選書.

歴史学研究会編（1993）『歴史学と歴史教育のあいだ』三省堂.

第11章

新自由主義イデオロギーに対抗する政治主体形成の教育実践

久保田 貢

1. 新自由主義の教育目標・内容への浸透

新自由主義・構造改革が本格化して四半世紀，日本社会はすでに「新自由主義の時代」ともいわれている（歴史学研究会 2017）。新自由主義とは，階級権力の回復や資本の再構築をめざした理論，あるいはその政治的プロジェクトである。資本は市場のさらなる拡大と，徹底した支出の抑制，その他の階級権力回復のための諸実践を，国家権力を用いてすすめようとする（新自由主義国家の創設）。人件費の削減のみならず，「小さな政府」を実現することで法人税と社会保障負担の抑制をはかり，公的サービスを縮減させ，逆にサービス撤退領域で資本の市場の拡大もする。社会権的基本権を剥奪し，それらを国家による保障ではなく自己責任領域への転換を図る（ハーヴェイ（Harvey, David）2005=2007）。

教育領域では，大別して2つの方向からこの新自由主義の影響を受けている。ひとつは，教育制度・教育行政における新自由主義的改革である。もうひとつは，教育目標・教育内容における新自由主義イデオロギーの浸透である。

教育学において，「新自由主義教育改革」と呼ばれ（日本教育法学会 2009），2000年代はじめより先行研究が蓄積されてきたのは主に前者についてであろう。エリート育成への資源の重点配分をはかりながら「小さな政府」実現のために他の教育予算は削減し，いわゆる「選択と集中」をはかる。競争的環境を醸成するために学校設置制度の多様化をはかって学校選択制を拡充し，序列化をすすめる一方，教育を「市場化」する。「学力テスト体制」でさらにテストと一体化させた目標管理・評価システムをはりめぐらせて，競争を促進する。教職員も評価システムを用いながら階層化させ，リーダー層の権力強化をして上意下達で改革を断行する（中嶋 2013）。

これらの教育制度の新自由主義的改変のみならず，教育目標・教育内容にまで新自由主義イデオロギーが浸透している。たとえば，2008年学習指導要領から特に自己責任を強調する文脈が増えていて，「食育」「安全」などがその例である。食育は健康を自己責任の範疇に置いて福祉・医療の支出削減を図る流れから2000年代半ばより強化された（久保田2014）。本来，国家が保障すべき国民の安全も，自助・共助の領域とされ，「安全・安心」キャンペーンのなかで学校教育においても重視され，監視社会と安全格差社会が形成されていく流れにある（久保田2017）。「持続可能」の語が増加しているのも特徴のひとつである。もともと「地球環境を維持する」という意味から始まったsustainableの概念が，日本では開発の持続可能，社会保障の持続可能といった異なる意味合いでも使用されていて，学習指導要領もその文脈で書かれている。さらに，環境維持の責任を個人に強いていて，行政・企業の責任が放棄されている。これらは学問研究の成果がとりいれられたものではなく，新自由主義・構造改革が政治的に要請したものにすぎない（久保田2010）。

　教育目標・教育内容への新自由主義イデオロギーの浸透は，資本の新段階における教育戦略とみることもできよう。日本における新自由主義の駆動は雇用の流動化や格差と貧困を拡大し，とりわけ2000年代初頭より国民生活に大きな混乱をもたらしていた。これを受けて，「貧困」研究が2000年代半ばより活発になり，憲法学では社会権的基本権を再確認する研究もみられた。富の再分配をいかに進め，資本の過剰な蓄積を食い止めるのか，働き方をいかにまっとうなものに改めていくかといった観点での経済学関連の研究もすすめられた。教育制度の新自由主義的改革の問題点とその対抗を模索する研究も進展してきた。しかし，それゆえにこそ，教育政策としては科学の成果と教育とを分断する必要もあり，新自由主義イデオロギーを広める教育目標・教育内容を「現代的課題」として盛り込んでいった[1]。それによって新自由主義に親和的な，あるいは新自由主義社会を構築する主体形成をめざしたのである。

　新自由主義に対する理解がいまだ広範なものとなっていない現在，新自由主義への懸念も意識もないままに社会が新自由主義に覆われ，学校現場も新自由主義システムのなかで稼働させられている。教育現場が新自由主義を普及・促進する場になりつつあるとき，教育目標・教育内容研究に何が求められている

のか。そのひとつは，新自由主義に対抗的な実践の可能性はどこにあるのか，その特質を明らかにすることであろう。

　本稿は以上の問題関心から，3人の教育実践に注目するものである。第2節で上野山小百合，第3節で草分京子（ここまで小学校），第4節で平井敦子（中学校）の教育実践を分析し，第5節で教育現場ではどこに対抗の可能性があるのか，検討する。

2. 上野山小百合の授業から

　上野山小百合は大阪の小学校教師で，「健康教育」の枠組みで数々の実践記録を発表している。上野山はヴィゴツキーに学びながら，「子どもたちの生活的概念と教師が教えたいと思う科学的概念が合わされる最近接領域」を探っていて（上野山 2010：11），「健康」はまさに子どもたちにとって身近な生活に関わる内容が多い領域であった。上野山の実践記録に「新自由主義」のことばはないが，「自己責任」を強化しようとする圧力にはきわめて敏感で，これに抗する形で実践に取り組んでいる。たとえば「すいみん」の授業では，早寝できない子ども，睡眠障害の子どもも見ていて，その家庭の事情などを知っているから，2006年から本格化した「早寝早起き朝ごはん」の国民運動に違和感をもって授業を組み立てている。「「すいみん」も含め，健康問題の背景にあるのは社会問題で，大人も長時間労働が蔓延し，夜中も働き続けないといけない社会の影響を子どもも親も受けている」という認識をもつことをねらいとし，「健康問題を個人の責任，心がけ主義にしてしまわない授業」を探究するのである（上野山 2011：30）。

　以下，ここでは上野山の2つの実践をみていく。

（1）「新型インフルエンザ」の授業

　上野山の勤務地である大阪府では2009年の「新型インフルエンザ」の流行時，国内初感染者が出て大きな騒動となった。まるで感染者が犯罪者であるかのような扱いに違和感をもった上野山は，新型インフルエンザを学びあう授業を試みる。担任ではない6年生に対して3時間だけ時間をもらってすすめた実践で

ある（上野山 2010）。

　第 1 次，スペイン風邪の写真を導入に，「これは何の写真？」の問いから始め，スペイン風邪以降の「新型インフルエンザ」の歴史を振り返る。そして「新型インフルエンザ対策として国にどんな対策をしてほしいですか？」という「社会的視点の問い」をじっくり考えさせて，意見交流する（上野山 2010：9）。第 2 次は厚生労働省のワクチン解説資料を学ぶ。有効性の不確かさ，副作用の危険性を曖昧に記して自己責任にしようとする意図がうかがえる文面だが，子どもたちはそれを見抜いていたという。そして免疫のしくみやワクチンのしくみを劇にして説明する。生活と結びつけて生物学的概念を学ぶことで，子どもたちは社会的視点からインフルエンザを理解するようになる。第 3 次は，これまでの知識をもとに，感染者をどう見るのか，自分が感染したとき周囲のことを考えて自分はどうするかを探究する。インフルエンザで「休む」のは自分のためであるが，それだけではない。「弱者の存在に気づき，みんなでみんなの健康を守っていく」ことが必要であり，そのことを考えるのもねらいとしていた（上野山 2010：10）。そして最後に，「次に新型インフルエンザが発生したらどうする？ 自分は？ 社会は？ 弱者に対しては？ 国は？」を考え，交流する。

　上野山はこう述べている。インフルエンザの指導といえば，「手洗い・うがい・マスク」のイメージで，「自分の体は自分で守る」という保健指導が多い。しかし「病気を社会との関係の中で見ていくことが必要だ。病気まで「自己責任」と見る社会の問題を子どもたちと学び，「健康は社会のみんなで守っていくもの」という意識を育てたい」。それゆえ，「病気を自己責任としてかたづけないで，社会問題としてとらえ，弱者の視点からも考える」（上野山 2010：8）ことを教育内容のひとつに挙げていたのである。

（2）水俣の授業

　上野山は社会の公害学習でも健康教育の観点ですすめ，5 年生で水俣病をテーマ化している（上野山 2014）。厳しい家庭環境にある子どもたち，受験競争など競争原理に傷つく子どもたちを前に，「命」を主題化した学びをつくる。「命」を問うことで，彼らの関係性に変化をもたらし，仲間づくりができるのではないかと考えたからである。

導入に，同じ世代の「子ども」が水俣病によっていかに体を蝕まれたのか，示す。次時では，いつまで排水を流していたのか，という子どもの疑問をもとに，それを表すグラフを提示。さらに，保護者の弁護士や学生サポーターの助力も得ながら，水俣病裁判や化学的な説明を加える。そうして具体的な事実を確認しながら，環境を汚すと人に被害を与えて命まで奪うこと，正しいことを知らされていないので被害者も拡大した過程を子どもは学んでいく。

冒頭の「子ども」の教材化もそうだが，上野山は教材選択の際に，「具体的に「患者の○○さん」の生活を想像し，生き方に触れて」（上野山 2014：22），学ぶことができるようにと考えている。それによって，子どもたちは「遠くで起こっている問題でも自分の問題として考え，人の悲しみや喜びに共感する心が耕されていったようだった」という（上野山 2014：23）。そして，その耕された心の表現活動をすすめている。上野山は子どもの感想や疑問を学級通信に掲載して保護者との対話を試みたり，親子間，友達間で「えんぴつ対話」を誘って学びを深めたりしている。上野山は授業の成果を次のように述べている。

「健康教育を学んで，社会の仕組みが見えてきた。子どもたちは，素直に「社会をよりよく変えたい」と考える。子どもたちが授業で，仲間や親子の関係も紡い直しながら学んで生まれたエネルギーが社会変革の方向に向けられ，生きる力になっていくのだと思う」（上野山 2014：23）

2020 年の「コロナ禍」において，感染者が糾弾されるような状況も生まれるなか，上野山の健康教育はきわめて先進的な視座も示していたといえる[2]。

3. 草分京子の授業から

草分京子は，三重県下の養護学校，小学校に勤務してきた。「地域」にこだわり，地域の自然，地域で働く人びと，地域の歴史，それらをつなぎあわせ，子どもの声を紡ぎながら授業を創っていく。子どもの反応を見ながら授業のなかでカリキュラムを創っていくことも多く，ここでとりあげる実践もそのような傾向がみられる。

今回，注目する 2 つの実践は，どちらも「食」が関わるものである。「食育」が健康の自己責任化を意図する文脈で導入されているのに対し，草分の「食育」

はそれとはまったく異なる広い視野をもっている。

(1) 松阪牛の肥育農家に学ぶ

　草分は地域の特産，松阪牛の学習に取り組む（草分 2008）。学びは松阪肉と輸入肉の食べ比べから始まり，学びの過程でも地元の松阪肉を給食献立に取り入れてもらう。栽培したり食べたりすること，それが学びに必要だと草分が考えているからだ。

　食べ比べて，輸入牛より格段に上質の松阪牛の味，香りを確認した後，牛の個体識別表示を調べて生産者である肥育農家にたどりつく。肥育農家・森本さんから牛を育てる労働を聞き取り，さらに食肉公社での解体の見学をする。大量の血を流して死んでいく牛の姿は子どもたちの心に響くという。一方で，アメリカなどでは牛の登録もしていないし，BSE検査も曖昧，肥育日数も短く，エサも安いことをビデオや聞き取りで学ぶ。松阪牛とは一頭一頭にかける経費も異なり，しかも多角経営のなかでの肥育である。輸入肉の安さと安全性を学び，子どもたちは「国産牛・畜産農家を守ること，自分たちの食を自分たちで選び考えることの大切さを感じ取」っていたという。そして子どもたちの思考は「「なぜ国産牛や日本の肥育農家を守らないで，危険な輸入肉を入れるのか」と，日本の貿易問題を考える」ようになっていく（草分 2008：13）。経費の点から松阪牛が決して高価とはいえないことを学び，「日本の農家を守る「政策」」の必要性を理解するようになる。

　ところが子どもたちは，飼料費の比較から，松阪牛のエサは輸入飼料であることを知り，飼料がどのように作られているのかを学ぶことになる。当時，97％をアメリカに頼っていたトウモロコシはバイオ燃料として高騰し，しかも栽培のために窒素肥料を投入するので土壌を荒らす。大豆はブラジルからも輸入しているが，ブラジルでは牛を飼う牧場のために熱帯雨林が消失し，土が荒れて牧草が生えなくなると大豆畑にする。子どもたちの学びは広がる。

　「私たちに「命をくれる」と感謝していた松阪牛まで世界の環境破壊に関わっているんだと気づき，なんとかしていきたいと考える」（草分 2008：15）

　地域の松阪牛の学習は，牛肉の食に始まり，世界の環境破壊の問題まで視野をもつに至るのである。

(2) 川の学習から海苔の学習へ

年度はじめ，草分は「みんなのことをもっと知ろう，もっと遊ぼう」（草分 2004a：42）と，校区南に流れる三渡川に出かける。そこでの川の生き物調べ，シジミとり，シジミの料理作りから学習は始まった（草分 2004a, 草分 2004b）。「昔はもっとたくさん生き物がとれたんじゃないか」「どこへ続いている川なの？」（草分 2004a：43）等の子どもの疑問に従って，専門家の助力を得ながら川の水質調査をする。祖父母の代よりずっと汚れてしまった川。シジミやヨシが川を浄化していることも実験で確認する。グループ学習では，新田開発や堤防工事の歴史，河口の干潟の生き物調査もしている。さらに，「川の学習は「川だけ」で終わるものではない。山・川・海へとつながる視点が必要」（草分 2004a：45）というねらいから，伊勢湾上の答志島へも社会見学に行く。そこで黒海苔生産のさかんな島内を見学し，「「海の恵みで生活している人たちがいる」「川の汚れで困る人がいる」」（草分 2004a：45）ことを知って驚く。黒海苔は環境の変化で大打撃を受けるので，漁師たちは山へ木を植えに行く。川は山と海をつなぐ。その気づきから，今度は自分の地域の青海苔養殖への学びへと子どもたちの意識は高まっていく。

三渡川河口の青海苔養殖は，20 名の生産者で，生産量・品質ともに全国一であった。海で見学しながら聞き取りをすすめ，三渡川の汚染のため黒海苔から青海苔へと転換していったこと，彼らも山に植林をして環境を守っていることなどを学ぶ。温かい海苔の味噌汁や海苔のおもちもごちそうになりながら，海苔づくりの歴史や生産過程に密着し，食と環境と地域の人びとの労働がつながる学びとなっていたのである。

4. 平井敦子の授業から

平井敦子は札幌市内の中学校社会科教師である。「貧困」が可視化され始める 2007 年頃，「人間らしく生きて働く」とは何かを子どもや保護者に問いかけながら実践をすすめている（平井 2008, 平井 2009）。

平井は公民の経済分野で，まず憲法第 27 条，第 28 条の労働権の復習をした後，労働基準法に関わる内容をワークシートで確認する。アルバイトで有給

休暇がとれるのか，最低賃金のしくみ，等についてである。そしてNHK特集「ワーキング・プア」(2006.7.23)を視聴する。その感想を交流したうえで，かねてより準備していた「先輩からの手紙」を読む。平井はかつて自分の担当した20〜30代の卒業生に，現在の労働の実態について問う手紙を送っていた。その返信を教材として読みあうのである。地域に生きる自分たちの先輩の労働の実態を，これもワークシートを用いて読み取らせ，感想を交流する。

　さらに，貧困の実態を示すいくつかのデータを示し，国民生活が破綻する一方で大企業の利潤は増えて好景気であることを確認する。最後に，この現実を学んで自分が手紙を出したい相手を選び，手紙を書く。首相，厚生労働相（厚労相)，与党，野党，経営者団体，労働組合（労組)，弁護士など，実際に手紙を投函し，一部から返信が来るころ，この年度の実践は終わっている。

　翌年度の平井は，前年度の展開に加えて，返信のあった厚労相や労組，政党，弁護士らの手紙を教材として，生徒と保護者にコメントを求めている。生徒は，返信を読み，保護者の意見を聞き，政治家・企業が本来すべきこと，守るべきことをつかんだという。そのうえで，さまざまなデータで現実を客観的に確認したうえで，「労働者派遣法」（派遣法）の変遷を学ぶ。1999年の派遣労働の原則自由化が雇用破壊の大きな要因となっている。それを学んだうえで，今度は派遣法に賛成した北海道選出の国会議員に生徒一人ひとりが手紙を書く。手紙の返事を待ちながら，労組の重要性についても学習している。労組の学習は「勇気を出して行動することで希望の扉が開く」（平井 2009:35）という現実を見ることであり，それが生徒を前向きにさせる，とも平井はいう。

　卒業生に現況を聞き，その返信を教材とするのは，同じ地で関係性を築いてきた平井ならではの実践だろう。また，実際に生徒が各方面に手紙を綴って出すというのが特徴的であり，これが学習のまとめになると同時に，後述するように新自由主義への抵抗の手法を学びながら，政治主体の形成をすすめている。そして返信を教室前に掲示して共有し，述べたように保護者も読んでコメントしている。平井は生徒や保護者の感想を丁寧に通信に載せ，それを読みあうことで交流の場もつくっている。実践は新聞記事にもなり，学校出入りの業者が声をかけてくれたという。地域にも保護者にも開かれた実践といえるだろう。

5. 対抗する実践が示唆するもの

　上野山，草分，平井の3人の実践から，新自由主義に対抗する可能性がいく
つもみられる。ここでは4点についてその特徴を述べておきたい。

　第一に，上野山，草分の実践が示すように，「地球環境破壊に対する批判的
学び」がポイントになる。市場原理や過度な経済活動が地球を破壊することを
理解する学びである。新自由主義への対抗も考察するフェミニズム批判的社会
理論家，ナンシー・フレイザー（Nancy Fraser）は資本主義社会の特徴として，
社会的再生産，地球のエコロジー，政治権力の3つを挙げる。そして，これら
3つのそれぞれの領域には，資本主義経済に対する相対的な独立した闘争があ
るとしている（フレイザー 2017）。上野山の水俣の実践，草分の松阪牛飼料を追
う実践，三渡川の実践は，地球環境破壊の現実を学び，そこで苦しみ抗う人び
と，生き物にも出会わせている。上野山は次のようにも述べている。

　「健康問題を学ぶことで，経済の発展や企業の利益が優先され人の命や健康
が奪われる社会の仕組みが明らかになります。一方，保健の教科書は個人の生
活の仕方・行動の仕方に重点が置かれ健康を守るのも「自己責任」で社会との
関係はあいまいにされています」（上野山 2015：31）

　「公害」の歴史を振り返り，反省と教訓を見いだす学びは，利益優先の過度
な経済活動に制約を加え，人びとの幸福追求権，環境権を保障するのは国家（政
治）の役割であることを理解していくことになる。新自由主義的「持続可能」
論が国家の責任を曖昧にしようとするとき，それに対峙する学びとなる。

　第二に，上野山の実践にあるような「自己責任論への批判的学び」である。
新自由主義イデオロギーは，自己責任論を内在化させる。それゆえ，あえてこ
れを意識して，拒否する学びが必要である。「社会」（公共性）が一方的に縮減
されていくなかで，社会的責任や公的責任の意味と意義を確認し，自己責任に
だけ収斂していくことを阻む方向性である。平井の授業が政治や企業の責任を
問う内容になっているのも，貧困が自己責任に回収されない意義をもっている。

　草分の「食」の実践も，健康の自己管理路線から始まった「食育」をはるかに
超えた，社会・世界に視野を広げる展開をみせている。草分は「加工して食べ

る楽しさを感じる」ことが大事だとして，次のように語っている。

「小さな種を蒔いて芽が出る喜び，友だちや大人たちといっしょに教えられながら育てる，加工して食べる楽しさを感じることなしに「食」の学習はあり得ない。育てたものや生産者の姿を通して地域を見る，世界を見る学びは，こんな体験が土台となる」（草分 2008：11）

草分にとって，授業のなかの「食」は，「楽しさ」も感じる学びの「土台」なのだ。そしてその「土台」から自分の食や健康を学ぶのが中心課題ではない。学びの対象は地域や世界，そこに生きる人びとにある。それゆえ，松阪牛を食べ，海外の飼料生産や松阪牛ともつながる地球環境破壊を学ぶ。海苔を食しながら，地域の海苔生産業や河川・海の環境破壊を学ぶ。そうして草分学級の子どもたちは，食にとって必要な第一次産業をどう守っていくのか，農林畜産業に対して国はどうすべきか，思考を始めている。

そのような展開を可能としたのは，草分が中心課題の射程を広くもっているからだが，それだけではない。労働に着目した教材にある。肥育農家の労働に徹底的に寄り添うことで，子どもたちは新自由主義で壊滅的な打撃を受けている第一次産業従事者（この場合は牧畜業を営む森本さん）の苦悩に共感している。そこから，彼らの生活保障を困難にする国政に目を向けている。

これが第三の点にもつながるのだが，「新自由主義と関わる当事者の声を聴く学び」が重要といえよう。批判的社会理論のホネット（Axel Honneth）によれば，新自由主義によって「承認」が奪われている当事者は痛みを感じ，「承認をめぐる闘争」を起こし，「承認」の回復・獲得に向かおうとするという。そうだとすれば，彼らと出会い，当事者の「不正の経験」に苦悩する声や，「闘争」の声を聴く学びから，新自由主義の矛盾と欺瞞を理解する方向性が考えられる（ホネット 2000＝2013，ホネット 2010＝2017，赤石 2018）。小学校では経済活動の具体的な内実や理論にまでは踏みこめなくても，新自由主義によって苦悩する当事者の声から，矛盾の根源がどこにあるのか，子どもたちは理解していく[3]。

中学校では，「貧困」当事者や労働規制の緩和で苦悩する人びとの声が理解できる。平井の実践では，自分たちの地域に生きる身近な先輩たちが，労働現場でいかに困難に陥っているのか，保護者の声から自分の家族がどのような生活状況に置かれているのか，学んでいる。首相，議員，大臣，労組，経営者な

どに手紙を書くまとめは，当事者の声を聴いたうえで「承認をめぐる闘争」がどうすれば可能になるのか，中学生が考えるとりくみともいえよう。手紙という形式で実際に政治参加をしている。

　第四として，「対話とつながりを生む学び」があげられる。学びを表現し，対話し，新たな連帯を築く学習集団づくりである。上野山は，実践タイトルに「対話の授業」とあるように「対話」を意識していて，授業で出された感想，疑問を「インフル通信」にまとめて交流したり，「えんぴつ対談」という形で意見交流をしたりする。ホネットが「文化的排除の過程」と述べるように，新自由主義社会では表現も対話も閉ざされる傾向にある（ホネット 2000=2013：131）。そのような閉塞状況に加え，新自由主義の競争の過熱が「暴力」をも生み出しているという[4]。とすれば，新自由主義的な暴力を阻み，子どもたちのなかでも破壊されつつある「連帯」を再構築していく学びが求められる。上野山は対話の授業によって仲間づくりがすすみ，子どもの人間関係も変えていく力になると述べている。同様に，子どもたちの意見・感想を通信にし，あるいは授業での発言からカリキュラムを構成していく草分は，海苔の学習についての実践記録で，最後をこう結んでいる。

　「海苔の学習は，子どもたちどうし，子どもたちや地域の人を結びつけてくれたように思う。もちろん私と子どもたちも……」（草分 2004b：43）

　子どもたちだけでなく，地域とのつながりを育んでいる。平井の場合も，授業で意見交換によって仲間づくりをするだけでなく，保護者にコメントを求めたり，卒業生に労働の実情を聞いて教材にしたりすることで，地域とのつながりを築き上げた。また思いがけず新聞報道されたことで出入りの業者が労働者の立場で声かけしてくれた。平井は「みんなの問題なんだ」と感じたという。平井が基点となって，地域や社会とのつながりを生んだ実践といえる。

　小学校においても，新自由主義の特質とその問題を学び，新自由主義イデオロギーの野放図な拡大に対する批判的思考を育てることができる。中学においては平井実践にみられるように，経済理論の基礎を学び，さらに憲法の社会権とも関わらせながら深めることが可能である。新自由主義の浸透がすすむなかで，これらに対抗的な政治主体に育むことができることを示している。

【註】

1) 柴田義松は教科内容の現代化について述べる文脈だが,「科学と国民教育とをある程度分離しておくことは, 明治以来わが国の文教政策が堅持してきた基本方針の一つであった」と述べている (柴田 2010:25-26)。

2) 上野山は新型コロナウイルス感染拡大の事態において, 自らの健康教育を研究会の仲間とともにさらに深化させている (榊原・上野山 2021)。

3) ホネットの「承認」概念に依拠する三崎和志は, ホネットが,「たんなる社会の否定相の観察とその否定相を抽象的理論の枠組みに位置づけ, その原因を説明するのみにとどまらず, 否定的状況下にある当事者の直接的な声をすくい上げることができるような公共的な《道徳文化》の構想, それを可能とする公共圏の議論空間の変容に積極的に関わることに自身の理論活動の意義をみている」と評価する。また, 日常的な「不正の経験」を批判することで, ホネットは「プロレタリアートやその他の不利な境遇におかれた社会集団の解放」の問題に対して鋭い批判的観点を持ったとも論じている (三崎 2005:185)。

4) 出口剛司は, 新自由主義の進行する現代の「過剰な競争的自己実現を強いるグローバル資本主義の展開, 社会的連帯の破壊, つながりの希薄化とそれからもたらす社会病理」について述べ,「現在の競争的自己実現という期待構造もまた, 新たな社会的連帯への動機づけを生み出すと同時に, 共棲的な暴力を生み出す原因となる」と懸念している (出口 2011:435-436)。

【引用・参考文献】

赤石憲昭 (2018)「現代日本社会における承認問題 —— ホネットの承認論とその展開」『社会文化研究』No. 20, 7-33.

上野山小百合 (2010)「子ども・親・教師が「対話の授業」でつながる健康教育 ——「新型インフルエンザ」の授業を通して」『たのしい体育・スポーツ』No. 243, 8-13.

上野山小百合 (2011)「健康教育を「対話の授業」でしてみよう! ——「すいみん」の授業をしてみて」『たのしい体育・スポーツ』No. 250, 30-33.

上野山小百合 (2014)「子ども・親・教師をつなぐ教材づくり —— 健康教育・小学 5 年生・水俣の授業」『たのしい体育・スポーツ』No. 286, 20-23.

上野山小百合 (2015)「同志会の健康教育と私の授業づくり」『たのしい体育・スポーツ』No. 288, 28-33.

草分京子 (2004a)「小学校の授業 4 年 三雲の海苔養殖(上)三渡川との出会い」『歴史地理教育』No. 674, 42-45.

草分京子 (2004b)「小学校の授業 4 年 三雲の海苔養殖(下)三渡川河口での青海苔養殖」『歴史地理教育』No. 675, 40-43.

草分京子 (2008)「実践記録／小学校 このままじゃ, 森本さんが牛を育てられなくなる」『歴史地理教育』No. 734, 10-15.

久保田貢 (2010)「新学習指導要領における「持続可能」概念についての研究」『唯物

論研究年誌』No. 15, 293-316.

久保田貢 (2014)「「食育」普及の分析 —— 学校教育現場への展開にも注目しながら」『社会文化研究』No. 16, 139-160.

久保田貢 (2017)「「安全」指導重視についての考察 —— 2008 年学習指導要領に注目して」『教育目標・評価学会紀要』No. 27, 89-98.

榊原義夫・上野山小百合編 (2021)『コロナに負けない教師と子どもたち —— 対話の学びで未来を拓いたコロナ禍での健康教育実践集』学校体育研究同志会　健康教育分科会 (自費出版).

柴田義松 (2010)『柴田義松教育著作集 4』学文社 (初出は柴田『教科教育論』第一法規, 1981).

出口剛司 (2011)「批判理論の展開と精神分析の刷新 —— 個人の終焉から新しい個人主義へ」『社会学評論』61 巻 4 号, 422-439.

中嶋哲彦 (2013)「新自由主義的国家戦略と教育政策の展開」『日本教育行政学会年報』No. 39, 53-67.

日本教育法学会編 (2009)『日本教育法学会年報 No. 38 「新自由主義教育改革と教育三法」』.

ハーヴェイ, D., 渡辺治 (監訳), 森田成也・木下ちがや・大屋定晴・中村好孝 (訳) (2005=2007)『新自由主義 —— その歴史的展開と現在』作品社.

平井敦子 (2008)「実践記録／中学校公民　人間らしく生きて働くために」『歴史地理教育』No. 724, 20-25.

平井敦子 (2009)「実践記録／中学校公民　人間らしく生きて働くために —— 生きる権利と法」『歴史地理教育』No. 745, 30-35.

フレイザー, N., ガエル, C., 斎藤幸平 (訳) (2017)「インタビュー 資本主義, 危機, 批判を再考する —— ナンシー・フレイザーに聞く」『思想』No. 1118, 71-86.

ホネット, A., 加藤泰史・日暮雅夫 (訳) (2000=2013)『正義の他者：実践哲学論集』法政大学出版局.

ホネット, A., 日暮雅夫・三崎和志・出口剛司・庄司信・宮本真也 (訳) (2010=2017)『私たちのなかの私 —— 承認論研究』法政大学出版局.

三崎和志 (2005)「書評：アクセル・ホネット著, 加藤泰史, 日暮雅夫 (訳)『正義の他者：実践哲学論集』」『唯物論』No. 79.

歴史学研究会編 (2017)『第 4 次現代歴史学の成果と課題〈1〉新自由主義時代の歴史学』績文堂出版.

第 12 章

現代の社会科教育にみる政治主体形成の実践

川口 広美・岡田 了祐・福井 駿

1. 社会科教育における「政治主体」と「市民的資質」

　社会科教育と政治主体形成との関連性をどのように説明できるか。社会科が政治領域の学習を扱う教科であるため，関わりがある教科だという認識はあるだろう。しかし，社会科の政治領域のみが政治主体形成と関わるわけではない。1947 年の社会科成立以降，学習指導要領の社会系教科（社会科・地理歴史科・公民科）の目標にはつねに市民的・公民的資質を育成するという文言が含まれてきた。市民的資質をある共同体の構成員としての資質（池野 2014）と定義すれば，関わり方の濃淡などはあれども，地理や歴史も含め，内容領域のすべてにおいて，社会科は政治主体形成と関連した教科であったといえる。ただ，社会科教育では，歴史的に教科特性についての説明を「政治主体」という概念ではなく「市民的資質」という概念で行ってきた（川口 2018）。そのため，本稿では，「政治主体」ではなく，主に「市民的資質」を用いてその関係性を説明していくことにしよう。

2. 従来の社会科における市民的資質育成に関する論点

　社会科はどのように市民的資質育成に関わるか。これは，社会科のあり方を中心的課題として論じてきた社会科教育学でしばしば問われてきた根幹の問いのひとつである[1]。市民的資質育成は，「学校」だけではなく「社会」全体で行われる。公教育としての「学校」で，そして一教科の「社会科」が何をどこまで引き受けるべきかが論点となってきた。

　第一は，「学校」を「社会」の文脈から切り離し，社会科一般は「社会」では

行わない独自の市民的資質育成をすべきという立場である。ここで，社会科の独自性を強調するために使われるツールが「学問知」の習得である（「社会科学科」）。この立場は，人文・社会諸科学の理論や概念を見方・考え方として身につけさせることを重視する。市民的資質の育成に際しては，「自分たちの社会を自分から切り離して対象化し，吟味・批判できるようにするためには，自分の価値観を留保し感情や好みを抑えて，事実をできるだけ冷静に客観的に捉える必要がある」（桑原 2012:78）ことを重視する。

　第二は，第一の立場に対し，「社会」の論理から「学校」の立場を見直し，連動して市民的資質育成をすべきという立場である（「市民社会科」）。たとえば，池野（2001）は，ハーバーマスらに代表される熟議（討議）民主主義を社会の形成原理と設定している。そのうえで熟議を行うために必要な資質——「社会の諸事に関する自律的判断と合理的共同決定の能力と技能」（池野 2001:49）——という，いわば「社会知」を育成するため，「議論」を原理とした社会科授業を行うべきだと主張する。こうした授業によって「より強い言説や行動を生み出せる子ども」（渡部 2019:6）を育成することを期待した。第一のタイプで強調されてきた学問知自体を否定するものではないが，あくまで「社会」の論理が中核におかれ，「学問」はそのツールとして位置づけられた。

　以上，「社会」と「学校」，「学問知」と「社会知」の関わりをめぐって，社会科の市民的資質育成の議論は展開されてきた。ここで，序章で提示された問題意識から，この議論を再度捉え直したい。すなわち，変動する社会において，従来の社会科教育学の課題はどう捉え直されるべきか，である。

　第一は，子どもと社会を双方向的に捉える視点の重要性である。先述の2つの立場は，「学問知」「社会知」といった強調点こそ異なるものの，現代民主主義社会において望ましい資質を子どもにいかにつけさせるか，という原則に立つ点では共通している。市民的資質を「ある特定の軌跡を成功裏に隈なく辿った後にのみ達成される地位」（ビースタ 2014:27）とみなしている。そこには目の前の子どもは未熟な存在であり，子どもを市民とはみなさないという前提があるのではないか。しかし，子どもは多様な社会的事象から隔離されることはなく，子どもなりに社会を捉え，行動している。既存の社会構造から一方的に子どものあり方を規定するのではなく，むしろ子どもから社会のあり方を見直

し，社会からまた子どもを見直すという視点をいかに取り込むかが重要だろう（池野 2014）。

　第二は，教室内の子ども関係や空間をどう扱うかという点である。序章でも繰り返し述べられているように，社会において，人びとは調和的に関わりあうだけではなく，対立・葛藤が生じ，その結果，支配・被支配の関係が形成されることもある。このことは，これまでの社会科教育学においても，主に「社会問題学習」などの文脈で積極的に取り上げられてきた（渡部 2012）。しかし，学校外での不正義状態への言及やその解決策については示されてきたものの，教室内の子ども間の人間関係や支配・被支配関係は焦点化されにくい状況にあった。それは戦後からの日本的平等観のもとで子ども間の差異を見ることが難しかった点（苅谷 1995）や，子ども同士のつながりが生徒指導や学級経営の文脈で主として論じられ，教科教育学の文脈で注目されてこなかった点などを挙げることができる（池野 2016）。しかし，「合理的配慮」にともなってより多様な子どもたちが教室内で共存する可能性や日本語を母語としない子どもたちの増加などを想定すると，子どもの力関係がより可視化されることは言うまでもない。こうしたことから，デューイの「learning by doing（為すことにより学ぶ）」という文言を参照するまでもなく，今後の社会科教育実践の方向性として，市民的資質育成という目標の下で，教室内外での多様な子どもたちや人びとをつなげ，〈おさめる〉力を育成できるか，がひとつの課題になるだろう。それは，これまで生徒指導と教科指導として分離して教えられてきた民主主義のための学習を統合する論理にもなる。本章は，この問いに答えていると考えられる初等・中等の実践を提示する。そして，その背景にある原理や背景をみとることで，今後の〈おさめる〉実践を考察するうえで重要な視点を示したい。

3. 多様な声を聴くことで自己と社会を考える社会科授業
——山口実践

(1) 実践の背景

　まず，福岡市立赤坂小学校（以下，赤坂小）で行われてきた「聴き合い活動」を取り上げる[2]。「聴き合い活動」は，山田耕司（現，私立福岡海星学院大学附属

小学校長）が発案し，現在に至るまで，赤坂小学校をはじめとし，福岡市の複数の学校で進められている学習活動である。これは，そのネーミングに示されるように，話すことよりも聴くことに主軸をおいた学習活動である。具体的には，次のように進む。①話し手が話をし，聴き手は受容的な態度で聴く。②聴き手は質問をし，話し手は質問に対して誠実に答える。③質問したことをもとに，聴き手は「たしかめ（自分が聴き取った話の内容が確かであるかを相手に確認する）」をする。④聴き手は意見や感想とともに，話を聴くことで自分の考えがどう変わったのかを述べる。

　こうした「聴き合い活動」の発案には，多様な子どもたちをつなげたいという山田の強い問題意識がある。1990 年代に管理職になり，いろいろな教師の授業を見て回るなかで，どんな授業でも黙っている子どもがいる点が気になったという。表現したいけれども表現の前の表出さえできない――。優れた教師は，授業外で個に応じた指導に尽力する。これを授業のなかでも可能にできないか。悩む過程で，心理学の領域で使われる「傾聴」という概念や，山田が信仰するキリスト教の「分かち合い」という概念をヒントとして「聴き合う」ことの重要性を感じるようになった。

　以下は，子どもが授業後に記入した自己評価カードの一例である。

> 「私は，立場Aと立場Bできき合いをしました。その時立場Bの（立場だった）K
> くんが言ったのをきいて，よくわかりました。それはグラフとかがあったからで
> す。人がたくさんあつまるのでにぎやかです。今日のきき合いをしてよかったで
> す。（後略）」（３年生）
> 「やっぱり私はさいごまで立場Aの考えでした。でもN君の立場Bの考えをきくと，
> 沖合漁業などが落ちているから，ゆ入をするのだと分かりやすくせつめいしてく
> れました。（後略）」（５年生）
> 「私は前に聴き合いをした時は，一番の根拠は楽市楽座の事だと思っていたけど，
> 立場Bの人の考えを聴くと，自分の考えが深まり，立場Cの人の考えを聴くとなっ
> とくしました。（後略）」（６年生）

　「Kくん」「Nくん」という具体的な名前を出し，目の前にいる子どもたちの意見を尊重しながら，社会についての見方を深めていることがわかる。

(2) 実践事例──「豊臣秀吉の天下統一と博多町割り」（小学校社会科）

　では，具体的な実践事例を検討したい。ここでは，山口猛虎（現，福岡市立春吉小学校長）の実践「豊臣秀吉の天下統一と博多町割り」を取り上げる。この実践は，山口が，赤坂小の社会科主任であった2008年に開発・実施され，本人やほかの教師によって何度か追実施・改案が行われたものである。

　教材となる博多町割りとは，16世紀末に豊臣秀吉が行った博多の街の区画整理事業のことである。現在も博多中心街に見られる碁盤の目の街並みとしてその影響が残っており，福岡市の子どもたちにとって比較的身近な題材である。単元は，まず「博多町割り」前後の博多の地図や，博多焼失の経緯と秀吉の天下統一事業の経緯を含む年表などの資料を見せるところから始まる。そのなかで子どもたちは，「秀吉がボロボロの街をわざわざ作り直した」こと，「商人や町の人たちもそれに協力した」こと，のような事実に出会い，「そんなに大事なことだったのか」というような驚きや疑問を抱く。ここから「秀吉の博多町割りにはどのような価値があったのだろう」という学習問題の提示につながる。その後の展開で，子どもたち同士がグループになって「聴き合い活動」をする場面が大きく3回用意されている。

　1回目が学習問題に対する考えの違う子ども同士でグループになって考えを聴き合わせる場面である。学習問題に対して，3つの立場，A「朝鮮出兵の基地」，B「商業の発展」，C「町の活性化」がありそうだと整理したうえで，子どもたちに3つの立場のどれかに立たせる。そして，違う立場に立つ子どもたち同士で，博多町割りにどのような価値があると考えるのか，を相互に聴き合わせる。子どもたちは，互いの話を聴くなかで，自分とは違う考えをもつ人がいることを実感する。もちろん，違った考えをもつ相手に対して自分の考えをうまく説明できる子は少なく，まったく説明できない子もいるかもしれない。それが次の学習での本人の課題になる。

　2回目が自分で作った根拠を示す表現物を使って，同じ立場のグループで考えを聴き合わせる場面である。そのために，子どもたちは，図書館，インターネット，見学などを利用して，自分の立場に関連することについて調べ，「考えマップ」と「フリップ」という学習ツールを使って自分の考えと根拠をまとめる。たとえば，博多の祭りである「博多山笠」について調べる。博多に住む

町人たちは，度重なる戦火によって焼け野原となった街を新しく作っていた。この事業のなかで，町人たちは祭事を通して改めて地元への愛情や団結心を作り出し，街を活性化していった。「博多町割り」の行政区画であった「流」が，現在も「博多山笠」などの博多の大きな祭事の単位として残っていることはその象徴である。このような関係を書き込んだ「考えマップ」や「フリップ」を使って，同じ立場に立つ子どもたち同士，どうしてそのような価値があると考えるのか，を相互に聴き合わせる。同じようなことを示すために別の資料があることに気づいたり，資料はだいたい同じでも根拠の書き方が少し違うことに気づいたりする。

　3回目が全体で確認した共通点を踏まえ，別の立場のグループと考えを聴き合わせる場面である。まずは，3つの立場それぞれについてよく説明できていた代表の子どもの発表から，それぞれの考えのよさや納得できるところを探させる。それによって，3つの立場の重なり「博多町割りは，秀吉，商人，町人のそれぞれにとっての価値が重なり合うなかで，それぞれが望んでいた博多の復興が実現するように行われた」ことが意識される。次にグループで，違う立場に立ってきた子どもたち同士，そのような価値があると本当に言えるのか，相互に聴き合わせる。考えの共通点にも注目しながら相手の考えを聴くことで，同じ資料でも違う考えの根拠になることに気づいたり，違う考えでも納得できることを発見したりする。最後に自分の考えがどのように変わっていったのか，単元全体をふりかえる。

　以上の山口の実践は2つの意味で評価できる。第一は，社会における多様な人びとの存在と価値の多様性を認識できる点である。「博多町割り」という事例を通し，子どもたち自らが過去の人物になり，身近な街の成立過程を追体験・検討することを通し，人びとの価値や規範には多様なものがあり，それを用いて社会が形成されていることが認識できる。第二は，単元を通して，社会の多様な立場を代弁する他者との聴き合いを繰り返し，他者の意見を踏まえて自己の認識を反省し振り返る点である。子どもたちそれぞれに自らの考えの再構成とそこにおける他者の位置づけをできる限り保証し，子どもたちが話し合いの場に参加する意味を感じ取れる。これによって，教室空間そのものが，他者の意見を認め合い，拡張できる空間へと成長し，それを通して社会のあり方やお

さめ方を学ぼうとしている。

4. 他者との対話を踏まえ社会から自己を振り返る社会科授業
——佐藤実践

（1）実践の背景

　次にお茶の水女子大学附属小学校（以下，お茶小）社会部（岡田泰孝，佐藤孔美，岩坂尚史）で試みられている論争問題を中核に置いた実践を取り上げたい[3]。お茶小では，伝統的に，子ども一人ひとりが自ら主体的に学ぶ学習のあり方を「個の学び」と「他者との関わり」の両面から継続的に研究し続けていた。そのうえで，2000年代初頭より，とくに政治的リテラシーの育成を目標の中核に置き，近年は，時事的な社会事象のなかで「他者との差異や葛藤を感じる問題」を重視してきた。価値観や利害の対立によって，その解決が容易ではない論争問題を取り上げていたといえる。

　「他者との関わり」をより重視する理由として，さまざまな立場の人びとが幸せになれるような「判断の基準」をつくりあげることを民主政治の本質的な行為と捉えていたことがあげられる。そのため教材として，社会的な論争問題を選択すれば，多様な立場を引き出せると考えた。学習の過程であえて子ども同士を衝突させ，他者との議論を通して，自分なりの「判断の基準」をつくりあげる場を提供することが重要であると考えていたのである。

（2）実践事例——「救急車は有料化にすべきか」（小学校社会科）

　今回取り上げる実践では中核となる論争問題として，「救急車有料化問題」を扱う。救急車が足りていないなかで，それを要請した事案の多くが軽症患者であること，真に緊急を要する重症患者の要請による出動の妨げになっているという現状に対し，軽症患者が気軽に救急車を利用することを阻止するため「救急車を有料化すべき」という声が上がっている。佐藤は，この問題に対して，「「救急車有料化問題」においてさまざまな立場の人が幸せになれるような「判断の基準」とはどのようなものなのか，市民として必要な「判断の基準」を考えること」を目標にした授業を展開した。

下の回答【A】【B】は，ある子どもが，単元の序盤と終盤に書いた意見文である。

【A】単元の序盤
　救急車を呼ばずに病院に行く方が救急車を運転する税金がかからなくていいのに，3240円必要なのはおかしいと思いました。（原文ママ）

【B】単元の終盤
〈結ろん〉お金をはらうべき
　　　　　お金をはらわない場合が…
〈考　え〉救急車を利用する人がたくさんふえていて，しかも，軽いけがで呼ぶ人がいます。それ自体が問題ですが，かいけつ策を考えなければいけない。なので，軽いけがやタクシーがわりで使うのならばお金を支払い，そして，救急車を利用しなければいけない，病気やけがの場合は，お金を支払うことをしなければいいと思う。（原文ママ）

　序盤も終盤も，この子どもは救急車の有料化を支持している。しかし，その理由づけが異なっている。終盤の回答では軽症患者の場合は有料，重症患者は無料というように，留保条件を付けている。留保条件を付けるということは，多様な可能性を想定できているということである。この子どもと同様の例はほかにも見られる。では，どのような学習が展開されたのだろうか。

　本授業は10時間で構成されている。第1時は，校舎内にある消防施設・器具にはどのようなものがあるかを挙げ，実際に探しにいき，それらの意義について考えている。第2時は，火事現場のイラストから気づいたことを挙げ，火事の際，どのような人がどのような働きをするのかを調べている。この時点で消防署の働きにもふれるため，救急車に関わる論争問題につなげていくことが可能となる。

　ここから論争問題学習へと入っていく。第3時は，新聞記事を読むことから「救急車の有料化問題」を知り，第4時でその是非を話し合い，第1回目の価値判断を行っている。そこでは，23名が「有料化すべき」を，そして，11名が「有料化すべきでない」を支持しており，その「判断の基準」は次のとおりである。前者については，たとえば，「大きなけがをした人が困る」や「税金が使われている」といったものがあり，また，後者については，たとえば「お年寄りがかわいそう」「急病人に対応するため」「お金を払えない人もいる」といっ

たものがある。それに加えて，「軽い症状は有料，重い症状は無料」という考えも挙がっている。

　「判断の基準」を深めるため，第5時は，身近な人びと（家族）へのインタビューの結果を共有し，第6・7時は，次の話し合いに向け，資料や書籍などを探し，疑問に思うことを調べるなかで，さらなる他者（専門家）の声にふれている。この資料には，たとえば，「1回の出動で費用がどれだけかかるか」「軽症者の割合」「年齢別出動件数」「各国の救急車のこと」「公共サービスとは何か」といったものがある。以上を踏まえ，第2回目の価値判断を行っている（表12-1）。

表12-1　第2回目の価値判断

有料化する（27人）	有料化しない（8人）
・重傷者が運ばれるべきだが，軽傷者が50％もいる。有料化したら，軽傷者が減るかもしれない。 ・救急車の出動費用は1回に5万円かかる。年間605万回も運ばれたら3025億円もかかってしまう。 ・税金がこんなに使われたら，乗っていない人には不公平。 ・救急車の使用年齢別割合では高齢者が57％もいるので，（高齢者のみ）無料にしてよいのではないか。	・救急車の使用年齢別割合を見ると高齢者が57％であるから，病気やけがをしやすい高齢者にとっては有料化によって生活が苦しくなる。 ・救急車を有料化すると，我慢してもっと状況がひどくなるかもしれない。 ・税金を払っていると言うことは，元々サービスを受けることができる。 ・＃7119を使って，正しく救急車を使えば，軽傷者を減らすことができるのではないか。

（授業データより筆者作成）

　第2回目の価値判断の際に提出された「判断の基準」から，子どもたちがより重要と挙げていた「軽傷者の割合」「出動回数」「高齢者」「税金（社会保障費）」「出動費用」「公共サービス」の6つに論点を絞り，第8時に話し合いが行われている。その結果，意見は相反するものの，「有料化すべき」派も「有料化すべきでない」派も，根底にあるのは「軽傷者（の利用）を減らしたい」という考えであることが共通了解された。

　第9時は，「さまざまな立場の人がより幸せになるための「判断の基準」は？」ということを問い，再度議論が行われている。「有料化すべき」派は，「（有料化しなければ，）借金が増え，国がさらに苦しくなっていく」という考えにまとまっ

ていった。一方，「有料化すべきでない」派は，「＃7119を広めることを前提
として，税金は国民のために困っている人のために使う」「せめて命を救う救
急車だけは無料のままにし，国民が苦しいことを最優先すべき（本文ママ）」と
いう考えが並べられた。最終的に，「財政が苦しいこと」と「国民が苦しいこと」
のどちらに重きを置くべきかが，この問題の「争点」と設定された。

　以上のことを踏まえ，佐藤の実践では，救急車の有料化という社会的な論争
問題を取り上げ，子ども自身に価値判断を迫った。そして，その個人の価値判
断を受けて，多様な「他者」（クラスの異なる意見の友達，身近な人びと・家族，
専門家）との対話を行いながら，価値判断を複数回行っていく。そして，最終
的には社会全体について考える問いとして，「さまざまな人びとがより幸せな
状態」とは何かを考えることになる。

　先の山口実践と同様に複数回の対話や議論を経て，自らの意見を深め広げて
いるが，異なる点としては，クラス外の社会との繋がりがある。授業のなかで
は，現実社会の人びととの対話を行い，最終的に社会を想定したうえで，自己
の判断基準を振り返る活動を行っていた。目の前の他者との対話というだけで
なく，より総体としての社会を踏まえて自己の判断基準を見直すという特質が
ある。

5. 学問知を用いて自己の判断基準を振り返り，社会を構想する社会科授業——阿部実践

（1）実践の背景

　最後に，広島大学附属中・高等学校の阿部哲久が行った「対立をこえる」力
の育成をめざす授業実践を取り上げたい。急激な社会変動のなかで分断化が進
み，自分たちの意見と異なる意見を切り捨て，異なる意見の持ち主にレッテル
を貼って排除するような社会と，そのなかでどのような価値が「良い」のかが
わからず混乱している子どもたち。阿部は，彼らにどのように「対立をこえる」
能力を身につけさせるかという問題意識をもっている（阿部2020）。

　阿部は，こうした対立を読み解き，解決するための視点としてジョシュア・
グリーンの指摘する「オートモード」「マニュアルモード」を用いている。「オー

トモード」とは強い情動からなる直観的な道徳的判断であり，「マニュアルモード」とは時間をかけた柔軟性のある判断であるという。人びとはこうした2つの判断を無意識で使い分けている。グリーンは，とくに今日の世界で起こっている対立がオートモードであるとし，マニュアルモードでの思考を重視している。そうしたマニュアルモードでの思考を促すためにも，自らの直観の判断基準がどのような思考体系のなかに位置づけられ得るものか。そして，自らも多様な判断基準を使い分けていることに気づくことが重要であると述べている（阿部 2020）。すなわち，自己の判断の傾向や不安定さ・柔軟さをメタ認知することの重要性を指摘している。

　では，どのように自己の判断をメタ認知するか。阿部は，そこでツールとして「学問知」を用いることを重視する。「学問知」のなかでもとくに「功利主義」といった思想体系を示す。生徒自身の「直観」が歴史的に構築されてきた思想体系のどこに位置づけられ，ラベリングできるのかがわかり，思考のマッピングが促されることになる。自らの判断基準を踏まえ，社会的論争問題について議論・検討することで，今後の社会がどうあるべきかを検討するといった展開で進めている。

(2) 実践事例──「トロッコ問題から考える僕らの判断基準」（高等学校公民科公共）

　ここで取り上げる実践は，2017 年 10 月に高等学校公民科の新科目「公共」における「公共の扉」を想定した単元として開発・実践されたものである[4]。

　授業では中核にある論争問題として，「ハート・デブリン論争」と「貧困を救済する社会保障」が取り上げられている。なお，ハート・デブリン論争は，1950 年代にイギリスで起こった，同性愛を非犯罪化すべきかどうかという論争である。題材選択の理由として，阿部は「論争がおこりやすいこと」「異なる判断の基準が（どの思想に基づくかが）直感的にはわかりにくいこと」「道徳的直観に基づく判断そのものが割れやすく理性的判断と道徳的直観が単純な対立関係にならないこと」の3点をあげている（阿部 2018：35）。

　こうした事例を用いて，単元全体を通し，「功利主義と義務論，直観に基づく判断基準の存在に気づかせる」「社会的論争問題について自らの直感的判断

を自覚したうえで，さまざまな判断基準を考慮しながら議論ができるようにさせる」ことを目標とした。

授業後に生徒から出された自由記述では「自分がかなり直観で物事を考えていることがわかりました」に代表されるような「直観」の存在への気づき，義務論や功利主義などの判断基準があることへの気づき，社会に存在する多くの対立の背景に道徳的直観のあることへの気づき，「今社会にあるさまざまな問題も正義のぶつかり合いによって生まれるのではないか」など異なる価値観をもった相手と合意をめざすためにはどうすればよいのかという思考などが記述されていることを指摘しており，一定の成果があったことを示唆している（阿部 2018：46）。

では，実際の単元を見ていこう。第 1 次では，自らの判断基準をメタ認知する。「トロッコ問題」など複数の思考実験を用いて，場面によって異なる判断基準を用いていることに気づかせる。その後，自分の判断が直観・情動の影響を受けていることに気づき，判断基準には「直観」「義務論」「功利主義」の 3 つがあることを踏まえたうえで，自らの立場を整理する。

第 2 次では，「ハート・デブリン論争」を事例に，同性愛の非犯罪化に賛成・反対である人が上記のどの基準を用いているかの分析を行う。生徒が考える賛成派の判断基準は，直観：義務論：功利主義 = 30：62：39（131 名中）であり，反対派の判断基準は，直観：義務論：功利主義 = 82：20：27 であった。現実世界の議論では，「道徳的義務」対「功利主義」として展開されたが，生徒の回答では直観が多数派を占めるという点で，異なる結果となっている。

そのうえで，「どのようにこうした対立を乗り越えるか」，つまり対立の調停として，功利計算を行う。ハート・デブリン論争では，同性愛者の幸福と不快や反感による苦痛を取り除くことの価値について功利主義を用いて比較した場合，不快や反感の価値が多くないと判断され，同性愛を非犯罪化すべきという結論が導かれた。その後，実際のイギリスでの状況（非犯罪化がこの段階ではなされなかったこと）や日本での同性愛の社会的な偏見の存在や，同性愛をめぐる論争などが示された。これを通し，「功利主義での調停の可能性」「マイノリティの権利は功利主義によって正当化されうること」「道徳は社会や文化によって変わりうる」ことを体験的に獲得させようとした。

第3次は，第2次で用いた功利計算を用いて，貧困問題に対する社会保障に関わる問題を整理している。具体的には「さぼっているように見える貧困状態の人を助ける制度は必要か」と問い直している。阿部は，この問いの背景として，これまでの努力主義を重んじる学校文化の影響で「さぼっているように見える人を助ける必要はない」と強固に主張する生徒の姿があったと述べている（阿部 2018：45）。事実，この授業では，第2次での結果とは異なり，生徒の意見が3つに分かれることになった（必要：不要：どちらともいえない＝44：44：44）。このトピックに対しても功利計算を行うことによって，一部に悪意で利得を得ているものが混じっていたとしても，貧困によって苦しむ人を救済することのほうが重く，世代間の連鎖を食い止めるためにも制度は必要であるという結論に至った。

　最終的には，功利計算で検討した論争の解決策について，自らが納得したかどうかを検討した。やはり，意見が分かれた貧困問題については「受け入れられず」を回答した生徒が多かったものの，「自分は功利主義的に考えていることが多かったが，直観として譲れないものがあった」のように，自らの判断基準を思考体系上にマッピングして回答する意見も見られていた。

　阿部実践においても，これまでの山口実践・佐藤実践と同様に意見の分かれる社会的事象を取り上げ，生徒自身に価値判断を迫ることを中心としている。さらに，佐藤実践と同様に「さまざまな立場の人がより幸せになる」という理念から社会を想定し，個人の判断基準を振り返るといったことが行われていた。クラスのなかの多様性を前提とし，時に相反する意見を尊重しながら，自己の判断基準を振り返るという点で共通した特徴を有している。しかし，違いもある。判断基準を検討する際，これまでのように直接的に対話を行うのではなく，「功利主義」などの学問知を用いることで，自らの判断基準についてクラスを超えた世界的な思考体系のなかに自らの判断基準を位置づけることが特色となっていた。加えて，社会を実際にどう調停すべきかにまで言及していた。

6.3 実践が示唆する今後の政治主体形成のあり方

　本章で検討してきた3実践は，それぞれ文脈も，アプローチも異なる点が多

くあった。しかし，3実践に共通する点も見られた。それは，教室内で多様な意見が出ることを前提とし，それをつなぐことを通して，社会や自己を振り返るということである。以下では，これらの実践が，今後の〈おさめる〉実践に示唆する点をまとめておこう。

　第一に，目標として，「聴くこと」「自己と他者の違いを受け入れること」を「話すこと」「主張すること」よりも上位に置いている点である。「話すこと」を重視する場合は，どうしても強い主張を出すことが至上命題となり，「聴くこと」「自己と他者の違い」は自分の論を補強する手段となりがちである。それは，すなわち，うまく話せない子ども，異なる背景をもち，異なる意見をもった多様な子どもを手段とし，排除することにも繋がる。情報化が進み，多様な意見によりアクセスできるようになった時代である一方で，「怒りの共有」に伴う分断化もよりいっそう進んでいるとも言われる（バートレット 2018）。こうした時代であるからこそ，より多様な意見に耳を傾けることの重要性に重きを置きたい。

　第二に，学習対象として，論争問題など，あえてクラス内で「違い」が生まれる事象を選んでいる点である。これは，「仲が良い」「同じ」だということに安心している子どもたちにあえて「違い」を明確にするということであり，リスクがある行動でもある。しかし，こうした「違い」を手段として用いるのではなく，「受け入れる」「聴く」ということを前提とし，目標や内容として設定していた。これにより子どもは安心して学びに取り組めるだろう。

　第三は，前提として，「子どもなり」を重視している点である。佐藤実践では「自分なり」に考えるという文言がある。山口実践では，主題に対する考えの立場はあらかじめ用意されているが，それぞれで立場と根拠と結びつけたものを，聴き合う対象とすることで，その人なりの考えの価値を浸透させるようにしていた。学問知を重視した阿部実践においても，学問知はあくまで自分のスタンスを知るためのものであり，功利計算の決定を正解としてはいない。冒頭で述べたように，社会科教育実践においては，「子どもなり」に考えるのではなく，「大人や専門家のように考える」ことを正解におく傾向があった。しかし，子どもは「子どもなり」の方法で，社会を理解し，社会に対して何らかの課題意識をもち，行動している。今後の社会変動を想定すると，「子どもなり」

を重視し，それを尊重した実践を行っていくことこそが重要になるのではないか。

　本稿は，これまでの社会科教育実践で培われてきた政治主体に関わる実践をすべて否定するものではない。ただ，大人や専門家の意見を代替できるような「強い市民」のみを育てることをめざすのではなく，多様な市民を包摂したうえで，社会変容に対応してゆくためには，「子どもなり」の立場を尊重し，他者を承認したうえで新たな社会を構想できる社会科も重要なのではないか。むしろ，社会の断絶が叫ばれる最近であるならば，こうした〈つながる〉ことを通して〈おさめる〉実践こそが重要になるのではないだろうか。今回検討した3実践からの示唆を踏まえて，今後の政治主体をどのように形成していくのか，再検討していく契機としたい。

【註】

1) たとえば，社会認識教育学会編『新社会科教育学ハンドブック』の「第Ⅱ章 社会科の性格規定」においては，「市民的資質育成にどのように関わるか」を軸に内容や対象・方法などの議論が展開されている。
2) 山田耕司氏への聞き取りについては，福井と川口が2019年2月に山田氏本人に会い，聞き取りをした成果を踏まえたものである。
3) 学校の状況については，岡田が2019年2月にお茶小への聞き取り調査を行い，その成果を踏まえたものである。教員体制は2019年2月現在である。
4) この実践まとめは次の実践論文を参考にしている。
　阿部哲久（2018）「「対立をこえる」力の育成をめざす，二重過程理論を導入した公民科の授業開発 ── 同性愛の非犯罪化をめぐる「ハート・デブリン論争」を題材として」『広島大学附属中・高等学校中等教育研究紀要』第64号，35-49。

【引用・参考文献】

阿部哲久（2020）「「対立をこえる」力の育成を目指した公民科の授業開発：功利主義（帰結主義）をどう学ばせるか，道徳的直観と論理の葛藤を引き起こす教材の検討」『中等教育研究紀要』第66号，29-37.
池野範男（2001）「社会形成力の育成 ── 市民教育としての社会科」『社会科教育研究別冊2000年度 研究年報』47-53.
池野範男（2014）「グローバル時代のシティズンシップ教育 ── 問題点と可能性：民主主義と公共の論理」『教育學研究』81(2)，138-149.
池野範男（2016）「教科教育に関わる学問とはどのようなものか」日本教科教育学会編『今なぜ，教科教育なのか』文渓堂.

苅谷剛彦（1995）『大衆教育社会のゆくえ —— 学歴主義と平等神話の戦後史』中公新書.

川口広美（2018）「社会科教育学は《政治的主体》をどのように論じてきたか —— 社会科教育学の本質・原理研究の議論の「枠組み」に着目して」『教育目標・評価学会紀要』28, 29-38.

桑原敏典（2012）「社会科学科としての社会科」社会認識教育学会編『新社会科教育学ハンドブック』明治図書, 76-83.

バートレット, J., 秋山勝（訳）（2018）『操られる民主主義 —— デジタル・テクノロジーはいかにして社会を破壊するか』草思社.

ビースタ, G., 上野正道・藤井佳世・中村（新井）清二（訳）（2014）『民主主義を学習する —— 教育・生涯学習・シティズンシップ』勁草書房.

渡部竜也（2012）「社会問題科としての社会科」社会認識教育学会編『新社会科教育学ハンドブック』明治図書.

渡部竜也（2019）「池野範男の学力論 —— 向上主義学力論」子どものシティズンシップ教育研究会『社会形成科社会科論 —— 批判主義社会科の継承と革新』風間書房.

第 13 章

持続可能な社会づくりをめざす教育活動の教育目標——オーストラリアでの取り組みを参考に

木村 裕

1. 持続可能な社会づくりの実現に向けた教育活動の役割

　2015 年の国連サミットを経て，2016 年から 2030 年までの間にその達成がめざされることとなった「持続可能な開発目標 (Sustainable Development Goals：以下，SDGs)」の提案により，各国の政府や民間企業，学校，市民団体などによって，さまざまな取り組みが進められている。SDGs の達成は，「「誰一人取り残さない」持続可能で多様性と包摂性のある社会の実現」(外務省 2019) をめざして，一人でも多くの人びとが議論を重ねながら協働して取り組むべき課題となっている。われわれ一人ひとりの社会づくりへの参画をめざすにあたり，この課題をどのように捉えながら教育目標を設定し，どのような実践を展開する必要があるのかを検討することは重要であろう。

　ユネスコが主導した「国連持続可能な開発のための教育の 10 年」(2005〜2014 年) やその後継プログラムである「持続可能な開発のための教育 (ESD) に関するグローバル・アクション・プログラム」(2015〜2019 年) に見られるように，持続可能な社会の実現をめざした教育活動の重要性は SDGs の提案に先だって認識されており，国内外で多様な実践が重ねられてきた。また，日本では，2017 年 (小・中学校)・2018 年 (高等学校・特別支援学校) に告示された学習指導要領の「前文」において，持続可能な社会の創り手を育成することの必要性が示された。SDGs の達成や持続可能な社会の実現をめざすにあたり，教育活動は重要な役割を果たすものと捉えられ，また，持続可能な社会の実現に向けて取り組むための力量をもつ人間の育成は国内外において重要な課題のひとつとされているのである。

　ところで，貧困や不平等，環境などに関わる問題の存在やそれらの解決に向

けた取り組みを行うことの重要性は，SDGsによって初めて指摘されたもので
はない。たとえば，1970年代に提唱された従属理論において貧困や格差など
の問題は既存の社会構造が生み出しているという指摘がなされたり，1980年
代の持続可能な開発という概念の提唱によって環境問題を充分に考慮せずに経
済開発を推し進めることへの警鐘が鳴らされたりしてきた。さらに，開発教育
や環境教育など，貧困や不平等，環境などに関わる問題の理解や解決をめざし
た教育活動も展開されてきた。以上を踏まえると，SDGsの提案は，その達成
の重要性を示すものであるとともに，以前から提起されてきたこれらの課題が
未解決であることや課題の解決の困難さを示すものでもあると言える。

　オーストラリアでは多様な自然環境の存在や歴史的な経緯から，自然環境と
人間との共存や多様な背景をもつ人びと同士の共存が，重要な課題のひとつと
されてきた。そして，持続可能な社会づくりに参画できる人を育てるための教
育活動が，個々の教師やNGOなどによる取り組みに加えて，「グローバル教
育プロジェクト（Global Education Project）」や「オーストラリア・サスティナブル・
スクール・イニシアティブ（Australian Sustainable Schools Initiative：以下，AuSSI）」
など，全国的なプロジェクトとしても展開されてきた。本章では，オーストラ
リアにおける「開発教育」「グローバル教育」および「持続可能性のための教育
（Education for Sustainability：以下，EfS）」に関する研究蓄積に注目し，〈おさめる〉
を念頭において教育目標を構想するための示唆を得たい。

2. 個々の学習者が高めるべき力量に関する教育目標のあり方

　ここではまず，オーストラリアのグローバル教育の主要な理論的基盤となっ
ているコルダー（Calder, M.）とスミス（Smith, R.），およびフィエン（Fien, J.）の
開発教育論の主張を確認する（木村 2014）。両論は，ともに既存の社会構造の
批判的な検討と必要に応じた社会変革を視野に入れて問題解決に向けた行動に
参加できる人間の育成を教育目的としつつ，教育目標についてはやや異なる強
調点を有している。表13-1は，両論の教育目標を「社会認識」「自己認識」「行
動への参加」の3観点に整理し，その特徴を比較したものである。

表 13-1　コルダーとスミスおよびフィエンの開発教育論の教育目標の比較

	コルダーとスミスの提唱する開発教育	フィエンの提唱する開発教育
社会認識	・既存の社会構造が諸問題を生み出す主要な要因のひとつになっているということの理解	
	・地球的諸問題の，時間的，空間的な相互依存関係 ・地球的諸問題同士の密接な相互依存関係	・複数のイデオロギーや権力，利害がせめぎ合う場としての社会 ・そのせめぎ合いが諸問題を生み出す社会構造の形成に及ぼす影響
自己認識	・地球的諸問題と自分自身，自分と他者との間に見られる相互依存関係 ・問題解決に資する自身の力量 ・自他のものの見方や文化，価値観，行動様式	・イデオロギーや権力，利害のせめぎ合いが，自他の価値観や社会認識の形成と，問題解決に向けた取り組みの選択に及ぼす影響
行動への参加	・社会認識の深化と自己認識の深化を基盤として，とるべき行動を学習者自身が自己決定することの重要性を強調 ・自らの行動の結果を評価し，改善することの重要性を強調	
	・地球的諸問題への認識を高めるための情報提供や情報共有 ・個人で取り組むことのできる生活改善	・政治的リテラシーの獲得を通した，民主主義と社会変革の政治プロセスへの参加

出典：木村（2016:4）の表2を一部省略・修正して，筆者作成

　表 13-1 からわかるように，両論の教育目標は認識に関するものと行動に関するものに分けられる。認識に関しては，両論に共通する特徴として，既存の社会構造と諸問題との関連に目を向けることが提案されている点が挙げられる。また，とくにフィエンが強調するイデオロギーや権力，利害のせめぎ合いへのまなざしは，時に為政者や権力者によって強調されたり隠されたりしている問題の構造や主張を批判的に検討し，諸問題を生み出す根本的な要因を明らかにしたうえでその解決をめざす道を拓く可能性をもつものであると言える。

　行動に関しては，ある特定の認識に基づいた特定の行動をとることを求めるのではなく，学習者一人ひとりが自身の認識に基づいて自己決定することや行動の結果の評価と改善を行うことの重要性が強調されている。これは，ともすれば社会的に「良い」と言われたり実践されたりしている「節電」「リサイクル運動」などの行動に学習者が参加することを学習のハイライトあるいは「落と

し所」とする実践も見られるという状況に対して，学習者自身がその意味や意義を自分なりに検討して理解・納得したうえで行動できるようにすることを求めるものであり，必要に応じた社会構造の変革を通した問題解決の可能性を保障するための主張であると言えよう。

　ただし，諸問題の根本的な要因の解決をめざすためには，時として，自身や他者の現在の「豊かな」生活の問い直しと変革が求められる。そしてその際には，自己内で，あるいは自身と他者との間で，葛藤や対立も起こり得る。したがって，そうした葛藤や対立と向き合い，うまく乗り越えたり調停したりしながらより良い方向性を模索し，課題の解決に向けて取り組むための力量の形成も求められるのであり，それを実現するための教育目標の設定や実践づくりも必要となる。以上を踏まえて，次節ではAuSSIにおける取り組みを参考に，学習環境づくりという視点から教育目標の設定について検討する。

3. 学習環境づくりに関する教育目標のあり方

　AuSSIは，連邦政府と州・直轄区政府，および，私立学校を所管するカソリック系学校部門と独立学校部門のパートナーシップであり，オーストラリアのあらゆる学校に，EfSに関する活動への総合的なアプローチを提供することを目的としている。そこでは，授業づくりやカリキュラム編成にとどまらず，学校づくり，学校運営，コミュニティとの連携，コミュニティのあり方などまでを射程に入れて学校全体でEfSに取り組むことをめざした「ホール・スクール・アプローチ」に基づく実践が展開されている（Australian Government Department of the Environment, Water, Heritage and the Arts）。

　資料13-1は，AuSSIで取り組まれる実践のイメージである。この例では，生徒の関心に基づいて環境保全に関する学習と取り組みが開始されている。そして，学習の過程ではまず，環境保全をめぐる多様な立場の主張やそのねらいなどを明らかにすることによって，複数のイデオロギーの存在やそれらのせめぎ合いの様相に関する知識を得たり分析を行ったりしている。そしてそのうえで，発表を通して学習や取り組みの成果と課題などを他者と共有し，議論を行いながら，自身のとるべき行動のあり方を決定している。また，この取り組みは教

資料13-1　AuSSIで取り組まれる実践のイメージ

　ある高校では，環境問題に関心をもつ生徒たちが中心となって，学校の教職員とも連携しながら環境保全のための取り組みを企画し，実践しはじめた。学校の近郊に野生の動植物が多く生息している自然豊かなエリアがあり，そのエリアの今後のあり方をめぐって政策的な論争が起きたことがその発端であった。生徒たちは取り組みの一環として資料の収集やインタビュー調査，フィールドワークなどを行った。そして，そのエリアの今後のあり方をめぐっては，観光客を呼べるように整備を行うことで地域の経済的な発展を重視すべきであるという立場，環境には手を加えずありのままの状態を保つべきであるという立場，両者のバランスをうまく取ることのできる道を探るべきであるという立場など，多様な立場に立つ人びとや団体が存在していることと，それぞれが支持者を増やすべく自分たちの主張のメリットや正当性をアピールしたり他の立場の欠点を指摘したりしながら活動していることを知った。

　続いて生徒たちは，学習を通して得られた知見やさらなる取り組みのあり方に関する提言などをポスターにして学校の掲示板に掲示したり，全校集会で他の生徒たちに伝えたりしながら，どのように取り組むことができるのか，どのように取り組むべきなのかについて，学校全体で議論を行った。議論の結果，学校のある地域を中心に活動しているNPOおよび政府機関と連携して取り組みを進めることとなった。両者による取り組みは，そのエリアの生態系への影響を最小限に抑えられる範囲で観光客を受け入れる方向を科学的なデータに基づいて探りながら進められており，持続可能な社会の実現に向けて効果的なものであると判断したためであった。生徒たちはNPOと政府機関が行っている活動に参画するとともに，自分たちが知ったことや考えたこと，活動の成果と課題などをポスターやニューズレターにまとめ，学校の掲示板に掲示したり学校のウェブサイト上に掲載したりすることを通して，広く学校内外に発信した。これにより，自分たちの学習や取り組みに関する問題提起を行ったり，学校内外の人びとと議論を深めたり，連携を広げたりしながら，環境保全を通じた持続可能な社会づくりのための取り組みをさらに展開することをめざしたのである。

　なお，こうした活動を通した学びは，学校の教育課程に位置づけられている科学や地理，英語，シティズンシップなどの複数の学習領域の授業とも関連づけるかたちで展開された。また，環境保全のための取り組みに限らず，この学校のさまざまな活動は，つねにそれが持続可能な生活や持続可能な社会づくりにどのようにつながり得るのかという観点を意識しながら，生徒と教職員，保護者，地域住民などが意見を出し合い，協力して進められていった。

（資料は，筆者が，過去に訪れた学校の実践や資料，コルダー，スミス，フィエンの主張などを踏まえつつ，フィクションとして再構成するかたちで作成）

育課程上の複数の学習領域の授業と関連づけるかたちで展開されるとともに，持続可能な生活や社会づくりとの関連において意思決定がなされ，行動へとつなげられている。さらに，学習活動は学校内にとどまるのではなく，NPOや政府機関との連携のもとに進められたり掲示板やウェブサイトなどを通して保護者や地域住民などにも発信されたりすることによって，学校を取り巻くコミュニティ全体での実践へと展開されていくことがねらわれているのである。

AuSSIは，2003年に試験的に開始され，2007年にはすべての州・直轄区で取り組まれるようになった（本節における以下の記述は，主に，木村（2019a）および木村（2019b）に基づく）。AuSSIへの参加は任意であるものの，2010年の調査では，全国のすべての学校のうちの約3分の1が参加している（ARTD Consultancy Team (Chris Milne, et al.) 2010：10）。なお，その具体的な運用は各州・直轄区に設置されているAuSSIの実施機関（政府機関など）が担っており，それぞれに独自性のある取り組みを進めている。以下では，EfSを推進するための「AuSSI-SAモデル」（以下，「モデル」）の作成とルーブリックの開発・活用を行っている南オーストラリア州（South Australia）での取り組み（以下，AuSSI-SA）に焦点をあてて検討を進める。

「モデル」は，「文化」の次元（dimension），および「理解」「学習」「コミュニティ」「管理」の4要素から成る（Department of Education and Children's Services 2007：7）。これらは互いに関連するものとされており，「文化」以外の4要素がともに機能することによって学校内およびより広いコミュニティのなかの持続可能性の文化を形成するとともに，文化が，4要素における持続可能性の発展を可能にすることが想定されている。そして，文化および4要素すべてについて「開始」「挑戦」「関与」「変革」の4段階から成るルーブリックが作成され，各学校の取り組みを「変革」の段階へ向けて発展させることがねらわれている（Department of Education and Children's Services 2007：9）。

表13-2は，「モデル」を構成する各段階の特徴と，「文化」に関するルーブリックである。表に示したように，「文化」については「ヴィジョンと価値観」「相互関連性」「ホール・スクール・アプローチ」の3項目に分けてルーブリックが作成されている。このルーブリックは，教育評価のためのツールとしてだけではなく各学校の実態に応じた目標設定を行うための指針としても機能してい

表 13-2 「モデル」を構成する 4 段階と「文化」に関するルーブリック

段階／要素		開　始 （starting）	挑　戦 （challenging）	関　与 （committing）	変　革 （transforming）
		学校は，変化の必要性を認識し，現行の実践に疑問をもち，可能な方向性を明らかにする。	学校は，変化のための取り組みへの挑戦と変化のためのプロセスの確立に積極的に関与している。	EfSが，学校およびより広いコミュニティでの生活のなかに統合されている。	学校は，コミュニティとともに継続的に学習し，持続可能なライフスタイルで生活している。
文化	ヴィジョンと価値観	われわれの学校の持続可能性に関するヴィジョンと価値観を検討することの必要性が明らかにされている。	われわれの学校は，持続可能性に関するヴィジョンと価値観を発展させるための包括的なコミュニティのプロセスに着手する。	学校生活のあらゆる領域において，ヴィジョンと価値観への関与の証拠がある。	より持続可能なライフスタイルを構築するために，核となるヴィジョンと価値観が，コミュニティ全体で実践され，更新され，共有されている。
	相互関連性	われわれの学校は持続可能性の社会的，環境的，経済的な要因の統合方法について熟考する。	われわれの実践のなかには，社会的，環境的，経済的な要因のバランスを反映しているものもある。	われわれの学校は意思決定を行う際に，社会的，経済的，環境的な要因に同等の価値を置いている。	持続可能性の文化を通して，社会的，環境的，経済的要因が統合されている。
	ホール・スクール・アプローチ	個々人がEfSにおける自身の役割を熟考し，明らかにしている。	複数のグループが，自身の活動と学校の持続可能性に関するヴィジョンを調整し，統合する方法について熟考している。	学校全体が，持続可能性に関するヴィジョンの達成に関与している。	われわれの学校は持続可能なコミュニティの一部である。

出典：木村（2019b：43, 45）および Department of Education and Children's Services(2007：9, 11) をもとに，筆者作成

る。つまり，現状や到達度の把握のみに使われるのではなく，実践を改善するための見通しや方向性を検討し，次にめざすべき到達点，すなわち教育目標を設定するためにも使われるのである。

　また，「モデル」とルーブリックからは，学校内で完結する学習活動を構想・展開するのではなく，学校を取り巻くコミュニティとも連携しながら学校での学びがコミュニティづくりにも波及するような学習活動を構想・展開することがめざされていることがわかる。こうした学習活動に児童生徒が参画できるようにすることは，持続可能性に関する学習を学校内での授業のみにとどめるのではなく，学校内外に存在する社会を持続可能なものにするためにとり得る，あるいはとるべき行動のあり方を検討し，実践するという活動へと学習を展開させることを意味する。そしてまた，児童生徒にとってはそうした学習の過程が，多様な価値観や立場をもつ人びととの関わりの場となり，時には価値観や意見の対立や葛藤も経験しながら，問題解決や社会づくりに取り組む力量を高める学習の機会にもなり得るのである。

4. 持続可能な社会づくりをめざす教育活動における教育目標の射程

　持続可能な社会づくりの担い手を育成するためには，解決すべき諸問題の原因や現状，解決に向けた現行の取り組みの成果と課題などに関する知識や課題解決に向けた探究活動を行うためのスキルなどの習得が必要である。そしてまた，それらに加えて，どのような社会の実現をめざすのか，どのような生き方をめざすのかを模索し，他者と議論を行ったり協力したりしながら問題解決に向けた行動に参画するための力量を身につけることも求められる。この点に関して，本章で取り上げたコルダーとスミス，フィエンの開発教育論では，既存の社会構造との関係において諸問題を認識することの重要性が示されるとともに，とくにフィエンの所論においては，諸問題を生み出す根本的な要因を明らかにしたうえでその解決をめざす道を拓く可能性が示されていた。また，行動に関する教育目標については，ある特定の認識に基づいた特定の行動をとることを求めるのではなく，学習者一人ひとりが自身の認識に基づいて自己決定することや行動の結果の評価と改善を行うことの重要性が強調されていた。

ただし，実際に人びとが協働しながら持続可能な社会づくりに参画するためには，学習者一人ひとりがこうした認識や行動に関する力量を身につけるだけではなく，葛藤や対立と向き合い，うまく乗り越えたり調停したりしながらより良い方向性を模索し，課題の解決に向けて取り組むための力量の形成も求められる。この点に関して，AuSSI-SAの取り組みからは，こうした力量形成に資する経験を積むことの重要性と，そうした経験を積むことのできる学習環境を学校内外に作り出すことのもつ可能性が示唆される。加えて，AuSSI-SAの「モデル」やルーブリックは，そうした学習環境づくりをも教育目標設定の射程に入れることの重要性とその方途を示すものであることが指摘できよう。

【引用・参考文献】

外務省（2019）「「持続可能な開発目標」（SDGs）について ── SDGsを通じて，豊かで活力ある未来を創る」2019年1月（https://www.mofa.go.jp/mofaj/gaiko/oda/sdgs/pdf/about_sdgs_summary.pdf：2021年7月2日閲覧）

木村裕（2014）『オーストラリアのグローバル教育の理論と実践 ── 開発教育研究の継承と新たな展開』東信堂.

木村裕（2016）「価値観や行動に関わる指導と評価に活かすルーブリック開発の試み ── オーストラリアのグローバル教育の検討をふまえて」『教育目標・評価学会紀要』第26号，1-10.

木村裕（2019a）「学校での持続可能性に関する教育活動の実践上の要点と課題の検討 ── オーストラリア・サステイナブル・スクール・イニシアティブの取り組みに焦点をあてて」『比較教育学研究』第58号，東信堂，75-94.

木村裕（2019b）「持続可能な社会の実現を目指すオーストラリアの学校教育 ──「持続可能性のための教育」の取り組み」木村裕・竹川慎哉編『子どもの幸せを実現する学力と学校 ── オーストラリア・ニュージーランド・カナダ・韓国・中国の「新たな学力」への対応から考える』学事出版，29-51.

ARTD Consultancy Team (Chris Milne, et al.) (2010). *Evaluation of Operational Effectiveness of the Australian Sustainable Schools Initiative (AuSSI) – Final Report.*（http://155.187.2.69/education/aussi/publications/pubs/operational-effectiveness.pdf：2017年11月9日閲覧）

Australian Government Department of the Environment, Water, Heritage and the Arts, *AUSTRALIAN SUSTAINABLE SCHOOLS INITIATIVE – Fact sheet.*（http://155.187.2.69/education/aussi/publications/pubs/aussi-factsheet.pdf：2017年11月9日閲覧）

Department of Education and Children's Services (2007). *Education for Sustainability: a guide to becoming a sustainable school,* Adelaide: South Australia, Australia.

「労働と福祉」をめぐる社会運動から教育目標の構想へ

鋒山 泰弘

1.「おさめる主体の人づくり」としての社会運動

　日本の労働・福祉・社会保障制度の機能の脆弱性に起因して，人びとの「生活世界」のなかにさまざまな困難が生まれている。それに抗して近年「若い世代」を活動主体とするNPO団体などによる生活相談や労働相談が取り組まれている。そこでは行政や会社経営など「上からおさめる」立場の人びととの「対立」をも辞さない運動・アクションを組織して，「下からおさめる」（新しい秩序をつくる）ことを実現しようとする実践もみられる。たとえば企業別に分断されたこれまでの労働運動と異なって，「個人の権利」を守りながら，「労働の再建」を展望する新しい労働運動や，「生活困窮者」の相談活動から「生活保障の再建」をめざす社会運動へとつながるソーシャルワークの動きである。

　かつての日本社会では，多くの人びとは家族・地域・会社の「つながり」で生活の危機を乗り切ることを経験してきた。そのため「一から生活・労働を守るコミュニティを作る」「相互扶助のために人と人との新しい関係を結び直す」という方法を市民として蓄積していくことは十分ではなかった。しかし現代日本社会において，家族・地域・会社の福祉の支援がないという「無縁状態」に陥っている人びとに対する「相談活動」等を契機として，「新しい人と人との関係の結び方」（つながり）の成立が見られる。その過程で，「つながる人びと」は「おさめる主体」にもなっていく。

　本章では，そのような新たに福祉社会型の国家を形成することを志向する社会実践・運動のなかで起こっている「おさめる主体の人づくり」が教育目標の構想に示唆する点を考察する。すなわち生活相談・労働相談を契機とする社会運動の試みを，現代日本の人びとの「生存権・幸福追求権」を守る主体形成を

試みている実践として捉え，社会における「人づくりの現場」の事例とみなし，そこでの「認識と行動の組織過程」による能力形成に着目し，「おさめる主体」を育成するための教育目標を構想するための示唆を得たい。

2.「新しい労働運動」の特徴

　近年の新しい労働運動は，賃上げだけを求めるのではなく，非正規雇用の差別・格差問題や，過重労働，違法行為などを問題化し，時にはストライキ権をも行使する場合も出現してきている。その際に，その要求や組織形態などにおいて，これまでとは一線を画する「新しさ」をもっていると言われている。

　若者による労働相談を 2006 年から NPO 法人を立ち上げて始めた今野晴貴によれば，2012 年までは，多くの労働相談の当事者は「自分が悪いのですが」とか，「違法なのはわかっていますが，とにかく円満に辞めたい」というところから始まるのが常だったという。しかし，近年では「この会社はブラック企業だと思う」「なんとか会社を変えたい」という意思をもつ労働者が目立つようになってきたという。

　このような若者の意識の変化はなぜうまれてきたのか。そこには，「個人の問題」として経験されているものを，労働市場の構造変化と関連づけて問題化し，「公共社会の問題」として再定義する言論活動が見られる。すなわち労働相談で明らかになった「個別の労働者の人権侵害の問題」を業界全体の問題や市民の消費生活とも関連する社会問題として多くの人びとに認知させるような言論活動である。次のような「問題意識」や「見方・考え方」の広がり・共有である。

　なぜ「ブラック企業」という労務管理が日本で広がったのか。その背景や原因は何か。そこには労働生産性の低いサービス産業部門で，旧来の「日本型雇用」が壊れているのに，時代に適応した新しい雇用ルールができていないという背景がある。成長が望めない環境で終身雇用・年功賃金の建前を無理に維持しようとすると，その建前を適用するメンバーを限定しないと企業が維持できないという発想となる。そのため，企業側の対応として，正社員として雇った若者を過酷な労働環境におくことで選抜し，「自発的退社」によってふるい落とす

動きがおこりやすいという構造が生まれる。

　「ブラック企業」のような働かせ方が日本社会全体に与える影響は何か。「ブラック企業」は日本の税金で教育された人材を使い捨て，医療保険や生活保護の対象に追いやっている。つまりは，税金に寄生して，自社のコストだけを低減させているという，「外部不経済」の発生を招いているといえる。さらに「ブラック企業」は家族を形成できない労働者を生みだし，結果として少子化を促して消費を鈍らせ，日本国内市場を縮小させ，長期的な経済や社会の持続可能性にも悪影響を及ぼす。

　今野は，このような「ブラック企業」に対抗してきた「新しい労働運動」は次のような特徴をもつと分析している。

　第一の特徴は，個別企業内の閉鎖された労使交渉によって解決される問題としてだけではなく，社会的な論議を巻き起こす「事件」として，関係者が意図的，意識的にメディアを活用して打ち出し，「社会問題」化したことであるという。労働争議は一般市民の関心を引く社会問題として報道されることで，交渉を有利に進める力となる。

　今野がいう第二の特徴は，労働問題を消費者問題ともつながる「産業問題」として定義していることである。企業内に組織基盤をもたない労働者たちが，「事件」化によって交渉力を高めている理由は，消費者にも関わる「産業問題」として広範な市民の共感を獲得しているからである。たとえば，ヤマト運輸の労働事件では，個別企業の残業代不払いの「事件」であると同時に，アマゾンをはじめとした通販の増加によって，流通が圧迫されている問題がクローズアップされた。それゆえ，その問題は単なる労働事件ではなく，消費者問題と接合する産業問題として構成された。「顧客の不利益を防ぐためには，労働者の「自分が耐える」というやり方ではまったく不十分で，社会的な問題へと転化することで活路を切り開くことが不可欠となる」（今野 2020：217）ということである。このようにサービス産業における労働問題が，消費者への「サービスの質」にも関連するとして，「産業問題」としても表現されることで，労働者だけではなく，消費者や社会全体の共感を獲得できる論拠・裏付けをもった労働運動側の主張を形成でき，そのことが労使交渉力の源泉となっているという。

　今野は，第三の特徴として，労働問題を「社会問題化」「産業問題化」するこ

とで，会社を超えた「職業的連帯」を労働者に促していることをあげる。労働組合によって表現される「事件」は職種的・職業的な問題の表現としても考えられる。たとえばヤマト運輸やアリさんマークの引越社，自販機の管理・運営会社ジャパンビバレッジなどの労働争議は，共通してドライバーの労働問題であるという職種的特徴を有している。また，「ある保育士の事件」が「ある保育所」の問題ではなく，「保育士の労働問題」として関心を引きつける。外食，小売りチェーンの場合は，「店長という職種」の過酷さは共通している。このように共通する職種問題として表現されることで，労働者間の連帯を意識させる要因となっている。このように「職種的共通性」がみえてくると，個別の「事件」の告発が，同職種内の労働者の関心を引きつける。その結果，業界内での当該企業（ブラック企業）に対して，人手が集まりにくくなるという「圧力」ともなり，このことも労使交渉の力の源泉となる。そして共通する職種の業界全体の改善につながるという構図が生まれる。

　さらに今野は，このような「職種的な連帯の意識」は，「一般労働者階層」（ここでの定義：終身雇用，年功賃金に守られない労働者階層）としての意識形成にもつながるという。劣悪な労働環境に置かれる若者労働者の場合，「長期にわたって個別の企業に服属せず，下層労働市場（非年功的労働市場）を渡り歩く労働者層」である場合が多い。しかも，そこではしばしば職域を超え，転職を繰り返す。それゆえ，彼らは企業を超え，職種をも超えるという意味においても「一般性を有する労働者層」とみなすことができる。彼らのなかで，職業・転職経験から「労使交渉以外に地位の向上をめざす方法はない」ことを悟る者も現れてきたことによって，ストライキ権の行使も辞さない事例も生まれている（今野2020）。

3.「新しい労働運動」における人づくり

　日本における「新しい労働運動」の特徴をみてきたが，そこでは「これまで声をあげられなかった若者・大人」の変容の過程がみられる。職場での「過重労働」「人権侵害的な労務管理」という「生活世界」で生じている困難を，個人の「離脱」によって回避する問題ではなく，市民からの共感が得られる業界全

体の「産業問題」として再定義して認識を広げること，個人の「抵抗」で対応するだけではなく，個々の職場を超えた「業界全体の問題」「職種全体の問題」として，「職業的連帯」を基礎に労働環境をコントロールする権限のある人びとと対決し交渉を進めて改善をはかる主体形成がみられることに特徴がある。

　このような若者・大人の変容過程にコミットしているのが，新しい労働相談・労働運動の「実践者」である。彼らは「相談活動」に加えて，次のような能力をもっている。

　　・労働事件を個別の隠れた企業内の問題に収めずに，「産業や社会のあり方」
　　　として言語化・理論化し，市民社会に対して表現する能力。
　　・労働問題を産業や社会の健全な持続可能性のあり方の問題として捉えることで，職業的連帯の必要性を喚起し，労働環境を改善する正当な理由として，交渉力に変えていく能力。
　　・多様な分野の専門家とつながり，労働者の交渉資源を最大化するためのネットワーク構築の能力。

「実践者」は，このような能力を駆使して「労働相談」に来るクライアントに対して，聴き取りと対話，運動や交渉の進め方を助言することによって，同時に「人づくり」を実践しているといえる。労働運動にコミットしている「実践者」による「人づくり」から，学校教育の目標や内容を構想する示唆を探ろうとするのは，「特殊な」事例とみなされるかもしれない。しかし，労働問題は，市民社会の公共的価値に関わる問題としてとらえられる。また，交渉力のような「人に働きかける」「新しい関係性をつくる」ことができるという能力は，学校で「人権概念」を教える際に重要な目標となる。法律や制度は，それを有効に使ったときに初めて役に立つものであることを教育目標として意識するためには，法律や制度を使って何らかのアクションを起こした人びとの具体的な実践から教育目標を構想する必要がある。

4. 労働や福祉分野における「人づくり」と能力

　以上のように労働相談とともに福祉分野での「人づくり」においても，既存の制度を有効活用できることを支援する「人づくり」だけでなく，満たされて

いない個人のニーズを，社会的ニーズにまで高め，どのように制度を変えていく必要があるのかという課題にも取り組むことのできる「人づくり」を構想することが課題とされている。今野・藤田 (2019) において，藤田は「福祉関係者は現在の社会福祉をどう捉え，どのように向き合っていけばいいのか」という問いを投げかけ，①社会構造を意識する，理解すること，②社会福祉制度を批判的に考察し続けること，③多種多様な専門職とも連携し，国や地方自治体など行政や議会などに働きかけて，法律・制度・サービスの改善や拡充や創設を求めたり，新たな取り組みを展開したりするソーシャルアクションを起こすことを提言している。

　共通してみられることは，個人の労働や生活問題から出発し，「社会システムの問題を共有する仲間を募る」ことができる能力である。具体的な個人の相談支援に関与しながら，関連する社会問題に取り組むためには，相談事例を広い視野から俯瞰できる能力が求められる。たとえば「ホームレス状態である人がなぜ現れるのか」について分析するなかから，不安定雇用のパートやアルバイト，派遣労働者など非正規雇用の広がりを把握する。そして，福祉関係者が労働組合や弁護士，地方議員や行政担当者などと，社会福祉の枠組みを超える分野の専門家と協働していく。

　特定の個人や集団の関心やニーズを，市民に共通する，あるいは公共的な関心へと変換する「新しい労働運動」やソーシャルワークの実践は，以下のような問いについて考える力を学校教育の目標づくりの課題として提起している。

・人びとの「生活世界」での生きづらさは，既存の制度や仕組み・システムとどのように関係しているか。私たちが，より良き人生を送るために，既存の制度や仕組み・システムは十分に機能しているのか。

・このまま今のシステムが続くと私たちはどんな困難に直面するであろうか。既存の制度や仕組み・システムにどのような点に欠陥があるために，より良き人生の構築が妨げられているのか。

・既存の制度や仕組み・システムのどこを，どのように変えれば，より良き人生の構築につながるのか。変えるためには，どのようなアクション・運動・代案・構想があり得るか。

5. 新たな福祉社会を展望した知識の共有

　労働運動や福祉分野の「人づくり」の実践は，市民の望む福祉社会を作り上げていくこと，すなわち福祉政治の実現に向けて，次世代の認識と行動を変革していくという政治課題につながる。そのためには「社会改革の大きな方向性」についての議論に参加できる学力を学校は生徒に習得させ，安心できる国家としての持続可能性をめぐる最重要の課題とは何かについての議論を経験させることが求められる。少子高齢化のもとで，どのようにして持続可能な福祉社会を作っていくのかというテーマは，そのような最重要課題の一つである。日本では長らく経済成長依存路線が続くなかで，社会福祉のための再分配の理念や制度の議論が市民レベルで突き詰めて議論されてこなかった。自民党の「日本型福祉国家」観は，「福祉国家は重税国家である」「高福祉によって，社会保障給付に甘えて堕落した市民が生み出されかねない」という見方・考え方が，「勤労」と「節約・貯蓄」を美徳とする「通俗道徳」と結びつき，国民の意識に浸透してきた。人びとの「生活世界」においても，「通俗道徳」に従って生活することが他者からの「承認」を得るための条件となってきた。それはたとえば，国際比較調査で「自力で生活できない人を政府が助けてあげる必要はない」と考える日本人の割合が他国と比較して高いという回答結果（井手・今野・藤田 (2018) で藤田が紹介している「What the World Thinks in 2007」The Pew Global Attitudes project のデータによる）にみるように，「貧困は自己責任であるとする」という見方・考え方のもとになっている。しかし，経済成長に依存し続ける社会のあり方が見直される現在，戦後をつうじて形作られてきた「生活の保障」のあり方が問われている。その「問いかえしの議論」に生徒が参加するためには，何を教える必要があるのか。たとえば，次のような問題に関する知識の共有である。

・現代日本社会において「勤労の義務」を果たすことだけでは，「標準的な生活」を実現することが困難な人びとの割合が，もはや少数派ではない社会の実態についての知識を共有する。たとえば以下のような問いに関しての知識である。非正規雇用で働くことで，企業福祉の枠外に置かれている人の割合がすべての労働者の何割を占めているか。世帯年収の分布はどう

なっているか。それぞれの世帯収入で育児，教育，衣食住，老後にそなえることができるだろうか。「勤労による標準的な生活」を送れてきた人びとでも，どのような条件が生じたとき，現代日本において「生活困窮」に陥るのか。

・各人が勤労による所得や貯蓄をすることで，将来不安に備えられるようにする「自己責任社会」から，誰もが将来不安から解放されるような「連帯」と「共助」の社会を形成するために，どのような新しい制度構想が提案されているか。たとえば，社会保障給付の形としての「ベーシック・サービス」の考え方が提唱されている。現在の社会福祉制度が，所得制限など選別主義を全面的に採用しているのに対して，「人間が生きていくうえで誰もが必要とすると社会が判断したベーシック・サービスをすべての人たちに，所得の大小，年齢，性別にかかわりなく，普遍的に保障する」制度構想である。その内容は「子育て，教育，医療，介護」などの対人福祉サービスを公的に保障することで，誰もが将来不安から解放される社会モデルである。

このような構想の実現可能性の条件について議論できるために，以下のような問いについての知識を共有することが求められる。人間が生きていくうえで誰もが必要とするベーシック・サービスの内容とはどのようなものか。ベーシック・サービスに関する費用をすべて公的支出とすれば，どのくらいの予算が必要か。そのための財源確保の方法として，どのような選択肢があり得るのか。

6. 連帯のために「力のある知識」を教育目標にすること

「労働相談」や「生活相談」の現場での「人づくり」の実践から，個人の「生活世界」で経験されている諸困難を，社会システムと結びついた公共的な問題として再定義し，解決に向けて社会的アクションにつなげる能力の特徴をみてきた。そして，「自己責任社会」に代わる新たな社会モデルとして「連帯共助モデル」を構想する議論に市民として参加するために求められる「知識の共有」の課題をみてきた。それらの課題を学校教育が担う際には，「私的な困難」を「集団的な課題」へと翻訳する「力のある知識」（概念や理論）を教育目標に位置づ

ける必要がある。たとえば，「職業的な連帯はいかに実現できるか」「誰もが生きるうえで必要なニーズが等しく満たされるベーシック・サービスとは何か」「社会の公正さとしての税のあり方とは」等の主題を深める「力のある知識」である。そして，誰が，その概念や理論を，使用して，どのような事実や，何を論拠にして，どのような主張をしているのか，その主張によって，人びとを，どう動かそうとしているのかという文脈を生徒が把握して，自己の認識や行動のあり方を考える能力の形成が教育目標となる。

【引用・参考文献】

井手英策（2018）『幸福の増税論 ── 財政はだれのために』岩波新書．

井手英策（2020）『欲望の経済を終わらせる』集英社インターナショナル新書．

井手英策・今野晴貴・藤田孝典（2018）『未来の再建 ── 暮らし・仕事・社会保障のグランドデザイン』ちくま新書．

木下武男（2012）『若者の逆襲 ── ワーキングプアからユニオンへ』旬報社．

今野晴貴（2012）『ブラック企業 ── 日本を食いつぶす妖怪』文春新書．

今野晴貴（2015）『ブラック企業2 ──「虐待型管理」の真相』文春新書．

今野晴貴（2020）『ストライキ2.0 ── ブラック企業と闘う武器』集英社新書．

今野晴貴・藤田孝典編（2019）『闘わなければ社会は壊れる ──〈対決と創造〉の労働・福祉運動論』岩波書店．

中内敏夫（1998）『中内敏夫著作集Ⅰ「教室」をひらく ── 新・教育原論』藤原書店．

第 Ⅲ 部の小括
〈おさめる〉ことの課題と学校の教育目標

鋒山 泰弘

1. 〈おさめる〉ことの意義と学校の役割

　2020 年の新型コロナウイルスの感染拡大による社会不安や経済危機を受けて，政治の役割があらためて注目されている。国民の間では収入が減り，解雇や雇止めが増加し，自らの生活に直接影響が及びはじめているなかで，給付金支給が果たす役割など，政治は切実な問題と受け止められている。今後，生活保障のための財政支出という基本的な方向性を共有したとしても，負担と給付をどのように行うことが公正で，そのための制度設計をどのように進めていくのかの決定に関して「政治＝おさめる」の役割が問われてくる。

　ただし近年の政治改革においては，三権の行政府，そして行政府のなかの最高指導者である首相に権力が集中し，国会審議などで，政策に関する情報が的確に開示，共有され，自由な政策論議の機会が確保されているとはいえない（山口 2019）。また，国民の間で「面倒な議論で時間を空費するよりも，多数決で早く物事を片付け，結果を出す政治手法が好ましいという気分」が広がってきている。さらにソーシャルメディアの発達は，集合的意思決定の土台をつくるものとしての期待もあるが，現実の情報環境の展開は，事実を軽視し，感情が優越し，分断の感覚を生み出し，異なった意見による討論，対話を成り立たなくし，「敵とみなしたものへ攻撃」する風潮を加速させる働きも生んでいる。

　以上のような変動のなかで，学校教育が果たす役割を考える出発点として，戦後の学校教育は子どもを民主主義社会の成員として育成するために，どのような役割を果たしてきたのかが**第 10 章**では検討された。戦後の民主主義理念を実現する代表的な教育実践として，戦後復興期の日本の農村の家族や地域での生活の窮状という現実を子ども自身が表現し，その原因を探り，課題解決の

231

方途を共同で探索することを通じて，民主主義の感覚を日常意識として子ども
に身につけさせる場に学校・教室はなりえたことの意義が論じられた。

さらに1970年代から80年代に展開された中学校社会科教育の実践が取り
上げられ，高度経済成長を経た日本の学校・教室で「主権者を育てる」試みが
検討された。「主権者を育てる教育」は，学校で学ぶ知識が子どもの生活意識
に迫る切実なものとして受けとめられ，子どもにも「小さな生活者」として「判
断」することを求めるものであったことの意義が論じられた。しかし，高度経
済成長後の日本社会が，庶民の生活を「個人化」させ，個人間の競争を経て，
企業社会に適応することで「豊かな生活」を獲得するという生活意識が生徒に
も深く影響を与えるようになった時代状況で，教室でどのような主題や論点を
設定することが，主権者となる「生徒の声」を引き出すことができるのかとい
う困難も指摘されていた。

2. 現代における人間の生活・生存の基本的なニーズを主題化する

日本はバブル経済崩壊後に公共政策への大規模な支出を伴う「大きな政府」
への批判が広く受け入れられ，新自由主義的政策が「大きな政府」への批判的
対案として大きな力をもった。そして「勤労と倹約を美徳とする国民」がすがっ
たのは，政府の支出の非効率を批判し，既得権を廃止し，無駄をなくせば経済
は成長し，自分たちの暮らしも豊かになれるという新自由主義の「ロジック」
だった。財政のあり方が，勤労者から見たとき，税金だけ徴収されて，さまざ
まな給付には所得制限がかけられていることは，理不尽な「剥奪」の制度に思
えてしまう。そこから公共政策の受益者への疑心暗鬼，公正なあつかいをしな
い政府へのいらだちが強まる。ここに新自由主義が受け入れられる素地が生ま
れた（井手2020）。

第11章では，そのような新自由主義のイデオロギーが国家の政策を規定し，
学校制度や教育内容へも影響を及ぼしている下で，教師はどのような主題の教
育内容を創造することで，子どもとともに「公共の課題」を追究する問題意識
を醸成することができるのかが検討された。取り上げられた教育実践は，日常
的な主題を扱いながらも，人間の生活・生存の基本的なニーズに関わるテーマ

として深く掘り下げるものであった。十分な睡眠がとれること，健康であること，安心して豊かな食材を味わえること，豊かな自然環境のもとで暮らせること，地域で働き続けられること等の，子どもも大人とともに生活実感にもとづいて考えはじめられる主題が切り口にされている。そして，そこから問題の背景にある社会制度の連関を，そのもとで生きている「当事者の声」とともに学び，責任の所在を問うことも含めて，追究する教育実践の意義が検討された。

3. 論争的で公共的な問題をめぐる議論に参加できる子どもを育成する

「おさめる主体」という目標では，自己の権利が侵されていることや社会制度の不公正等について異議申し立てができる「強い個人」を育成することがめざされるが，現実には「声をあげられない」人びとが多数存在する。「声をあげられない人」が「聴き取られる」関係性を築くことに一歩踏み出せることが，「おさめる主体形成」の視野から抜け落ちることがあってはならない。学校教育のなかで，社会的事象の意味づけ・意義づけについてすべての子どもが意見をもち，他者に聴き取られる，そして，他者の声を聴き取るという関係性をつくることが「おさめる主体」形成の基盤に位置づく。**第12章**では，そのような関係性を作り出す現代の教育実践が検討された。

政治には自己利益に関わる要求の実現という側面だけではなく，共存するためのルールや約束事の集合的意思決定として何が公正・正統であるのかを決める役割がある。それは個々人にとって必ずしも自分の言い分が通るとは限らないという「政治の魅力のなさ」でもある。しかし，「公共的価値とは，自らの私的利益には反するとしても，すべての人びとが市民として判断するときに受容しうる価値である」（齋藤 2017:48-49）。そのような公共的価値にもとづく政治が行われるためには，それらがなぜ選択されるべきなのかについての市民が理由を交換し，検討する集合的意思形成の過程に参加する主体であることが求められている。

小学校の子どもであっても，公共的な論争問題に関して「自分の判断の基準」を形成することを促す実践が第12章で紹介されている。「公共サービス」の費用負担というリアルな問題について，自分の意見が「聴き取られる」ことで，

どのような条件を加味することが，公正な制度になり得るのかという思考を自分なりに深め，相互に意見・判断基準をすり合わせる関係を結ぶ経験をしている。

　高等学校では，そのような公共の問題に関する意見形成を，他者に論理づけて説明・主張できる生徒を育成することが課題となる。歴史上の思想家が練り上げ，現代思想としても精緻化されている社会哲学や倫理学の「学問知」の意味・意義を生徒が理解し，活用できることが教育目標とされる。このような「学問知」を生徒が学ぶことの意味は，公共の論争的な問題をめぐって，対立する意見・主張をもつ者同士が，直感的な判断・意見をぶつけ合うだけに終わらない市民的関係をどう形成していくのかという問題意識がある。社会の分断や排外的な関係を推し進めるだけに終わってしまいかねない状況に対して，生徒が公共の問題に関する「自らの直観の判断基準」を他者が理解可能な形で表現できること，また他者の多様な主張・判断基準の背後にある論理を理解できる能力を教育目標にすることは，「利害関心や価値観の違い・対立にかかわらず，市民として互いに受け入れることのできる合意・解決」を導き出す公的な推論に参加する市民を育成することにつながる。

　公共の問題は，国家レベルにとどまらず，地球環境問題への人類の対応に端を発して提起されてきた「持続可能な開発」という課題にまで広がる。この課題に対して学校教育の目標はどれだけの内容を射程にいれることができるのか。**第13章**では，オーストラリアで取り組まれている学校教育全体でのアプローチの特徴について検討された。以下の点が特徴的である。1つは，「持続可能な開発」という主題は，複数のイデオロギーや権力，利害のせめぎあいがある論争的なテーマであることを認識し，為政者や権力者によって強調されたり隠されたりしている問題の構造を批判的に検討し，諸問題を生み出す根本的な要因を明らかにする視点を教育目標に位置づけること。2つには，個人の変化としての教育目標は，「認識」から「行動」までを射程に入れるが，「行動」は，学習者一人ひとりが自身の認識の変化に基づいて自己決定すること，そして行動の結果の評価と改善を行うことができることを重視すること。3つには，「持続可能な開発」の教育目標は，個人の目標が学校内およびより広いコミュニティのなかの持続可能性の文化の形成という目標への広がりをもつこと，すなわち

より持続可能なライフスタイルを構築するために，核となるヴィジョンと価値
観が，コミュニティ全体で実践され，更新され，共有されるという関係のなか
に学校教育の目標が位置づいていることの意義が指摘された。

4.〈おさめる〉ことへの参加の諸形態と学校の役割

　新しい社会モデルの構想等といった複雑な政治的議論に市民が参加する際の
大きな困難は，専門家の間でも意見が分かれる公共政策の論争的問題に関して，
市民の側が，確かな知識や推論に基づいて討議し，意思決定することが容易で
はないことである。市民の「無知」の克服という課題への取り組みと，民主主
義を機能させることを追求したものとして，熟議民主主義の考え方と実践があ
る。熟議民主主義とは，その時々の多数意思によって法や公共政策を正当化す
る集計的な民主主義と対比して，それらがなぜ選択されるべきなのかについて
の理由を交換し，検討する意思形成の過程を重視する民主主義理論である。「尊
重に値する市民の意思」とは，「理由の交換・検討」（公共的推論）を経て形成さ
れる市民の意思であって，選挙や世論調査を通じて特定されるそのつどの多数
意思ではないとする理論である（齋藤 2017：187）。

　しかし，現代の日本社会において熟議民主主義が構想するような熟議の場が，
市民にどれだけ開かれて存在しているのかという懐疑も生まれる。多様な立場
の市民が，対等に，確かな知識に基づいて，理性的に理由を相互検討すること
に集中し，欺瞞を排除した誠実な応答が行われるような場や機会が現実にどれ
だけ存在するのかという疑問である。

　この問題に関連して，現実の政治過程における意見交換が，参加に開かれた
対等性や理性的な討論の理想的条件を満たさないものであったとしても，「理
想的な熟議は，現実に行われる意見──意思形成の歪みを検出する基準として
作用する」（齋藤 2017：229-230）という指摘がある。

　たとえば，無作為抽出によって市民社会の縮図をつくり，そこから選ばれた
少数の人びとを集め，事前の資料を参加者は読み，複数の専門家のいる場で質
疑を行い，小集団に分かれて，理性的討論の進行を促すモデレーターのサポー
トのもと一定時間熟議を繰り返し，その結果をもとに，公的年金制度やエネル

ギー・環境の選択肢といった公共的な問題に関して提言を含む報告書や，意見分布の調査書が発表されるという討論型世論調査がある（曽根ほか 2013，柳瀬 2015 など）。それは理想的な熟議を意図的に作り出す試みである。このようなミニ・パブリックス（小さな公共圏）の熟議は，直接的に政治的決定を左右するものではないが，国会や政府の審議会で「現実に行われている意思形成を市民自身が反省的にとらえ返すための参照基準」（齋藤 2017：230）を提供してくれる。またインターネットを活用したオンライン上でのミニ・パブリックスづくりは，手間や費用を以前ほどかけなくても，「理想的な熟議」の場と実践を立ち上げることを可能にし（谷口・宍戸 2020），「理想的な熟議」という参照基準を広く市民に知らせる可能性を秘めている。多くの市民はミニ・パブリックスに実際には参加する機会がないかもしれないが，ミニ・パブリックスでの熟議の過程や内容を知ることによって，現実の政治過程を熟議民主主義の観点から検討，評価，批評するという形で〈おさめる〉ことに参加することができる。

　また，現実の政治過程への参加は，**第 14 章**でみたように，労働や福祉問題に端を発する社会運動という形もとりうる。そこでは，ストライキに象徴されるような直接行動という形での〈おさめる〉ことへの働きかけもみられる。社会運動や抗議行動は，それ自体では「理想的な熟議」の活動とはいえないが，「提起されている政策が十分な検討を経ないまま推し進められるのを阻止し，その政策の是非をめぐる公共の議論（正当化理由の検討）を喚起する」（齋藤 2017：230-231）という意義をもつ。このように社会運動や抗議行動のような非熟議的な実践をも含めて，メディア，利益団体の活動そしてミニ・パブリックス等も，マクロな政治過程における構成要素とみなし，それらがどのような相互作用をすれば，政治過程全体としての熟議の質が高まるのかに注目する政治学の議論として「熟議システム論」というアプローチがある（田村 2017）。学校が果たす役割もこのような観点から検討されていく必要がある。学校は，生活・人間関係等を題材にしたテーマをめぐって「親密圏における熟議的コミュニケーション」を教える役割があるとともに，政治教育や自治活動等において「公共圏における熟議的なコミュニケーション」の作法も教える役割がある。この 2 つのコミュニケーションの様式は，異質性とともに，分離したものではなくて，相互に影響を与えあうことを教えることが学校の役割である。そして，親密圏，

市民社会，国家等の多層的な場での熟議が果たす役割と相互の関係を全体として俯瞰的にみることができるように教えることも学校の役割となる。

【引用・参考文献】

井手英策（2020）『欲望の経済を終わらせる』集英社インターナショナル新書.

齋藤純一（2017）『不平等を考える —— 政治理論入門』ちくま新書.

曽根泰教・柳瀬昇・上木原弘修・島田圭介（2013）『「学ぶ，考える，話しあう」討論型世論調査 —— 議論の新しい仕組み』ソトコト新書.

谷口将紀・宍戸常寿（2020）『デジタル・デモクラシーがやってくる！』中央公論新社.

田村哲樹（2017）『熟議民主主義の困難 —— その乗り越え方の政治理論的考察』ナカニシア出版.

柳瀬昇（2015）『熟慮と討議の民主主義論 —— 直接民主制は代議制を乗り越えられるか』ミネルヴァ書房.

山口二郎（2019）『民主主義は終わるのか —— 瀬戸際に立つ日本』岩波新書.

〈つながる・はたらく・おさめる〉の
教育学の地平

松下 佳代・木村 元

1. 〈つながる・はたらく・おさめる〉の教育目標
——能力論の観点から

（1）終章の位置づけ

　本書では，現在の社会変動を把握しそのなかで教育目標を設定するためのコンセプトとして，〈つながる・はたらく・おさめる〉を抽出し，3つのパートでその具体的な像を描き出してきた。

　〈つながる・はたらく・おさめる〉の意味はこれまでの章ですでに詳しく書かれているが，簡単におさらいしておこう。〈つながる〉とは，生活世界（人びとの日常生活の世界）において，人と人との関係が形成され維持され変容させられる過程のことである。〈はたらく〉は，一般に，生命を維持するのに必要で対価が賃金で支払われる「労働labour」と同一視されがちだが，本書では，製作活動の「仕事work」や公的空間での「活動action」も含めて捉えている。〈おさめる〉も，権威・権力をもつ少数集団が多数の人びとを支配し秩序をつくるという「統治」の意味ではなく，限られた資源を配分するために，人びとが対立・葛藤を統御しながら，支配−被支配関係だけでなく協同関係をも作り上げることを意味している。

　〈はたらく〉にも〈おさめる〉にも人と人との関係が内包されることを考えれば，この三者は，〈つながる〉が基底をなし，その上に〈はたらく〉や〈おさめる〉という活動が築かれるという関係にあることがわかる。実際，現代社会において，人びとが狭い意味での〈はたらく〉（就労）や〈おさめる〉（参政権）ことに参加しはじめるのは，多くの場合，成人になってからであるのに対し，〈つながる〉は生まれ落ちたときからずっと死ぬまで続く活動である。

終章では，序章で設定した問題に対して，第Ⅰ〜Ⅲ部の各章が，教育目標論として何を提起してきたかを整理し，今後の研究・実践課題を展望する。終章は2つの節からなる。本節では，〈つながる・はたらく・おさめる〉という点から現在の社会変動を把握したときに，そのなかを生きていく人間に対して行う教育の目標はどう設定されるべきかを，能力論の観点から問い直す。

現在の教育政策が提唱している能力概念である「資質・能力」については，すでに序章3（石井）で，それがはらむ両義性が整理されている。本節では，その両義性をいかにして教育的価値のあるほうへと動かしていくかを，第Ⅰ〜Ⅲ部での議論をふまえて考えてみたい。

（2）今日の教育政策における「資質・能力」
①未来社会の構想とバックキャスティング

2017年3月に小学校・中学校，2018年3月に高等学校の新学習指導要領が告示された。2014年11月に次期学習指導要領への諮問が行われてから告示までの間に，興味深い出来事があった。それは教育目標を語る言葉が「学力の3要素」（知識・技能，思考力・判断力・表現力等，主体的に学習する態度）から「資質・能力の3つの柱」（知識・技能，思考力・判断力・表現力等，学びに向かう力・人間性等）に変わったことである。「資質・能力」は以前から使われていた用語であり，両者の中身もさほど違わないように見えることから，この変化をあまり重視しない人も少なくない。だが，私はそこにひとつの転換があると考えている。中身がさほど違わないように見えるのは，「学力の3要素」自体がすでに「資質・能力」化した学力になっているためである。

「資質・能力」を教育目標に据えた現在の教育政策に見られる大きな特徴は，（望ましい）未来の状態を想定し，そこを起点に今何をすべきかを考える「バックキャスティング」（Dreborg 1996）の手法が採用され，そのなかで「資質・能力」のあり方が提案されていることである。たとえば，新学習指導要領の方針を示した2016年12月の中教審答申（中央教育審議会 2016）では，2030年に向けて，よりよい社会と幸福な人生の創り手となれるようにするための教育目標として「資質・能力の3つの柱」が掲げられた。これはOECD Education 2030（OECD 2018）での議論を反映したものである。また，大学教育に目を向けると，2018

年11月のグランドデザイン答申（中央教育審議会2018）では，「2040年という22年先を見据えて，そこから逆算的に考え，必要な提言を行った」と明記され，2040年の社会が，SDGs, Society5.0，第4次産業革命，人生100年時代，グローバル化，地方創生といった言葉で描かれている。「2030年」と「2040年」。少し前には，「21世紀型スキル」「21世紀型能力」のように，「21世紀」が未来の時点を表す言葉として使われた。

ここには，今日の教育政策における社会構想の描き方の特徴が表れている。それは，未来予測に重きを置き，歴史的考察が欠如していること，そして，とりわけ経済的側面，あるいは労働という意味での〈はたらく〉が強調されていることである。

②「資質・能力」とコンピテンス

日本の教育政策に「資質・能力」が教育目標として取り入れられはじめたのは，「生きる力」を謳った1996年7月の中教審答申の頃からであり，2006年の教育基本法改正において教育の目的や目標に「資質」や「態度」が盛り込まれたことにより本格化した。ちょうど2006年に，その後各国の教育政策に影響を与えることになるOECDの*Key Competencies*の邦訳が刊行されたこともあり，「資質・能力」とコンピテンスが並んで語られるようになった。

もっとも，コンピテンスという概念はOECDの専売特許ではない。ドイツの教育学者ブレツィンカ（Brezinka, W.）は，「教育目的としてのコンピテンス」の伝統について論じるなかで，コンピテンスを，「ある特定の要求に対して最大限にまで応えることのできる，比較的永続性をもった人格の特質」であり，「個人の努力を通じて獲得され，コミュニティによって肯定的に価値づけられる」（Brezinka 1989:78）と定義している。ここには，コンピテンスの特徴が凝縮して示されている。それは，①要求（＝「人生が自分に差し出す課題」）に対して応えられることであり，②ある特定の課題を遂行（perform）することができることによって有能（competent）とみなされるのであり，③生得的であったり成熟によって形成されたりするものではなく努力によって獲得され，④その人が属するコミュニティによって肯定的に価値づけられるものである。OECDのコンピテンス概念（＝ある特定の文脈における複雑な要求に対し，知識，スキル，態度・価値観などの内的リソースの結集を通じてうまく対応する能力）もこのような伝統

をふまえたものと考えることができる（松下 2016）。

一方，「資質・能力」は「資質」と「能力」が並列的に結合された概念である。認知的能力だけでなく非認知的能力も含むという面ではコンピテンスと共通しているが，上にまとめたような伝統や特徴を共有しているわけではない。本田（2020）のいうように，能力による「垂直的序列化」に加えて，資質による「水平的画一化」を招きかねない危うさをもった言葉だといえる。

③「資質・能力」と学力の対比

(a)〈過去から現在へ〉と〈未来から現在へ〉

さて，①で述べたような社会構想の下で教育目標として設定される「資質・能力」には独特の特徴がある。それは教育学における学力概念との対比によって浮き彫りになる。中内敏夫は，学力を「人間の知的能力全体のうち，教育的関係のもとで教材を介してわかち伝えられる部分」（中内 1988）と定義した。人間は「生理的早産」の状態で生まれてくるので，教育という助成的介入を通して，一種の外化された遺伝情報である文化（学問・芸術・身体文化など）を内化することで，ようやく自立することができる，と考えるのである。学校は，そのようにして文化を子どもたちにわかち伝えるために特別にしつらえられた場所であり，学力とは学校において文化を習得することを通して身につく知的能力のことである。このように，学力には，蓄積されてきた文化を社会のメンバーとなるべき子ども・若者に伝達継承するという〈過去から現在へ〉の方向性が内在している。

一方，今日の教育政策における「資質・能力」は，まず，これからの社会を生きていくうえでどんな力が必要かという問いを立てる。ただ，予測はしても，それを覆すような変化が生じる「VUCA」（変動性，不確実性，複雑性，曖昧性）な未来であるからこそ，"learner agency（学習者の行為主体性）"（OECD 2018）や「学びに向かう力」が要請されることになる。このように，今日の教育政策における「資質・能力」に見られるのは，学力とは対照的に〈未来から現在へ〉という方向性である。

(b)〈境界設定〉と〈境界横断〉

学力は主に，文化の特定のまとまりを組織化してつくられた教科の学習を通じて形成される。つまり，学力は教科という境界の設定を前提としている。一

方，「資質・能力」は，教科のなかだけでなく，教科横断的に，また教科外でも育成されるものであり，さらに，学校段階の違いを越え，学校と社会をつなぎ，生涯にわたって形成されるものと考えられている。つまり，「資質・能力」に基づく教育は，教科間の境界や学校と学校外・学校後の間の境界を横断し崩していく働きをする。「学力」という言葉が教育目標としては主に初等中等教育までしか使われないのに対して，「資質・能力」という言葉が高等教育や職業教育，労働政策に至るまでの幅広い範囲で使われていること，今回の学習指導要領で「教科横断的な学習」や「社会に開かれた教育課程」が謳われているのはそのことの表れである。

④「資質・能力」と学力の調停は可能か

以上では，「資質・能力」と学力の性格を対比的に描き出した。では両者の調停（すり合わせ）は可能なのだろうか。現在の「資質・能力」のもつ〈未来から現在へ〉の方向性や〈境界横断〉という性格はそれ自体，否定されるべきものではない。問題は，それが未来に焦点化するあまり，外化された遺伝情報である文化の習得という面を弱めていたり，境界を横断していくことの必要性を重視するあまり，いったん境界を設定してそこで能力（学力）を形成していくことの有意味性を軽視したりしている点にある。だとすれば，両者を調停して得られる能力を，〈過去に根ざし未来に開かれた能力〉，〈境界のなかに足場を置きつつ境界を越え出る能力〉と特徴づけることができるのではないだろうか（cf. 松下 2019）。

私がこの原稿を書いている 2020 年 4 月現在，世界中が新型コロナウイルス感染症の拡大に苦しんでいる。2020 年がこんな年になるといったい誰が予測できただろう。パンデミックの危険性は以前から語られていたとはいえ，社会全体や一人ひとりの生活に及ぼす影響を具体的に思い描くことのできた人はごく少数でしかなかったはずだ。私たちはまさに「VUCA」の時代を生きている。この状況をどう認識し，どう意思決定し，どう行動すべきかを支えるのは，どんな力なのだろうか。

歴史研究者の藤原辰史は，この状況において「想像力と言葉しか道具を持たない文系研究者」にできることは限られているが小さくはないとし，自分の場合でいえば，歴史研究のなかで受けてきた訓練が「過去に起こった類似の現象

を参考にして，人間がすがりたくなる希望を冷徹に選別することを可能にする」という。そしてその作業を通じて，「現在の状況を生きる指針を探る」手がかりを得ることを試みている（藤原 2020）。

ここに表れているのはまさに，〈過去に根ざし未来に開かれた能力〉，〈境界のなかに足場を置きつつ境界を越え出る能力〉である。それは文系研究者に限らず，これからを生きていく私たちに必要な力なのである。

(3)〈つながる・はたらく・おさめる〉の教育目標としての能力

①〈つながる・はたらく・おさめる〉という社会構想

教育目標・評価学会は，学会規約の第2条（目的）で，「本会は学力が子ども・成人の人間的な発達の基礎になるとの立場に立ち，教育目標・評価の研究の促進と交流をはかることを目的とする」と述べている。ここに示されている通り，学力は本学会において格別の重みをもつ概念として研究の中心に置かれてきた。だが，現代の社会変動のなかで，教育目標の中核を学力より広い概念に拡張すべき時期に来ているのではないだろうか。

〈つながる・はたらく・おさめる〉は人間の基本的活動であり，社会の姿を過去・現在・未来を貫いて捉えることを可能にする。それに加えて，本書で論じられているのは，人びとのライフコースがもはや〈家庭→学校→社会〉という一方向的なプロセスではなくなっている，ということである。

ドイツの政治経済学者シュミット（Schmid, G.）は「移行的労働市場論（theory of transitional labour markets）」（Schmid 2002）において，「教育」（知識や技能の学び〔直し〕）や「家事」や「障害・退職」や「失業」のために「労働市場」からいったん外に出た人が，再び「労働市場」に戻ることができるようなライフコースのモデルを提案し，そのための参加支援を組み込んだ制度の整備の必要性を唱えている（図 終-1）。このような人生イメージの下では，移行（トランジション）は，教育から労働市場へ一方向的に進んでいくことではなく，労働市場と教育，家事，障害・退職，失業との間，および，労働市場における複数の職の間を，行ったり来たりしながら歩んでいくことを意味することになる。

ここでは「労働labour」がライフサイクルの中心に位置づけられているが，その「労働」は，「有償労働のみならず，社会的あるいは家庭的に有益な無償労

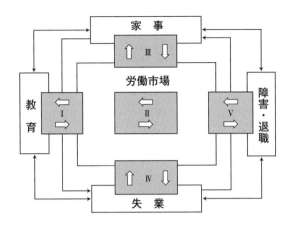

図 終-1　移行的労働市場の枠組み

出典：Schmid（2002：188）の Figure 5.3 を訳出

働」（内山 2011：5）も含んでいる点で，本書での〈はたらく〉に近い意味にまで
広げられている。さらにいえば，このような複数の場を越境しながら行き来す
る人生イメージは，〈つながる〉〈おさめる〉にも共有されるだろう。日本では，
制度的基盤が弱いため，現在はまだこうした双方向的な移行がしにくい状況に
あるが（たとえば，社会人学生の割合の低さ），今後の方向性を指し示しているこ
とは確かである。

②自立し参加する力

　このように人間形成の場としての学校の意味が変容し，教育が生涯にわたる
ものとなった時代に，教育目標としてどんな能力を掲げるべきなのか。それは
私の言葉でいえば，〈過去に根ざし未来に開かれた能力〉，〈境界のなかに足場
を置きつつ境界を越え出る能力〉ということになる。では，本書ではどのよう
に論じられてきただろうか。

　第Ⅱ部では，「はたらくこと」の再把握に基づいて，〈「能力」≒自立し参加す
る力〉と読み替えることが提案されている。この能力の捉え方は，〈はたらく〉
だけでなく，〈つながる〉〈おさめる〉にも適用できるだろう。ここでいう「自立」
とは，「他からの援助や配慮を必要としない強い人間像を想定したものではな
く，人と人との多様な関係において「依存」をも肯定する生き方」を指してい
る（第Ⅰ部第5章）。内田（2008）は，"I cannot live without you." というときの you

の数をどれだけ増やすことができるか，それが「共同的に生きる人間の社会的成熟の指標」だと述べたが，本書の「自立」観はこれと通底する。「自立」は従来，就労自活と同一視され子どもが大人になるときの目標とされがちだったが，この意味での「自立」は，たとえば，病気やケガによって障害を負った人が自分らしい生活を取り戻そうとするときの目標にもなりうる。このような「自立・依存関係」の土台の上に，〈はたらく〉と〈おさめる〉という形で，社会・文化・コミュニティに参加する力が築かれる。

③学力からの拡張──非認知的能力について

このような「自立し参加する力」は，「学校において文化を習得することを通して身につく知的能力」としての学力概念をいくつかの点で拡張することになる。まず，学校という教育機関で培われる能力に限定されないということ，また，文化の習得だけでなくコミュニティと文化への参加を意味すること，さらに，認知的能力だけでなく非認知的能力をも含んでいること，である。私が挙げた〈過去に根ざし未来に開かれた能力〉，〈境界のなかに足場を置きつつ境界を越え出る能力〉もそのような拡張と軌を一にするものである。

ただし，このことは「学力が子ども・成人の人間的な発達の基礎になる」ということを否定するものではない。「自立し参加する力」という射程のなかに，その基礎となるような内容をもった「学力」を正当に位置づけることは，「自立し参加する力」が無限定なものになることを防ぐためにも必要である。

上に述べた拡張のなかで「認知的能力だけでなく非認知的能力をも含んでいること」についてはこれまでほとんど論じてこなかったので，少し説明を補足しておこう。

ヘックマン (Heckman, J. J.) が「ペリー就学前計画」の結果から，アメリカの社会格差を解決するための有望なカギとして幼児教育における非認知的能力の育成の重要性に言及して以来，世界的に非認知的能力が注目されるようになった（西田ほか 2019）。2015 年にはOECDが「社会情動的スキル (social and emotional skills)」に関するレポートを出し，さらにその一部が「学びに向かう力」として「資質・能力の3つの柱」のなかに取り入れられたという（OECD 2015: 邦訳あとがき）。

もともとヘックマンの研究では非認知的能力の測定は行われず，そこでの非

認知的能力とは認知的能力以外の要因（非"認知的能力"）をさすにすぎなかった。それが，OECD（2015）では，長期的目標の達成，他者との協働，感情のコントロールに関連する「社会情動的スキル」として捉え直され，より積極的な意味づけを与えられることになった。ここで注目すべきは，「スキル」の性格である。OECD（2015）では，スキルは，「個人のウェルビーイングや社会経済的進歩の少なくとも一側面に影響を与え（生産性），意義のある測定が可能であり（測定可能性），環境の変化や投資により変化させることができる（可変性malleability），個人の特徴」と定義されている（OECD 2015：34）。

〈つながる・はたらく・おさめる〉というコンセプトの下での「自立し参加する力」には，他者と協働する能力や他人の感情を想像する能力（エンパシー）などの非認知的能力が含まれるはずだ。しかし，それは，このような「社会情動的スキル」と同一視されるのだろうか。

④**教育目標を設定するということ──教育目標・学習目標・測定可能な学習**
　成果

上の問いは，そのまま「教育目標を設定する」とはそもそもどういうことなのか，という問いにつながる。

第Ⅰ部小括では，存在論的不安や無意味感や相対的剥奪感といった生きづらさの状況に抗して教育がなすべきこととして，まず，教育が行われる空間を，ケア・承認のある「安心できる場」にすること，そして，「ケア・承認の意味合いを伴うつながりを実感でき，またそれらを自ら担っていく力」を獲得できる機会を提供すること，が提案されている。「ケア・承認の意味合いを伴うつながりを実感でき，またそれらを自ら担っていく力」は，人びとが獲得すべき能力であり，「学習目標」となるが，「安心できる場」にすることは直接的にはそうした学習目標ではない。だがこれも，教育がめざすべき目標，「教育目標」ではある。教育目標は，学習目標（学習者がめざすべき目標，あるいはそれを教育者が一時的に預かったもの）を包含するだけでなく，指導過程や教育・学習環境のあり方をも規定するものである。

さらにいえば，「学習目標」と「測定可能な学習成果」も異なる。現在の学習パラダイムや説明責任に重きを置く教育状況の下では，〈教育目標→学習目標→測定可能な学習成果〉というスライドが生じやすいが，この三者を区別する

ことが肝要である。OECDの調査や報告書は，「エビデンスに基づく政策立案（EBPM）」の枠組みやデータを提供してきた。そこでは，「測定可能な学習成果」がエビデンスの内容となる。「社会情動的スキル」に測定可能性が求められるのはそのためである。

　ミュラー（Muller, J. Z.）は，測定することによって初めて，組織や人のパフォーマンスの改善が可能になり説明責任を果たせるという考え方があらゆる領域（教育，ビジネス，医療，警察など）で広がり，過剰な測定，不適切な測定を生み出していることを「測定への執着（metrics fixation）」と呼び，その病理を描き出した（Muller 2018）。

　私たちは，教育の政策と実践において，「教育目標」「学習目標」と「測定可能な学習成果」とを明確に区別する必要がある。教育目標（学習目標）となる能力は測定可能性を要件としない。いいかえれば，測定可能でない学習成果も教育目標（学習目標）にはなりうる。本書の多くの章で行われてきたのも，測定されてはいないが，確かに子どもたちが身につけたと思われる能力や経験を，教育実践のなかから掘り起こすことであった。

　リスター（Lister, R.）は貧困研究において，「概念」（貧困の意味）と「定義」（貧困と非貧困の識別）と「測定基準（測定されたもの）（measures）」（貧困の定義の定量的な運用を可能な形にしたもの）を区別することの重要性を指摘している

　　最初に一般的な概念を考察せず，いきなり定義や測定基準に飛びつくと，
　　定義や測定基準についての広範な意味や含意を見失うことがある。とくに
　　排除されやすいのは，質的なアプローチや参加型のアプローチから生まれ
　　る貧困理解である。［中略］概念レベルを省略すると，近視眼的で技術官
　　僚的なアプローチに陥りやすくなる（リスター 2011：19-20, 傍点引用者）。

　この「概念」と「定義」と「測定基準」の区別は，貧困という現象に限らず広く社会現象において有意味な区別である。〈つながる・はたらく・おさめる〉というコンセプトの下で教育目標，さらには学習目標としての能力を設定する作業も，まずは，「概念」のレベルで行うべきであろう。〈つながる・はたらく・おさめる〉の実践を創り出したり丁寧に記述したりしながら，現在の社会変動

を把握しそのなかで教育目標を設定するために，〈つながる・はたらく・おさ
める〉という「概念」を掘り下げていくこと。本書はそのような道程の第一歩
である。

（松下 佳代）

【引用・参考文献】

内田樹（2008）『ひとりでは生きられないのも芸のうち』文藝春秋.

内山隆夫（2011）「移行的労働市場論とフレキシキュリティ・アプローチ」*Journal of the Faculty of Economics, KGU, 21*（1），1-24.

中央教育審議会（2016）「幼稚園，小学校，中学校，高等学校及び特別支援学校の学習指導要領等の改善及び必要な方策等について（答申）」.

中央教育審議会（2018）「2040 年に向けた高等教育のグランドデザイン（答申）」.

中内敏夫（1988）『教育学第一歩』岩波書店.

西田季里・久保田（河本）愛子・利根川明子・遠藤利彦（2019）「非認知能力に関する研究の動向と課題 —— 幼児の非認知能力の育ちを支えるプログラム開発研究のための整理」『東京大学大学院教育学研究科紀要』第 58 巻，31-39.

藤原辰史（2020）「パンデミックを生きる指針 —— 歴史研究のアプローチ」『B面の岩波新書』
https://www.iwanamishinsho80. com/post/pandemic（2021 年 7 月 2 日閲覧）

本田由紀（2020）『教育は何を評価してきたのか』岩波書店.

松下佳代（2016）「コンピテンシーの多面性と算数・数学教育にとっての意味」小寺隆幸編『主体的・対話的に深く学ぶ算数・数学教育 —— コンテンツとコンピテンシーを見すえて』ミネルヴァ書房，67-85.

松下佳代（2019）「汎用的能力を再考する —— 汎用性の 4 つのタイプとミネルヴァ・モデル」『京都大学高等教育研究』第 25 号，67-90.

リスター，R., 松本伊智朗（監訳）（2011）『貧困とはなにか —— 概念・言説・ポリティクス』明石書店.

Brezinka, W.（1989）. Competence as an aim of education. In B. Spiecker & R. Straughan（Eds.）. *Philosophical issues in moral education and development.* Philadelphia, PA: Open University Press.

Dreborg, K.（1996）. Essence of backcasting. *Futures, 28*（9），813-828.

Muller, J. Z.（2018）. *The tyranny of metrics.* Princeton, NJ: Princeton University Press. ミュラー，J. Z.（2019）『測りすぎ —— なぜパフォーマンス評価は失敗するのか？』みすず書房.

OECD（2015）. *Skills for social progress: The Power of social and emotional skills.* Paris: OECD Publishing. OECD（編），無藤隆・秋田喜代美（監訳）（2018）『社会情動的スキル

——学びに向かう力』明石書店.

OECD（2018）. *The future of education and skills: Education 2030.* Paris: OECD Publishing.

Schmid, G.（2002）. Towards a theory of transitional labour markets. In G. Schmid & B. Gazier（Eds.）. *The dynamics of full employment: Social integration through transitional labor markets.* Cheltenham, UK: Edward Elgar.

2. 教育目標の論点と課題——教えることの立脚点

本書を閉じるに当たって，改めて本書が示した教育目標論の位置を確認し，今後の研究の論点や課題について指摘する。

（1）教育目標論と大人の責任

教育目標論とは，約(つづ)めるところ，目的と深く関わりながら何を教えるか，この「目当て」にかかわる諸議論である。その際，教える内容が教えるにたる意味あるものであることを前提としている。もちろん，意味があるかどうかには，子ども（新しい世代）の育成や社会自体の必要をどう捉えるかという，大人の側の価値や判断が入る。教育目標論は，こうした価値論のひとつであり，大人が子どもに代わって社会の実態を把握して必要に応じて次の世代に掲げていくという，いわゆる「教育目標の代行論」を下敷きとする[1]。したがって，教育目標論の前提には，教育による次世代の形成という大人の側の責任が存在している。今日の人類史的な社会変動によって，今後これまでの枠組みでは対応できないほど多様化・複雑化した社会が到来することが予想される。その意味で，何を教えるかの目標設定において，大人がその責任を果たすことがより難しくなっている状態にある。

（2）教えるということをめぐる歴史的な規定性

教育目標を設定する困難さの原因のひとつには，先述したように，人類史的な社会の変動が社会や子どもの生活を大きく変容させ，これまでの教育目標の前提を揺るがしていることがある。

コンピテンスや資質・能力論といった新しい能力の提唱は，こうした社会の変動にともなう生活変動[2]に対応しようとする動きをもとになされているもの

である。本章1では，目標設定を行う時間軸の方向性の転換を指摘した。学力が〈過去から現在へ〉という方向性であるのに対して，新しい能力は〈未来から現在へ〉というベクトルを有するという認識においてである。ここで確認しておかねばならないのは，この指摘の前提についてである。そもそも近代学校は，現在において何であるか，それに連なるローカルな文脈を超えて未来にどのようなものになるかという，より一般に広げられた社会を想定することが求められている。その意味で，近代学校にとって，未来から現在という目標の設定は当然内包されている。にもかかわらず未来の地点に立脚点をおくことを強調するのは，今日においては，未来の社会が容易に見通せず，学校でつける能力のひとつである学力にとどまらない，より広い概念の能力が必要とされているという状況があるからである[3]。そのなかで，「コミュニケーション力の獲得」などというように，何を教えるかの抽象性が高まり，子どもに即した学ぶ力に「目当て」が移行しているといえよう。

　それにともなって，何を教えるかではなく，何を学ぶかが教育を論じるときの論点となってきている。こうした論点の移行は，長期にわたる社会変動のなかでおきており，教育についての見方の展開を解明しようとする教育思想史研究の指摘のなかにも確認できる。

　今井康雄（2018）は，ルーマン（Luhmann, N.）を援用しながら，現代に隆盛している教育論を，能力と学習に焦点化した構成主義的な学習観に基づく反実在的なものとして捉え，新しい世代（学ぶ側）は見通しのつかない現実に直面せざるを得ない状況におかれているとする。ルーマンは，教育を「技術欠如」として捉え，教育の結果は教育する側の意図に反して構造的な不確定性を有するものと位置づけている。その不確定性を回避するために限定可能にしてくれる教育に関わる理念的指針が存在し，それが「人間の完成」から「人間形成」に移行し，20世紀には「学習能力」に移行したとするのである。今井は，この点を踏まえて教育思想史の検討を行い，不確定性を処理するものとして学習能力に焦点化する方向性は19世紀末まで遡ることができるとし，それが測定可能なものとして教育を捉える認識や，経済と深く結びつく性格をもつなどの現代の状況につらなっていることを示している。ビースタ（Biesta, G. J. J. 2017=2018）のいう「教育の学習化（learnification）」は，子どもの考える力や主体性などを教育

目標とする学習論への移行のなかでとらえられるが，その潮流は，教育学の底流となって存在し，次第に増幅しながら今日の社会変動のなかで浮かび上がったものとして位置づけられよう。

今日の困難は，何を教えるかを定めるための基盤が揺らいでいるところにあるが，世代交代に関わる歴史的な規定性のなかで現れているものでもある。本書では，このような経済至上的で測定できる学習成果に収斂させる教育の議論に対して批判的な視点をもつことは言うまでもないが，他方，人類史的な生活変動を背景とする新しい状況を見据え，これまで自明であった教育目標を問い直し，なにが教えるべきものであるか，またそれを捉えるためのポイントや視点（目標設定の留意点）を探ってきた。

(3) 教育目標研究の課題と関わる論点

本書の知見は，論争的な内容をもつものである。本書の主な知見を振り返り，研究の課題と関わるいくつかの論点について触れたい。

① 〈はたらく〉と〈おさめる〉をめぐる現代的位相

人類史的ともいえる社会変動に注目した展開のひとつとして，広井良典(2001) の定常型社会像がある。それは，現在の経済中心の成長とそれに基づく社会編成の枠組みの組み替えについて，環境，福祉，経済を主軸として捉え，さらに広く，医療，コミュニティ，社会保障，教育，ライフサイクルなどを視野に新しい社会を構想したものである。広井は，マクロな歴史的視座のもとで市場経済における成長を相対化しながら日本の社会構造を捉え直し課題を析出しようとしている。この点で，人類史的な転換点に注目して検討を進めてきた本書と共通するが，今日直面している問題と関わらせて本論で示した諸論点をどう位置づけるかは今後の課題として残されている。

その点に関して，現代の日本社会を生きるための具体的な力をつけるという意味で，働くことをもっと実体的なパフォーマンスと捉えて職業と学校を連絡することをめぐる議論の提起（本田 2009）がなされているが，それらとどう接続させるか。〈はたらく〉という視座をうることで，働くことに関わって獲得すべき能力の外延が広がること，「労働からの解放」，働くことにおける「自立」や「参加」への重視など，新しい動向と可能性について触れてきた。しかし，

格差を縮める富の再分配が政治の重要な中心的課題のひとつになるなか，本書においては，現状社会のリアルな問題状況との関係を含めた考察には十分に及びえなかった[4]。経済の論理に好むと好まざるとにかかわらず従わざるを得ない環境にいる人，その外部におかれている人，さらに枠内にありそれに拘束されながらではあるがそれだけに縛られず「労働」の秩序を超えて新しい外部への指向をもつ人では，社会のなかの〈はたらく〉ことの意味が異なる。市場・経済の論理をめぐる多層化した状況や処遇を踏まえて，どのように実際の教育目標を作り上げるか。対象の様相が一様ではない現代の状況のなかで，目標の共有をめぐって葛藤が存在する。

　この問題は〈おさめる〉の領域で示された熟議民主主義の課題にもつながる。市場・経済の領域が熟議民主主義論の射程に収め切れていない状況があり，この領域がもっぱら熟議を阻むものとして捉えられている状況への反省が示されている（田村 2017）。そもそも熟議を尽くせば無条件に正しい結論に到達するわけではない。多様な視野のもとで議論し更新しあうというのが熟議の本来的なメリットといえるが，たとえば，インターネット空間において限られた構成員のみによる意見交換によってその集団の傾向がより極端化（集団極化group polarization）されるという現象がしばしば生じるように，時として熟議のメリットとは反対の結果が招来されることがある。高度に情報化されていく社会のなかで，熟議全体に共通する限界と危うさへの自覚にも留意した検討が欠かせない（サンスティーン 2012）。さらに，熟議民主主義や参加民主主義といった多元的な社会における公共的な同意形成を行うことをめざす現代のデモクラシー論の課題として，グローバル社会の進行のなかで自明とされる公正の原理が問われる現実がある。フランスの公教育でのスカーフ論争のように宗教・文化と政治との対立という問題がより顕在化していくことが予想されるなかで，「市民公共的価値がすべての市民が受容する価値」と簡単に共有できず，深刻な公共社会での対立と葛藤を生み出している現実がある。本書で示したように，新しい公共性の模索の動向について多元的な社会を想定したアプローチが試みられてきたが，依然，教育目標づくりの重要な課題として残されている。

② 〈つながる〉ことをめぐる距離の質

　学校での教育の営為は，〈つながる〉という人々の関係の上に構築されている。

これまでの教えることの土台としての〈つながる〉の層が動揺しているところに現代の課題がある。そのなかで，学校の空間の性格もそのあり方が問われている。

　本書では，人間形成（学校）の場において承認とケアの関係を築くための価値（意識），知識，スキルなどにわたる諸力の獲得が教育目標づくりのなかで位置づけられることの重要性を示した。〈つながる〉が要請する新しい課題は，形成（フォーメーション）の果たしている人間形成の領域を積極的に学校で教える対象として組み込まざるをえないなど，学校の性格に関わる広がりをもったものである。「学校の当たり前」が批判的なまなざしをもって問い直されるなかにあり，教える―学ぶのあり方とその場自体の関係が問われている[5]。「学校の当たり前」はいくつもの層で成り立っているが，その根幹の層にある課題のひとつが，親密圏と公共圏の関係のあり方である。日本の学校は，地域共同体社会のパターナルな秩序に貫かれた親密性を土台とする集団性や共同性を基盤として社会に定着してきた。教師と生徒，生徒どうしの絆関係と相互承認によって支えられる親密性は，学校を成立させるために重要な役割を担ってきたが，今日その集団性や共通性が，わずかな差異で他者を排除することを促したり，学校に行けない／行かない子どもを増加させていると捉えられる。このことに象徴されるように，学校の土台に関わるところで，学校制度と子どもとの乖離状況が生み出されている。その背景には，親密圏のあり方が内側から問われているのと同時に，グローバル化と価値の多様化，複雑化のなかで，「私生活の変容と世界の構造転換」にともなう「親密圏と公共圏の再編成」が課題となる社会の動向がある（落合ほか2012〜2014）。

　日本の学校をめぐって，親密性を基盤としたものから公共性を基盤としたものへの転換が求められる動きがある。こうした動向は，集団に身を置くことで安心を獲得するという「安心社会」から，社会制度とルールを基盤とする公正な集団のなかで成り立つ信頼を基盤とした「信頼社会」への展開が課題となるとする主張とかさなる（山岸1998）。このような公共の社会を生きるための力量を養うという役割を果たすために，公共空間として学校の場を組み替えることが課題となろう。しかし，その場合でも，学校が安心の親密圏の空間であることが前提である。その際，学校の場で公共圏と親密圏とをどう順接させるか。

両者間には，対抗をも内包する関係が存在する。突き詰めると，“そのままで
いい”を価値とする福祉の論理と“よりよくする”ための変容を価値とする教育
の論理との関係である。総じて，教育の場において「つながること」を考える
場合，個々の間にある距離の質に関するさらなる検討の必要が課題である[6]が，
そのことは，日本の学校の基本的な性格を，親密圏としてみるか公共圏の枠組
みで捉えるか，さらにそのうえで両者はどのような関係をとるのか，という学
校自体のあり方の問題にもつながる。

(4) 教えることの境界線をめぐる葛藤と創造

本書で示した〈はたらく〉〈おさめる〉〈つながる〉の広がりにおいて，教え
ることがどのような地点に位置づくのか。最後に，学校や教育自体の守備範囲
である境界領域が大きく膨らむ今日の動向を押さえながら，改めて教育目標の
立脚点について触れておきたい。

①学校の境界線の拡大と再定義

(a)近接領域との境界線

少子高齢化を背景に地域社会の生活の場の再編が進み，教育（子育て）と福祉，
医療との連携がこれまで以上に意識されるようになっている。そのなかで，学
童保育や「子ども食堂」のように学校の外部で子どもの居場所が存在感を増す
ようになり，日本の学校は，それら外部との連携が求められている。もともと
日本の学校は部活動など教育課程内外にさまざまな領域を包摂することでトー
タルに子どもの発達を図ろうとしてきたが，学校の境界線が広がることで，学
校が果たすべき子どもの発達保障の領域や役割分担があいまいになる可能性が
ある。

(b)内側の境界線——専門職間の連携

他方，学校内でも多職種の連携が課題とされるようになっている。背景に
は教員の多忙の解消もあるが，学校において教えるというまなざしが子どもを
追い込んでしまっているという，教育という行為自体にも根ざすところがある。
指導の視点で子どもを見るだけではなく，対人支援の専門職を参入させること
で，心理や福祉の視点から子どもの生活全体に総合的に対応しようとする動向
がある。しかし，それも意図通りに機能するわけではない。たとえば，スクー

ルカウンセラーやスクールソーシャルワーカーなどの導入は，教員の抱えるさまざまな仕事を肩代わりする性格が強い場合，役割分担の境界線が強調され，結果として教師がもっている子どもとの全人格的な関わりの側面を弱めることになった例が指摘されている（佐久間 2019）。より根底の問題として，領域間の葛藤が存在している。「教育」は子どもの「指導」を目的とするのに対して，たとえばカウンセリングにおいては「治療」が目的となるというように働きかけ方が異なり，その調整という新しい課題が生み出されている。医療関係においては専門職連携教育（IPE）の実践が先導的に進められているが，ここでも専門職間での関係づけが大きな課題となっている[7]。

②教育目標の立脚点

　学校や教育が近接他領域との連携をとったりその枠組みを広げたりすることは，変動する社会や子どもからの要請を背景としている。他方，学校には境界線に仕切られた固有な空間としての歴史的な経緯やその理由が存在する。これまで学校は，外部の要求を受け止め，それを組み替えながら，教える場として独自な発達保障の空間を作り上げてきた。そのあり方が現在において問われているが，学校と外部との境界は地域や構成員の違いによってさまざまであり，境界を伸縮させる際には，何を教えるかをめぐる葛藤が新たに生じてきた（木村 2020）。しかし，この葛藤は，境界を単に動揺させるだけではなく，公教育の境界線をめぐる対抗や新しい模索を生み出す。たとえば，高度成長期前夜の1958 年の「道徳の時間」特設は，戦後の新学制が定めた普通教育の構成と境界を変動させた。そこでは，生活指導論からの理論的対抗として，子どもの道徳性発達や人格形成を促すという意味での教育的価値をもった別様の道徳教育論を生み出した（神代 2020）。人類史的ともいえる社会の変動状況は，こうした変革と創造の試みを生み出す可能性を内包している。

　この点に関して，多文化社会の進行という社会変動が学校や教科の境界線を移動させる可能性について，国立情報学研究所の新井紀子の指摘から読み取ることができる。

　　アメリカには「英語は母語なのだから，自然に身につく」という先入観がない。多様な背景の生徒に対して，学習に必要となる英語を体系的・段階

的に身につけさせるカリキュラムの研究が盛んだ。加えて，そのカリキュラムの実践や教員の養成に対して，多くの予算が投じられてきた。一方，日本は，移民が少ないことや，「一億総中流」といわれるくらい同質性が高かったことから，学習スキルとして国語を身につけさせる体系的カリキュラムを編む発想が極めて乏しかった（新井 2020：15）。

　上述は，これまでの日本の公教育で自明とされてきた前提が，グローバル化した段階で新しい課題として浮かび上がることを示唆している。それは，"言わなくともわかるでしょう"という言わずもがなの日本の教育の前提が多文化化した社会のなかで通用しないということのみならず，それを前提とした教育が子どもの教育保障に有効だったのかということを問いかえしている。教育の場で母語を「国語」として捉えることで日本語を「言葉」として客観的に学ぶことが十分ではなかったことが，翻って外国語を習得の障壁となることにもつながっていないか。「読解力」と訳されることの多い「リーディング・リテラシー」は，OECDの定義では，「目標を達成し，自らの知識と可能性を発達させ，効果的に社会に参加するために，書かれたテキストを理解し，活用し，熟考する能力」（OECD 2002）とされる。読み取るだけではなく，それをもとに自分の意見を述べ，社会参加の行動に結びつけることを指している。こうしたコンピテンスは，「コンテンツからコンピテンスへ」の移行といった直線的なコンセプトの転換のなかで捉えられるものではなく，コンテンツとコンピテンスを一体として捉える見方，たとえばこれまで蓄積されてきた日本の教育のコンテンツやその組織のされ方を反省的に捉え直すこと，などと組み合わせて課題とされていくべきものといえよう。

　教育の枠組みとしてみると，母語を学習する際，英国では「英語」という言語として学ぶのに対して，日本では「日本語」という言語ではなく「国語」として学ぶようになっている。この点については，「日本語」を用いる言語活動の「能力」という観点から検討されることが課題となる。しかし，実際には母語である日本語を「言葉」として対象化することは容易ではない。子どもたちにとっては，日本語が生活言語として使われてきた経験があるからである。それを踏まえて日本語として学ぶということを考えるにあたっては，これまでの日本の

教育実践の検討が重要になる。第10章で触れた明星学園・国語部と教育科学研究会・国語部会が中心として作成した「にっぽんご」シリーズ（全7巻）とその成立過程は，学校文法を基盤とすることなく，言語学や文法研究などをもとにしている。これは，学習指導要領などの教えることの制度的な枠組みを超えて，実際の教えるという営為を支える境界線を広げ内容を豊かにしてきた一例として捉えられる。そこでは，日本語という「標準語」の獲得と生活語としての方言の使用との葛藤が示されており，「ありのままの言葉」で子どもの生活事実や認識をつかもうとしていた無着成恭「山びこ学校」の実践が抱えた課題はそれを象徴する（奥平 2016, 冨士原 2016）。第2章で注目された「二言語文化間教育（educación intercultural bilingüe）」の議論はその延長線上にあり，今日の多文化社会における言語と文化との関係を考える重要な論点を提示しているものであるといえよう。

　こうした国語科をめぐる議論の例のみならず，日本の教育や学校がそれぞれの時期の社会の課題に対するなかで，制度化された主流（中核）の価値と緊張感を有しながら生み出されてきた学校教育実践の営為の蓄積は，制度化されている中核の学校教育の価値を支える社会が大きな社会変動を背景に動揺する今日，改めて新しい光をはなっているともいえる。本書で指摘したものは，社会の新動向やそこでの要求に対応するために引き直された学校教育の境界領域であり，その場に生み出された葛藤の諸相でもあった。こうした葛藤は重要な意味をもつものであり，何を教えるかという目標の共有は，これまでの日本の教育の歩みの自己点検を媒介することでなされねばならないであろう。

（木村 元）

【註】
1）新しい世代が生きる公的世界の存続の責任という意味も含めて捉えておきたい。
2）ここに言う生活変動とは社会変動が生活の構造に変容を与える場面を想定している（中川 2000 を参照）。
3）コンピテンスを「資質・能力」としてとらえることで日本社会の独特な文脈に置き換えられていると批判したものに本田（2020）がある。OECDの定義ではコンピテンスは「ある特定の文脈における複雑な要求に対し，心理社会的な前提条件 [＝知識，認知的スキル，実践的スキル，態度，感情，価値観・倫理，動機づけなどの内的リソース] の結集を通じてうまく対応する能力」とされているが，コンピテン

シーにあたる「資質・能力」は，「教育が目指すべき方向・理念として掲げられる，より抽象度の高い言葉」として用いられ「水平的画一化」と不可分な言葉として機能する「資質」（本田 2000：79）と「統一的に抽象化され固定的なものとしてみなされ」，垂直的序列化として機能する「能力」が組み合わされた独特なシステム構造を展開してきたとする（同上書：203）。

4) 先進諸国においては労働市場の流動性を高め，他方，若年層や長期失業層への就労支援を強化する改革が共通してある。そのなかでアクティベーションやベーシックインカムなど公正な社会配分の原理が議論され，同時に教育のあり方が問われている（田中 2017）。

5) 工藤勇一（2018）をめぐって諏訪哲二（2020）の反論がある。

6) 生きる領域の密接に存在する親密圏の拡大に対して批判的な言説としてアレントの議論はその手がかりのひとつである（アレント 1958＝1994）。

7) 日本保健医療福祉連携教育学会の『保健医療福祉連携』誌にはその研究成果が示されている。

【引用・参考文献】

新井紀子（2020）「読めない子どもたち　犯人はＩＣＴじゃない，大人だ」『朝日新聞』朝刊 2020 年 1 月 10 日．

アレント，H.，志水速雄（訳）（1958＝1994）『人間の条件』筑摩書房．

今井康雄（2018）「世界への導入としての教育 ―― 反自然主義の教育思想・序説（1）」『思想』1136 号，26-45.

奥平康照（2016）『「山びこ学校」のゆくえ ―― 戦後日本の教育思想を見直す』学術出版会．

落合恵美子ほか（2012〜2014）シリーズ『変容する親密圏と公共圏』京都大学学術出版会．

木村元編（2020）『境界線の学校史 ―― 戦後日本の学校化社会の周縁と周辺』東京大学出版会．

工藤勇一（2018）『学校の「当たり前」をやめた。―― 生徒も教師も変わる！　公立名門中学校長の改革』時事通信社．

神代健彦（2020）「道徳教育に抗する／としての生活指導 ―― 普通教育の境界変動と宮坂哲文」前掲木村編『境界線の学校史』．

佐久間亜紀（2019）『教職の専門性からみる「教員の働き方改革」―― 2019 年中教審答申の検討』日本教育学会大会課題研究報告（学習院大学，2019.8.7）．

サンスティーン，C.，（那須耕介編・監訳）（2012）『熟議が壊れるとき ―― 民主制と憲法解釈の統治理論』頸草書房．

諏訪哲二（2020）『学校の「当たり前」をやめてはいけない！』現代書館．

田中拓道（2017）『福祉政治史 ―― 格差に抗するデモクラシー』勁草書房．

田村哲樹（2017）『熟議民主主義の困難 ―― その乗り越え方の政治理論的考察』ナカニ

　　シヤ出版.

中川清（2000）『日本都市の生活変動』勁草書房.

ビースタ, G. J. J., 上野正道（監訳）（2017=2018）『教えることの再発見』東京大学出版会.

広井良典（2001）『定常型社会』岩波書店.

冨士原紀絵（2016）「明星学園の国語教育と「にっぽんご」── 無着成恭が教材開発に
　　関与するに至るまで」『人間発達研究』31, 17-30.

本田由紀（2009）『教育の職業的意義 ── 若者，学校，社会をつなぐ』筑摩書房.

本田由紀（2020）『教育は何を評価してきたのか』岩波書店.

山岸俊男（1998）『信頼の構造 ── こころと社会の進化ゲーム』東京大学出版会.

OECD（2002）. Grossary of Statistcal Term :Reading literacy *Education at a Glance, Glossary*
　　http://stats.oecd.org/glossary/detail.asp?ID=5420（2021 年 7 月 2 日閲覧）

おわりに

　21 世紀に入って進められてきたさまざまな教育改革の背後には，人類史的ともいえる大きな社会変動が存在している。こうした状況を踏まえた教育目標の課題を考えるために，これまでの学会の研究の成果を位置づけるというのが企画の意図であった。

　その際に立ち戻ったのが，〈つながる〉こと，〈はたらく〉こと，〈おさめる〉こと，といった人々が生きるための土台ともいえる地点である。教育はこうした人間の生活を成り立たせる基盤ともなる力量を教えることで，人間を形成する営為である。本書では，大きな節目にあるこの時期に，何を教えるかをもともとの地点に立脚して捉え直そうとした。

　こうした案は，2017 年の理事会で決定され，すみやかに組織化が進められた。その後，何度かの編集委員会を経て，また学会大会での課題研究において中間発表を行いながら，刊行に到った。

　各部に責任者を設け，序章の問題提起を受けながら問題設定を行い，執筆者を配した。各部の導入にあたる「招待」のなかでコンセプトが示され，「小括」でそれぞれの部をとおして達成した内容が示されている。各部の議論を深め，他方でその内容を踏まえ序章を調整し，さらに終章を作り上げた。

　序章は比較的早く設けられたが，各部においては進度に差が生まれたこともあり，完成の時期がずれてしまった。とりわけ「はじめに」でも記したが，2020 年以降のコロナ禍を踏まえた記述は基本的にはなされていない。しかし，本書で論じられた視点や課題は，これからも教育関係者に，引き続き探究していく価値のあるものとして受け止められることを執筆者一同願っている。

　2021 年 6 月

木村 元　鋒山 泰弘

索　引

● **執筆者紹介**（執筆順，＊は編集委員）

木村 元（きむら・はじめ）＊［序章1，終章2］
一橋大学大学院社会学研究科特任教授
『境界線の学校史』（編著，東京大学出版会，2020年），『学校の戦後史』（岩波書店，2015年）ほか。

長谷川 裕（はせがわ・ゆたか）＊［序章2，第Ⅰ部 招待，第1章，小括］
琉球大学人文社会学部教授
『教師の責任と教職倫理』（共編著，2018年，勁草書房），『格差社会における家族の生活・子育て・教育と新たな困難』（編著，旬報社，2014年）ほか。

石井 英真（いしい・てるまさ）＊［序章3］
京都大学大学院教育学研究科准教授
『〔再増補版〕現代アメリカにおける学力形成論の展開』（東信堂，2020年），『未来の学校』（日本標準，2020年）ほか。

青木 利夫（あおき・としお）［第Ⅰ部 第2章］
広島大学大学院人間社会科学研究科教授
『20世紀メキシコにおける農村教育の社会史』（溪水社，2015年），『生活世界に織り込まれた発達文化』（共編著，東信堂，2015年）ほか。

小林 千枝子（こばやし・ちえこ）＊［第Ⅰ部 第3章］
作新学院大学名誉教授
『戦後日本の地域と教育』（学術出版会，2014年），『教育と自治の心性史』（藤原書店，1997年）ほか。

永田 和寛（ながた・かずひろ）［第Ⅰ部 第4章］
愛知県立高等学校教諭
『生活綴方で編む「戦後史」』（分担執筆，岩波書店，2020年），「1950年代生活綴方運動における教師と地域社会」（『京都大学大学院教育学研究科紀要』第63号，2017年）ほか。

河原 尚武（かわはら・なおたけ）［第Ⅰ部 第5章］
元鹿児島大学教育学部教授
「価値観の形成と自立・協同のための教育課程」（西岡加名恵編著『教育課程』協同出版，2017年），「教科外活動の位置と目標・評価論の特性」（『教育目標・評価学会紀要』第24号，2014年）ほか。

西岡 加名恵（にしおか・かなえ）＊［第Ⅱ部 招待，第9章］
京都大学大学院教育学研究科教授
『教科の「深い学び」を実現するパフォーマンス評価』（共編著，日本標準，2019年），
『教科と総合学習のカリキュラム設計』（図書文化，2016年）ほか。

斎藤 里美（さいとう・さとみ）＊［第Ⅱ部 第6章，小括］
東洋大学文学部教授
『図表でみる移民統合』（監訳，明石書店，2020年）ほか。

松田 洋介（まつだ・ようすけ）［第Ⅱ部 第7章］
大東文化大学文学部教授
『震災と学校のエスノグラフィー』（共著，勁草書房，2020年），『境界線の学校史』（分
担執筆，東京大学出版会，2020年）ほか。

本所 恵（ほんじょ・めぐみ）［第Ⅱ部 第8章］
金沢大学人間社会研究域学校教育系准教授
『教育をよみとく』（共著，有斐閣，2017年），『スウェーデンにおける高校の教育課
程改革』（新評論，2016年）ほか。

川地 亜弥子（かわじ・あやこ）［第Ⅱ部 第9章］
神戸大学大学院人間発達環境学研究科准教授
『公教育としての学校を問い直す』（共著，図書文化，2020年），『自閉症児・発達障
害児の教育目標・教育評価 1』（共著，クリエイツかもがわ，2019年）ほか。

鋒山 泰弘（ほこやま・やすひろ）＊［第Ⅲ部 招待，第14章，小括］
追手門学院大学心理学部教授
『深い学びを紡ぎだす』（共著，勁草書房，2019年），『現代教育の基礎理論』（共編著，
ミネルヴァ書房，2018年）ほか。

平岡 さつき（ひらおか・さつき）＊［第Ⅲ部 第10章］
共愛学園前橋国際大学国際社会学部教授
『到達度評価入門』（共著，昭和堂，2016年），『復刻 鑑賞文選・綴方讀本 別巻』所収「解
説」（緑蔭書房，2007年）ほか。

久保田　貢（くぼた・みつぐ）［第Ⅲ部　第 11 章］
愛知県立大学教員
『考えてみませんか 9 条改憲』（新日本出版社，2016 年），『知っていますか？ 日本の
戦争』（新日本出版社，2015 年）ほか。

川口　広美（かわぐち・ひろみ）［第Ⅲ部　第 12 章］
広島大学大学院人間社会科学研究科准教授
『社会形成科社会科論』（編著，風間書房，2019 年），『イギリス中等学校のシティズ
ンシップ教育』（風間書房，2017 年）ほか。

岡田　了祐（おかだ・りょうすけ）［第Ⅲ部　第 12 章］
お茶の水女子大学教学 IR・教育開発・学修支援センター講師
『教科とその本質』（共著，教育出版，2020 年），『小学校社会科教育』（分担執筆，学
術図書出版社，2019 年）ほか。

福井　駿（ふくい・すぐる）［第Ⅲ部　第 12 章］
鹿児島大学教育学系講師
『教科とその本質』（共著，教育出版，2020 年），『多様化時代の社会科授業デザイン』
（共著，晃洋書房，2020 年）ほか。

木村　裕（きむら・ゆたか）［第Ⅲ部　第 13 章］
滋賀県立大学人間文化学部准教授
『子どもの幸せを実現する学力と学校』（共編著，学事出版，2019 年），『オーストラ
リアのグローバル教育の理論と実践』（東信堂，2014 年）ほか。

松下　佳代（まつした・かよ）＊［終章 1］
京都大学高等教育研究開発推進センター教授
『対話型論証による学びのデザイン』（勁草書房，2021 年），『ディープ・アクティブラー
ニング』（編著，勁草書房，2015 年）ほか。

（所属は 2021 年 6 月現在）

〈つながる・はたらく・おさめる〉の教育学
社会変動と教育目標

2021 年 8 月 25 日　第 1 刷発行

編　者	教育目標・評価学会
発行者	河野晋三
発行所	株式会社 日本標準
	〒167-0052　東京都杉並区南荻窪 3-31-18
	電話　03-3334-2640［編集］　03-3334-2620［営業］
	http://www.nipponhyojun.co.jp/
印刷・製本	株式会社 リーブルテック

◆乱丁・落丁の場合はお取り替えいたします。
◆定価はカバーに表示してあります。